原田信之

隠徳のひじり玄賓僧都の伝説

法藏館

玄賓坐像（国宝、鎌倉時代初期、興福寺蔵「木造法相六祖坐像」の一）
「玄昉像」と伝わるが、本像造立時のものとみられる畳座裏墨書に「玄濱大僧都」とあることから玄賓像とみられている。『奈良六大寺大観　第八巻興福寺二』（岩波書店、一九七〇年）解説参照。

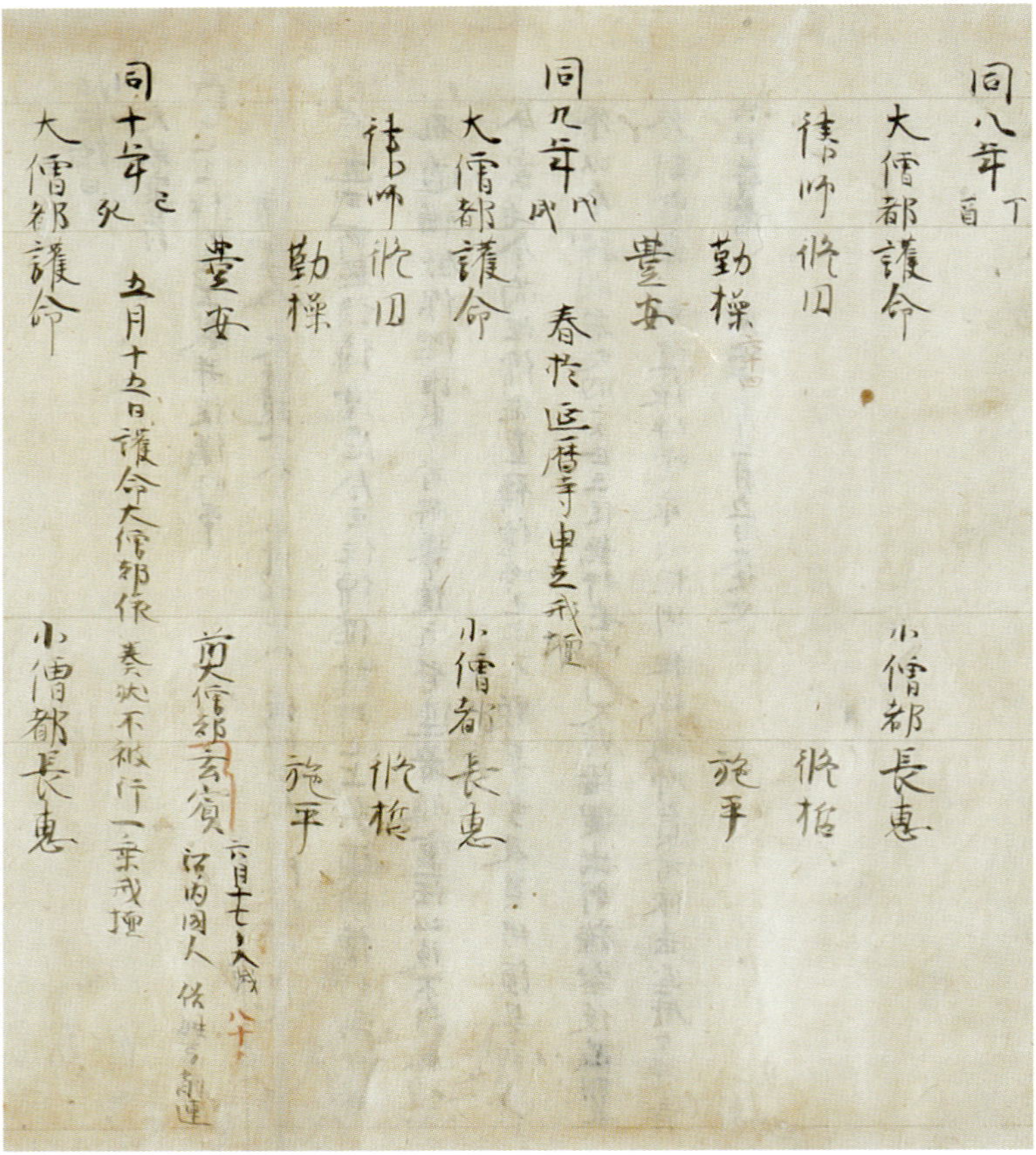

興福寺蔵『僧綱《そうごう》補任《ぶにん》』（重要文化財、平安時代写、奈良文化財研究所提供）
弘仁九年の項にある玄賓入滅の記事。入滅年齢が朱で「八十五」と記されている。

隠徳のひじり玄賓僧都の伝説　目次

大和国（奈良県）・伯耆国（鳥取県）編

隠徳のひじり玄賓僧都の伝説

序章　玄賓僧都伝説の魅力と意味

I　隠徳のひじり玄賓僧都と法相宗僧侶の社会事業

平安時代初期の弘仁九年（八一八）に入寂した玄賓《げんぴん》は徳を隠して人々のために菩薩行を行った「隠徳《いんとく》のひじり《（聖）》」であった。「いんとく」という語の表記には「隠徳」と「陰徳」があり、通常は「陰徳」と記すが、『往生要集《おうじょうようしゅう》』に「隠徳」が用いられているように、仏教用語としては「隠徳」を用いるため、本書でも「隠徳」の表記を使用することとした。[1]

玄賓は南都《なんと》法相宗《ほっそうしゅう》興福寺《こうふくじ》の高僧であった。法相宗は中国唐代にインドから新たな唯識《ゆいしき》教学を将来した玄奘三蔵《げんじょうさんぞう》（六〇〇または六〇二〜六六四）の門下に興り、玄奘の弟子基《き》（六三二〜六八二。法相宗第一祖）によって法相宗の教義が成立した。法相宗の相承《そうじょう》（師資相承。師から弟子へ受けつがれること）は、インドから中国へ、弥勒《みろく》—無着《むじゃく》—世《せ》親《しん》—護法《ごほう》—戒賢《かいけん》—玄奘と伝わったとされる。[2] 法相宗の日本への伝来について、凝然《ぎょうねん》（一二四〇〜一三二一）著『三《さん》国仏法伝通縁起《ごくぶっぽうでんずうえんぎ》』は第一伝道昭《どうしょう》、第二伝智通《ちつう》・智達《ちたつ》、第三伝智鳳《ちほう》・智鸞《ちらん》・智雄《ちゆう》、第四伝玄昉《げんぼう》と四度の伝来があったと記しており、[3] その後ほぼ定説化したとみられている。[4] 第一伝の道昭《（照）》（六二九〜七〇〇）は、入唐（六五三年）して直接玄奘に学び、帰国（六六一年頃）して初めて日本に法相宗を伝えたとされ、平安時代末期成立の説話集『今昔《こんじゃく》物語《ものがたり》集《しゅう》』巻十一第四話に道照（昭）の法相伝来説話がみえる。[5]

「法相宗《ほっそうしゅう》相承《そうじょう》血脈《けちみゃく》次第《しだい》」によると、玄賓は基に学んだ第三伝智鳳の相承に連なるようで、玄奘以降の相承は、玄奘―基―智鳳―義淵《ぎいん》―宣教《せんきょう》―玄賓とされている。[6] 行基《ぎょうき》（六六八～七四九）も智鳳の相承に連なる説があり、玄奘以降の相承は、玄奘―基―智鳳―義淵―行基とされている（ただし、行基の師については、義淵説のほかに、智鳳説、道昭説、恵基《けいき》説など諸説がある）。[7] 法相宗の行基が寺院建立や土木工事などの社会事業を行い、人々から「菩薩」と呼ばれた僧であったことはよく知られている。[8] 第一伝道昭も天下を周遊して井戸を掘ったり、渡し場の船を造ったり、橋を架けたりしたとされる。[9] 玄賓も備中国《びっちゅうのくに》（岡山県）で湯川寺《とうせんじ》を建立したり伯耆国《ほうきのくに》（鳥取県）で阿弥陀寺《あみだじ》を建立したことは知られているが、興味深いことに、備中国には玄賓が池（矢掛《やかげ》の倉見池《くらみいけ》）を築造したという伝説が伝わっている。[10] 備中国の玄賓倉見池築造伝説は、文献に記述されているわけではなく土地に伝説が伝えられているだけであるが、道昭や行基の流れをくむ法相宗の玄賓に、寺院建立や土木工事などの社会事業を行ったという伝説が伝えられてきたことは注目しておく必要があろう。なお、法相宗の僧が社会事業を行うことは、法相宗第二祖慧沼《えしょう》（六四九～七一四。基の弟子）とその弟子が架橋事業をするなど中国でもあったとされる。[11] このことから、初期の法相宗には人々のために社会事業を行おうとする傾向があり、それが日本に伝えられて道昭、行基、玄賓等の活動へつながった可能性がある。

玄賓僧都に関しては隠遁《いんとん》聖《ひじり》の祖としての面が特に注目されてきたわけであるが、玄賓僧都は、都から遠く離れた地に仏教を広め定着させるために、最晩年をかけて「民」とともに寺院を建立する活動をしたとみられ（本書備中国編第二章参照）、社会事業家としての側面も含めて再評価する必要があるように思われる。

Ⅱ　隠遁者のあこがれ――玄賓僧都説話の成立と展開――

玄賓は学識や人格はもちろん加持祈禱《かじきとう》の能力も兼ね備えた高僧だったようで、桓武天皇・平城天皇・嵯峨天皇という三代にわたる天皇に厚い信頼を寄せられたにもかかわらず、世俗的な名声を厭《いと》い、都から離れた土地に隠遁する道を選んだ。このような姿勢から、後代、玄賓は隠徳のひじりの理想像ととらえられ、数々の説話が生み出されてゆくこととなったようである。

玄賓の説話が記載された説話集のうち、最も早い事例として平安時代後期の説話集『江談抄《ごうだんしょう》』がある。『江談抄』に玄賓が律師を辞退した時に「三輪川《みわがわ》」の歌を詠んだこと、大僧都を辞退した時に「外国ハ」の歌を詠んだこと、他国で「三輪川」の歌を詠んだことが記されているが、断片的なものにすぎない。(12)『江談抄』は大江匡房《おおえのまさふさ》（一〇四一～一一一一）晩年の談話を藤原実兼《さねかね》（一〇八五～一一一二）が筆録したものであるが、「十二世紀の初め、匡房の薨去後あまり遠くない時期に成立した」(13)と推定されているから、玄賓が入寂して約三百年後の平安時代末期頃には玄賓説話が成立しはじめていたらしいことがうかがえる。

玄賓が入寂してから約四百年後となる中世になってから、続々と玄賓説話が生み出されるようになる。『方丈記《ほうじょうき》』の作者として有名な鎌倉時代前期の歌人鴨長明《かものちょうめい》（一一五五～一二一六）は、著書『発心集《ほっしんしゅう》』（一二一二～一二一六年頃成立）巻頭話となる巻第一第一話に「玄敏（玄賓）僧都、遁世逐電の事」、続けて第二話に「同人（玄賓）、伊賀の国郡司に仕はれ給ふ事」を収載している。(14)巻頭の第一話は、玄賓渡し守説話として著名で、玄賓が三輪川の草庵に住んでいた時に大僧都に任命されたが、辞退して姿を消し、北陸道で渡し守をしているのを弟子に見つけられるとまた姿を消したという話である。

続く第二話は、玄賓馬飼説話として知られている。見苦しい感じの法師が伊賀国の郡司の家にやって来て職を求める。馬飼として働いて三年ほどたった頃、郡司が国外追放されそうになる事件が起こる。法師が一緒に上京して国司に説明しようと言うので、郡司は法師と伊賀国司大納言某の京の屋敷に行く。法師が衣と袈裟《けさ》を探してほしいというので借りて着せた。法師が邸内に入ると、人々はその姿を見て地面にひざまずいて敬った。大納言が急いで出てきて事情を聞くので、この法師が、自分に免じて許してほしいと頼んだところ、これまで以上に待遇する内容の命令書（庁宣《ちょうせん》）を出してくれた。郡司が礼を述べようとしたが、法師は衣と袈裟の上に命令書を置いて姿を消した。この法師は玄賓であった、というとても面白い話となっている。

『発心集』巻頭の第一話と第二話に玄賓の隠徳説話を配置していることから、鴨長明が玄賓の生き様に強いあこがれと尊敬の気持ちを持っていたらしいことがうかがえるが、鴨長明が出家遁世《とんせい》するきっかけの一つに、これらの玄賓隠徳説話との出会いがあったのではないかと推定される。

なお、『発心集』には、巻第四第六話に「玄賓、念を亜相《あしょう》の室に係くる事　不浄観《ふじょうかん》の事」という説話も収載されている。これは、玄賓が大納言の奥方の容姿に心が乱れたが、不浄観（身の不浄を観ずること）によって執着《しゅうじゃく》心を克服したという話である（時間的には巻第一第一話・第二話より前の時期の説話とみられている）。

『発心集』や同時代の『古事談《こじだん》』が成立した後も、『閑居友《かんきよのとも》』『古今著聞集《ここんちよもんじゆう》』『撰集抄《せんじゆうしよう》』『三国伝記《さんごくでんき》』など、多くの説話集に玄賓の説話が収載された。また、『元亨釈書《げんこうしやくしよ》』『東国高僧伝《とうごくこうそうでん》』『南都《なんと》高僧伝』『扶桑隠逸伝《ふそういんいつでん》』『本朝《ほんちよう》高僧伝』などの伝記類においても玄賓の項が記載され、隠徳のひじり玄賓の名声はさらに高まっていった。

玄賓僧都説話の成立と展開をみると、最も早い事例が玄賓滅後約三百年に成立した平安時代後期の説話集『江談抄』で、その頃の玄賓説話は断片的なものにすぎなかったが、玄賓滅後約四百年に成立した『発心集』の頃になると急速に玄賓説話が豊かになっていった様子がうかがえる。

このことは、平安時代末期に成立した『今昔物語集』に玄賓説話が収載されていない理由とも関連があると思われる。『今昔物語集』に玄賓説話が収載されていないのはなぜかという難しい問題がある（ある説話がその説話集になぜ収載されたのかという問題よりも、なぜ収載されなかったのかという問題の方が解決しにくい）。『今昔物語集』は南都法相宗興福寺の学問僧が編纂したと推定している筆者は、(15) この玄賓説話不掲載問題についても考えてきたが、長年玄賓について研究しているうち、『今昔物語集』に玄賓説話が収載されていないのは、『今昔物語集』成立期には中世説話集にみられる玄賓説話の大部分がまだ成立していなかった可能性が高いことと関係していると推定するようになった。『今昔物語集』より少し前に成立した『江談抄』に、断片的なものしか記されていないことも傍証の一つとなる（『江談抄』のような断片的なものでは、まとまった一説話として成立しにくい）。玄賓説話群の大部分は『江談抄』や『今昔物語集』編纂時にはまだ成立していなかったが、中世になって隠遁ひじりの祖としての玄賓への再評価の流れが生じ、新たな説話が生み出されてゆく現象が起こったものと推定される（『今昔物語集』の玄賓説話不掲載問題に関しては、単に、編者の編纂作業から漏れただけである可能性もある。ただ、そうであっても、編者の目に入った玄賓説話は断片にしかすぎなかったとみてよいであろう）。

備中国湯川寺の「湯川寺縁起」、大和国玄賓庵《げんぴあん》の「玄賓庵略記《げんぴあんりやつき》」など、玄賓開基伝承を持つ寺院の縁起類にも『発心集』の説話が引用されているものが多いことから、玄賓再評価には版本も刊行されて広く読まれた『発心集』所収説話が大きな役割を果たしたものとみられる（玄賓開基伝承を持つ寺院の縁起類については本書で検討した）。

先にみた『発心集』巻頭話の玄賓渡し守説話の末尾に、三井寺《みいでら》（園城寺《おんじようじ》）の道顕《どうけん》僧都が玄賓の物語をみて涙を流し、渡し守こそ罪なく世を渡る道だと言って琵琶湖に舟を一艘《そう》設けたという逸話が紹介されている。道顕が玄賓に強くあこがれたことがうかがえる逸話であるが、この逸話を紹介した鴨長明自身も玄賓に強いあこがれと尊敬の気持ちを持っていたらしいことは先に述べた。道顕や長明と同様に、後代の多くの僧たちが玄賓にあこがれと尊敬の気持ちを持ったようである。そのうちの一人に江戸時代後期の禅僧良寛《りようかん》（一七五八〜一八三一）がいる。良寛は備中国玉島（岡山県倉敷市）円通寺《えんつうじ》で修行したことが知られているが、備中国での修行中、玄賓を慕って玄賓ゆかりの地を訪れたとされている。(16) 良寛は位階を求めず無一物の托鉢《たくはつ》生活を営んだ僧であったが、その生き様から、玄賓に強い影響を受けたように思われる。

Ⅲ　玄賓僧都「伝説」の魅力と意味

これまで、玄賓に関しては、文献説話や伝記類に関する研究は行われてきたが、伝承地で語られてきた「伝説」を研究するものはなかった。本書では、これまでほとんど研究されることのなかった玄賓僧都伝説に焦点をあてて研究を行った。

次に、本書で扱う「伝説」について、簡単に説明しておくことにしたい。「伝説」は、口承文芸という文学ジャンルに含まれる。「口承文芸」という語は、二十世紀初頭にフランスの民俗学者ポール・セビヨが考え出した新語（英語では oral literature）を、昭和初年に柳田国男が翻訳紹介したものであるが、近年、「口承文学」という語が使用されはじめている。(17)「口承文学」には、いわゆる「民話」のほかに、平曲《へいきよく》（平家琵琶）・幸若舞《こうわかまい》・浄瑠璃《じようるり》・説経《せつきよう》節《ぶし》・祭文《さいもん》・浪花節《なにわぶし》など、叙事的な詞章に節をつけて語る、いわゆる「語り物」と称される文学ジャンルが含まれる。

「民話」とは、民間説話（英語ではfolktale）の略称で、通常、民間に口頭で伝承されてきた説話をいう。民話の概念は研究者間でゆれがあり、今日においても明確に規定されていないが、筆者は民話を「神話・伝説・昔話・世間話を含む」と広くとらえる立場をとることとしたい[18]。これら、神話・伝説・昔話・世間話について簡単な定義を示すと、以下のようになる。

「神話」は、通常、超自然的霊格の行為によって現在の存在や秩序が始まったと堅く信じられてきた話をいう[19]。

「伝説」は、特定の土地にある具体的な事物と直接結び付いて、その内容が真実と信じられてきた話をいう[20]。

「昔話」はムカシを語る虚構の話をいい、通常、「動物昔話」（動物が登場する話をさすのではなく、動物そのものが主人公としてあらわれる話をさす）、「本格昔話」（この名称は人間の一生を問題とする最も本格的な昔話という意味で用いられており、構造が複合形式によっているという特徴から複合昔話とも称されている）、「笑話」（笑いを目的とする話）の三つにジャンル分けされている[21]。

「世間話」は、通常、世間にとりざたされるうわさ話をいい、奇事異聞が語られることが多い（口承文学分野で扱う学術用語[22]）。

これらのうち、本書では民間説話の中の特に「伝説」を中心に扱う。各地に伝わっている玄賓僧都に関する伝説を直接その地に行って古老から採集し、考察を加えた。また、論述にあたって、関連資料を可能なかぎり収集し、玄賓僧都伝説を分析する手がかりとした。

隠遁生活を好んだこともあり、玄賓に関する文献はあまり残っていない。しかし、特に備中国での玄賓の動静は、文献資料にはほとんど残されていないが、口頭伝承の世界ではいまだに生き生きと語られている。「伝説」などの民間伝承資料は、史実と虚構の間にあり、資料的位置づけが極めて難しいため歴史的資料とみなすことはできないが、これらの口頭伝承の背後には何らかの意味が隠されている可能性がある。各地に伝承された玄賓に関する伝説は、実像はともかく、少なくとも伝承地周辺の人々に玄賓がどのようにとらえられてきたかをうかがうことができるものであり、文献資料の間隙を埋めるものとして、玄賓像の一端を語る参考資料となりうるであろう。

網羅的に調査した結果、玄賓に関する伝説は、備中国、大和国、伯耆国に伝承されていた。これらのうち、備中国の伝承が極めて濃密であったことから、本書では、「備中国（岡山県）編」と「大和国（奈良県）・伯耆国（鳥取県）編」と大きく二編に分け、それぞれ考察を加えてゆくことにした。

次に、本書で考察した玄賓僧都伝説について簡単に紹介しておく。

備中国（岡山県）編

第一章「備中国における玄賓生誕地伝説と臍帯寺《ほそおじ》」では、備中国に伝承されている玄賓生誕地伝説について論述した。伝記類では、玄賓は「河内国《かわちのくに》」の生まれとされているが、興味深いことに、備中国には、玄賓が旧北房町《ほくぼうちょう》（現在の真庭市《まにわ》）で生誕したという伝説が伝えられている。その地には「高僧屋敷《こうそうやしき》」という地名が残っており、玄賓の母が安産を祈ってへその緒（臍帯）を奉納したという臍帯寺という寺がある。

第二章「備中国湯川寺における玄賓僧都伝説」では、玄賓が確実に隠遁した地である新見市《にいみ》土橋《つちはし》の湯川寺周辺に伝承されてきた伝説について論述した。湯川寺周辺に伝承されている伝説は大変多いうえ、極めて面白い。大変濃密な伝承状況から、湯川寺周辺地は玄賓僧都伝説伝承地の中でも特別な地であるという印象を抱く。

第三章「新見市の玄賓僧都伝説――湯川寺・大椿寺《だいちんじ》・四王寺《しおうじ》――」では、土橋の湯川寺、哲多《てった》の大椿寺、哲西《てっせい》の四王寺の伝説について論述した。これらはすべて現在の新見市内に位置しており、玄賓隠遁地伝承圏の中でも特に注目される地といえよう。

第四章「「湯川寺縁起」と玄賓僧都伝説」では、湯川寺の縁起である「湯川寺縁起」について検討した。「湯川寺縁起」にはさまざまな謎があるが、その謎を解いてゆくと興味深いことがわかってきた。

第五章「玄賓僧都伝説と四王寺の文物」では、哲西の四王寺に伝わる文物について論述した。「哲多郡」にある寺として注目される。

第六章「高梁《たかはし》市中井町の玄賓僧都伝説――定光寺《じょうこうじ》・光林寺《こうりんじ》・柴倉神社《しばくらじんじゃ》――」では、西方《にしかた》の定光寺、柴倉の光林寺、柴倉神社、大草《おおくさ》の如意輪観音堂《にょいりんかんのんどう》などに伝わる玄賓僧都伝説について論述した。湯川寺は定光寺の末寺である。

第七章「備中国における玄賓僧都伝説の諸相――「哲多郡」の意味するもの――」では、高梁市の松林寺《しょうりんじ》・深耕寺《しんこうじ》、吉備中央町の袈裟掛岩《けさかけいわ》・僧都川《そうずかわ》などの伝説を検討するとともに、「哲多郡の意味」について考究した。湯川寺は「哲多郡」にあると考えられてきたが、実際は旧英賀郡《あがぐん》（阿賀郡）にあり、「哲多郡」にあった可能性を持つのが新見市の大椿寺・四王寺であることを指摘した。「哲多郡」をめぐる問題は、極めて重要な意味を持つ可能性を含んでおり、注目される。

第八章「備中国における玄賓終焉地伝説――大通寺《だいつうじ》・山野神社《やまのじんじゃ》――」では、玄賓終焉地伝説について論述した。興味深いことに、備中国には玄賓終焉地についての伝説が伝えられている。矢掛町《やかげ》には「僧都」という地名があり、その地には玄賓の墓という伝承のある五輪塔がある。また、矢掛町には玄賓が築造したとされる倉見池《くらみいけ》という池があり、注目される。

筆者の調査により、備中国には玄賓の生誕地伝説から終焉地伝説までがそろっていることがわかってきた。備中国の玄賓僧都伝説は「生誕地伝承圏」（旧北房町上水田小殿《おどの》の地名「高僧屋敷」を中心とする地域）、「隠遁地伝承圏」

（新見市の湯川寺や旧哲多郡の大椿寺・四王寺などを中心とする地域）、「終焉地伝承圏」（矢掛町の地名「僧都」を中心とする地域）の三つの伝承圏に大きく分類することができよう。備中国各地の玄賓僧都伝説は、湯川寺伝承圏を核として生誕地伝承圏や終焉地伝承圏が成立していったと推定される。備中国には、郡家《ぐんけ》（古代における郡司の政庁。郡庁・郡衙とも）が旧北房町小殿遺跡（英賀郡家）、旧阿哲郡哲西町二野《ふたの》遺跡（哲多郡家）、小田郡矢掛町小田（小田郡家）の三か所にあったと推定されている。(23) この備中国郡家三か所は、玄賓僧都伝説の「生誕地伝承圏」「隠遁地伝承圏」「終焉地伝承圏」と合致する。これには重要な意味があると推定している。

大和国（奈良県）・伯耆国（鳥取県）編

第一章「大和国三輪の玄賓僧都伝説――大神神社《おおみわじんじゃ》・玄賓庵《げんぴあん》――」では、三輪の玄賓僧都伝説の全体像について論述した。謡曲「三輪」と大神神社の関係のほか、玄賓庵に所蔵されている「玄賓庵略記」の全文を紹介した。

第二章「伯耆国の玄賓僧都伝説と阿弥陀寺」では、玄賓僧都が建立したとされる阿弥陀寺はどこにあったのかという未解決の問題について論究した。伯耆大山《だいせん》建立説と伯耆賀祥《かしよう》建立説について検討した結果、阿弥陀寺は伯耆賀祥に建立されたと推定した。

玄賓僧都伝説の魅力はたくさんあるが、その一つに伝説そのものの面白さがある。特に湯川寺周辺の伝説は濃密で、大変面白い。湯川寺周辺の玄賓僧都伝説群は、高僧伝説伝承事例の教科書ともなりうる豊かなもので、注目される伝説群となっている。各地の玄賓僧都伝説の伝承実態や意味については、本書で紹介した各地の事例を参照願いたい。

玄賓僧都伝説を読み解く助けとなるように、巻末に「玄賓僧都伝説関係地図」と「玄賓僧都関係年譜」を付した。
＊本書における諸資料よりの引用文中、旧漢字・異体字は原則として通行の字体に改めた。

註

（1）「いんとく【隠徳】 ひとの知らない恩恵」（中村元『広説仏教語大辞典 縮刷版』東京書籍、二〇一〇年）。源信『往生要集 巻下』に「具在二慶氏日本往生記一。何況朝市隠レ徳山林逃レ名之者。独修独去。誰得レ知耶。（わが国でも浄土に生まれたものの数は同じ位あって、詳しいことは慶滋保胤の『日本往生極楽記』に〔記されて〕いる。まして市井にあって徳を隠し、山林に遁れて知られることを避け、ひとり〔静かに〕この世を去って行ったひとのことを、だれが知ることができよう）」（『大正蔵八四』七六頁b。訳は石田瑞麿訳〈東洋文庫二一『往生要集2』平凡社、一九六四年、二〇四頁〉によった）と、「隠徳」の語がみえる。
（2）深浦正文『唯識学研究 上巻（教史論）』（永田文昌堂、一九五四年）参照。
（3）凝然『三国仏法伝通縁起』巻中の「法相宗」の項（『大日本仏教全書第一〇一冊』、一一三～一一四頁）。
（4）田村圓澄「摂論宗の伝来」（『奈良仏教の展開』雄山閣出版、一九九四年）、九五頁。法相宗四伝説に関しては、辻善之助『日本仏教史 第一巻 上世篇』（岩波書店、一九四四年）一四一～一四二頁、註（2）の深浦正文『唯識学研究 上巻（教史論）』三五二～三五三頁、ほか参照。
（5）原田信之「『今昔物語集』本朝部における法相宗の伝来——南寺伝道照と北寺伝玄昉——」（『唱導文学研究九』三弥井書店、二〇一三年）参照。説話本文は新日本古典文学大系35『今昔物語集三』（岩波書店）等参照。
（6）簗瀬一雄「法相宗相承血脉次第」（『南都仏教』二六、一九七一年）参照。この「法相宗相承血脉次第」は興福寺蔵俊（一一〇四～一一八〇）の門弟によって書写されたものと推定されている。
（7）富貴原章信『日本唯識思想史』（大雅堂、一九四四年）、二〇九～二一五頁。
（8）「行基年譜」（『続々群書類従第三史伝部』所収）、井上薫編『行基事典』（国書刊行会、一九九七年）「Ⅲ 地理・社会事業」の項、ほか参照。

（9）『続日本紀』文武天皇四年の項に「天下を周り遊びて、路の傍に井を穿ち、諸の津済の処に、船を儲け橋を造りぬ」（新日本古典文学大系12『続日本紀一』岩波書店、一九八九年、二五頁）とある。
（10）本書備中国編第八章「備中国における玄賓終焉地伝説――大通寺・山野神社――」参照。
（11）師茂樹「唐代仏教における社会事業――慧沼とその弟子による架橋――」（「花園大学文学部研究紀要」三五、二〇〇三年）参照。
（12）古本系『江談抄』には「又云。弘仁五年玄賓初任二律師一。辞退歌云。三輪川清《キ》流《ニ》洗《天シ》衣袖《ハ》更不レ穢云々」、「又云。辞二大僧都一哥云。外国山水清《ハ》事《(シ)》多《キ》君都《カハ》不レ住《サリケリ》」、「又云。去二洛陽一赴二他国一間。道来合女人。脱レ衣奉レ之得《(ニ)》レ之歌云。三輪川渚《(ノ)》清《ソ》唐《キ》衣《クルト》思ナエツトヲモハシ」という断片的なものが記されている（『古本系江談抄注解』武蔵野書院、一九七八年、二七〇～二七三頁）。
（13）篠原昭二項目執筆「江談抄」（『日本短篇物語集事典』東京美術、改訂新版一九八四年）。
（14）『発心集』本文は、慶安四年刊本を底本とする三木紀人校注『方丈記　発心集』（新潮社、一九七六年）により、青森県立図書館蔵慶安四年刊本と大阪女子大学図書館蔵寛文十年刊本を参照した。
（15）原田信之『今昔物語集南都成立と唯識学』（勉誠出版、二〇〇五年）参照。
（16）岡山県良寛会編『良寛修行と円通寺』（萌友出版、二〇〇八年）参照。
（17）『岩波講座　日本文学史』（岩波書店、一九九七年）の第一六巻と第一七巻は「口承文学」の巻である。
（18）『民間説話』（世界思想社、一九八九年）、福田晃他編『日本の民話を学ぶ人のために』（世界思想社、二〇〇〇年）参照。
（19）民間説話の中に神話を含めない立場もあるが、アイヌ民族や奄美・沖縄においては、現在でも民間伝承の中に神話が生きていることから、筆者は、民間説話の中に「（民間伝承としての）神話」を含める立場をとることとしたい。山下欣一「琉球王朝神話と民間神話の問題」（「琉大史学」第七号、一九七五年）参照。
（20）柳田国男監修『日本伝説名彙』（日本放送出版協会、一九五〇年）、福田晃他編『日本伝説大系』全十五巻（みずうみ書房、一九八二～一九八九年）参照。
（21）柳田国男監修『日本昔話名彙』（日本放送出版協会、一九四八年）、稲田浩二編『日本昔話通観』全三十一巻（同朋舎、一九七七〜一九九八年)、関敬吾編『日本昔話大成』全十二巻(角川書店、一九七八〜一九八〇年)参照。
(22) 日本民話の会編『シリーズ・日本の世間話』全五冊(青弓社、一九九二〜一九九三年)参照。
(23)『国史大辞典』(吉川弘文館)「備中国」の項参照。

備中国（岡山県）編

第一章　備中国における玄賓生誕地伝説と臍帯寺

はじめに

平安時代初期に亡くなった南都法相宗《ほっそうしゅう》興福寺の高僧玄賓は、天皇から厚い信頼を寄せられたにもかかわらず、世俗的な名声を厭《いと》い、都から遠く離れた土地に隠遁する道を選んだ。このような姿勢が玄賓のイメージを形成し、後代、玄賓は、隠徳《いんとく》のひじりの理想像ととらえられ、数々の説話が生み出されてゆくこととなったようである。(1)玄賓が大僧都職を辞し備中国に隠遁したことについては、複数の確実な資料が残されているので史実とみられるが、(2)備中国での玄賓の消息はよくわかっていない。玄賓に関する説話は、『江談抄《ごうだんしょう》』『古事談《こじだん》』『発心集《ほっしんしゅう》』『閑居友《かんきょのとも》』『古今著聞集《こんちょもんじゅう》』『撰集抄《せんじゅうしょう》』『三国伝記《さんごくでんき》』など、多くの説話集に収められているが、備中国での逸話を記すものはない。また、『元亨釈書《げんこうしゃくしょ》』『東国高僧伝《とうごくこうそうでん》』『南都高僧伝《なんとこうそうでん》』『扶桑隠逸伝《ふそういんいつでん》』『本朝高僧伝《ほんちょうこうそうでん》』などの伝記類においても、備中国での玄賓の詳しい消息は記されていない。

しかし、備中国での玄賓の動静は、文献資料にはほとんど残されていないが、口頭伝承の世界ではいまだに生き生きと語られている。(3)備中国各地での玄賓に関する伝説は、実像はともかく、少なくとも伝承地周辺の人々に玄賓がどのようにとらえられてきたかをうかがうことができるものであり、文献資料の間隙を埋めるものとして、玄賓像の一端を語る参考資料となりうるであろう。

　玄賓はいつどこで生まれたのであろうか。玄賓の生年に関しては数説あるが、興福寺本『僧綱補任《そうごうぶにん》』弘仁九年の項に、「前大僧都玄賓―六月十七日入滅。河内国人。俗姓弓削連。㊟八十五」―(4)と記されているのに従いたい。このことから、玄賓の生年は天平六年（七三四）で、没年は弘仁九年（八一八）六月十七日ということになる。

　玄賓の生誕地に関しては、先にみた興福寺本『僧綱補任』弘仁九年の項に玄賓は「河内国人。俗姓弓削連」とあるように、河内国（大阪府）で生まれたという説がよく知られている。元亨二年（一三二二）成立の虎関師錬《こかんしれん》『元亨釈書』巻第九の「釈玄賓」の項にも「姓弓削氏。内州人。（略）疾三族人道鏡媚二称徳帝一。潜入二伯州之山一」(5)とあり、姓は弓削《ゆげ》氏で河内国の人とされている。『元亨釈書』では、玄賓は一族の弓削道鏡《どうきょう》が称徳《しょうとく》女帝に媚びて政界に進出して権勢をふるったのを嫌い、伯耆国山中に隠遁したことになっている。玄賓が道鏡と同族の弓削氏であったかどうかはよくわからないが、道鏡も玄賓も同時代の法相宗の僧侶であったことから、玄賓が道鏡の生き方を嫌い隠遁の道を選んだということはありえたようにも思われる。また、元禄十五年（一七〇二）成立の卍元師蛮《まんげんしばん》『本朝高僧伝』巻第四十六の「備中湯川寺沙門玄賓伝」の項にも「姓弓削氏。河州人。（略）悪三族人道鏡媚二称徳帝一。潜出二和州一」(6)とある。このことから、玄賓は江戸時代に至るまで道鏡と同族の弓削氏で河内国の人と認識されていたことがわかる。ただし、玄賓伝に関しては、『元亨釈書』の玄賓伝の影響力がかなり強く、以後の僧伝類のほとんどが『元亨釈書』の玄賓伝の記述をそのまま利用して記述している。

　興味深いことに、備中国英賀郡水田（真庭《まにわ》市〔旧上房郡北房町〕上水田《かみみずた》小殿《おどの》）には、玄賓生誕地伝説が伝承されている。その地には玄賓がそこで生まれたことに由来するという「高僧屋敷《こうそうやしき》」という地名が残っており、その地の近くには玄賓の母が玄賓のへその緒（臍帯）を納めたという伝承のある臍帯寺《ほそおじ》という寺院がある。この、玄賓が備中国で生まれたという説は、備中国でのみ知られているようである。
本章は、できるかぎり事例を提示するよう努めながら、これまで存在が知られていなかった備中国の玄賓生誕地伝説について、その全体像を紹介し考察を加えることを目的とする。

Ⅰ　地名「高僧屋敷」と行者様

玄賓が備中国で生まれたことを記す文献としては、明治十一年（一八七八）成立の奥田楽淡《おくだらくたん》『備中略史《びっちゅうりゃくし》』の「玄賓僧都」の項に「釈玄賓姓は弓削氏、備中英賀郡水田の人（一曰河内の人）」[7]とある程度で、古文献資料は残っていない。『備中略史』の備中国生誕説は、江戸時代末期の伝承を書き留めたものと推定される。しかし、江戸時代末期の地誌類に玄賓備中国生誕説がほとんど載っていないことから、備中国の中でも広く知られていた説ではなかったとみられる。『備中略史』を編纂した奥田楽淡は、備中高梁《たかはし》藩医龍田《たつた》道仙《どうせん》の二子で藩儒奥田楽山《らくざん》の義子となり、山田《やまだ》方谷《ほうこく》に学び、高梁藩の文武監査役まで昇り、晩年は下道郡山田村で後進を導いて明治十七年に六十四歳で亡くなった人であるという。[8]奥田楽淡が備中高梁の人であったから、すぐ近くの英賀郡水田の玄賓生誕伝説を知りえたと推定される。

まず、玄賓がそこで生まれたことに由来するという「高僧屋敷」という地名をめぐる伝承から検討してみることとする。真庭市上水田小殿には、「高僧屋敷」という地名が残っており、玄賓がこの地で生誕したという伝承がある。「高僧屋敷」という地名のあるその土地は現在畑になっており、道路に面した一角が四角くコンクリートで塗り固められ、その上に小さいコンクリートの祠《ほこら》（行者様）がある。そしてそのすぐ近くに「玄賓僧都生誕之地」と

地名「高僧屋敷」に祀られる行者様

刻まれた石碑（高さ二・三メートル、幅〇・七メートル）が立っている。その石碑の裏には「玄賓僧都は北房町大字上水田小殿高僧屋敷で天平十年（七三八年）にこの地で生誕されたと伝へられている幼児のころから聡明で奈良の興福寺で修業《（行）》し奈良時代末から平安時代初期のころまで名刹に捉われぬ高僧で仏の道を求め続けるとともに医療の研究にも修業を重ね薬草薬石の用法を用いて人々の幸せと生活の安定に力を尽され八百十八年六月に湯川寺で入寂された今も玄賓の人柄が人々の心の中に生き続けている。／平成八年四月吉日建之」とあり、さらに碑文の下に「建立者／北房町／武村博／西杉一夫／山本潔」と刻まれている。この石碑は、上水田小殿の武村博さんら三名が協力して、この地で生まれたとされる玄賓を顕彰するために、平成八年（一九九六）に建立したものだということである。現在はこの石碑があるおかげで、「高僧屋敷」の場所がすぐわかるようになっている。

〈事例1〉「玄賓生誕地高僧屋敷と臍帯寺」

この畑が高僧屋敷。これはもう前から、個人所有でした。ここの、小さい一画だけがねえ、いわゆる、公共地いいますか、小殿の部落有になっとったんです。これは今のもう、倍以上はありましたからねえ。へで古い柿の木があったり、へえから古い古い祠のあの。木造のねえ、何（祠）があったんですけどもう、腐れてから。今はそうですなあ、これ、もう、十年ぐらい前ですかねえ、買ってきて、替えたんです。

　まあ、詳しいことはわかりませんけどね、ここへ山本さんいう人が、今はもう亡くなられましたけどね、その人がもう、

「ここで、玄賓さんが生まれたんじゃ」いうて。一つはあの、あれ（石碑の文）にもありますけえど、河内ですかねえ、大阪のねえ。あっこの説もあるんですけど。まあここで、大きなった。

　それがまあ、そこへ、臍帯寺《ほそんじ》にもおそらく。こんだあ、臍帯寺《ほそおじ》いうんですけど、参られたらいろいろ聞かれたらわかると思うんですけど。お母さんがとにかくあっこで腹帯をもらって、へで、子どもの男の子ができたからいうんでそのへその緒（臍帯）をあそこに納めて、まあ、臍帯寺《ほそおじ》いう。ほそんじ、ほそんじ、いうんですけど、臍帯寺《ほそおじ》いう、まあお寺なんですけど。そういうことで、いわれがものすご深いから、おそらくここで生まれられたんじゃないか、というようなことで。[9]

　この〈事例1〉は、真庭市上水田小殿で採集したもので、玄賓がこの地で生まれたので「高僧屋敷」という地名となり、玄賓の母親がこの地から臍帯寺に参って腹帯をもらい、男の子（後の玄賓）が生まれたからそのへその緒（臍帯）を寺に納めたという話である。高僧屋敷という土地は今は個人所有となっているが、四角くコンクリートで塗り固められた一画は、現在でも小殿集落の公共地になっているということである。その一画の上には玄賓を祀《まつ》る小祠《しょうし》がある。その一画はもっと広かったというが、かつて道路を拡張したためかなり狭くなってしまったそうである。

〈事例2〉「高僧屋敷と行者様」

まあの、あそこは、高僧屋敷いう、地名ですから、普段あそこらあたりを使っておる人が、高僧屋敷いう。それから、玄賓さんの、行者様いうのはもう、昔からそういうように、言い慣らされてきておったんです。だから、お正月になると、あそこに新しい餅を、あげたりして。（中略）玄賓さんを、行者さん、いうて、昔から言い慣らされとったんじゃないかなあ思う。(10)

この〈事例2〉は「高僧屋敷」にある玄賓を祀る小祠を土地では「行者様」と呼んでいるという語りである。念のために「行者様」と修験道との関係を聞いてみたが、全く関係ないとのことであった。小殿集落で管理してきたという「行者様」の祭りは特にはないそうであるが、皆で掃除したり、正月に新しい餅をお供えしたりはするということである。高僧屋敷という地には、昔、古い大きな柿の木（西条柿などのような良い柿ではなかったという）があったそうで、柿の木の周辺には草が生えていたという。また、高僧屋敷には、昔は大きく平たい石の上に古く大きい木造の「行者様」の祠が立っていたが、古くなって腐ってきたので、話を聞いた平成十四年から十年程前（平成初年頃か）に若い人が総社あたりから今のコンクリートの小さい祠を買ってきて据えたそうである（その後、さらに次の代の祠になっている）。

玄賓の時代、天皇や貴族たちが高僧に期待したものの一つに、病などを即座に治癒させるような呪術的能力があった。玄賓は興福寺で学問を積んだ碩学《せきがく》であったが、それと同時に呪術的能力も群を抜くものであったようである。実際、山中で隠遁生活を送る玄賓は、歴代の天皇からたびたび召還されて都へ上り、病平癒の祈禱《きとう》を行っている。そして、桓武天皇・平城天皇・嵯峨天皇という三代の天皇から厚い信頼を得ていた。山中で隠遁生活を送り高い呪術的能力があったらしい玄賓僧都には、確かに山林修行をする行者のイメージがあるが、玄賓僧都を祀る祠が土地の人々に「行者様」と称されてきた事実は、極めて興味深いことといえよう。

Ⅱ　「広大山縁起」と行基・玄賓伝承

玄賓生誕地伝説が伝承されている真庭市（旧上房郡北房町）上水田小殿「高僧屋敷」の南西方向の山中に、玄賓の母が玄賓のへその緒（臍帯）を納めたという伝承のある臍帯寺（ほそおじ、ほそんじ）という寺院がある。高梁市（旧上房郡）有漢町《うかんちょう》上有漢長代《ながしろ》にある広大山《こうだいさん》臍帯寺は真言宗大覚寺派の寺院で、寺伝では聖武天皇の神亀三年（七二六）に行基《ぎょうき》（六六八〜七四七）が開基したとされる。現在地に移転する前は、四峰山《よつうねやま》（四ツ畝山）の山麓の堂風呂《どうぶろ》という所にあったという。臍帯寺には「広大山縁起」（片山家文書）が残されている。玄賓生誕地伝説を考えるうえで参考となる数少ない資料の一つであるため、全文を引用する。[11] 旧字体・異体字等は原則として通行の字体に改め、句読点を付した。なお、註記は丸括弧でくくった。内容分析の都合上、便宜的にA〜Cの符号を付した。

「広大山縁起」全文

広大山縁起書写

A　抑当山の濫觴は、人皇四十五代聖武天皇之御宇神亀年中行基菩薩の創建にして、本尊聖観音自在菩薩の御長六尺有余の立像幷に脇土（士カ）不動・毘沙門共に是行基尊都一刀三礼して刻せ給ふ尊作也。此時行基本尊に誓して鬼門除災之願を発し梅之木の以散杖当寺境内巌穴を加持し給ふ。忽涌泉滔々たり。以此水符を調へ一切衆生の疾病、難産の女に施す時は、必ず安全なさしめんとの御誓なり。此水あらん限りは我誓願空しからずと示し給ふ。今本堂の後ろに涌出す阿伽井の水是なり。奇成哉此霊水不浄の意味ある時は内に水音有てもかならず不出、清浄の法を修する時は速に出る事顕然たり。猶示曰く弥誓願空しからずば此散杖も末世に磐も止んと側の地にさし給ふ。宜哉一老木となれり。依是を散杖木と云伝う。天正之度、当国一円兵乱す。四ツ畝忍山城攻之砌《みぎり》、為太閤秀吉境内焼亡す。悲哉此散杖過半枯木となり、今の散杖は実生之再木也。当寺四ツ畝より西南にあたり、是より四ツ畝丑寅に当れり。代々鬼門除災の祈願地なり。往昔より四ツ畝に並ぶ堂婦路の山上当寺旧跡なり。鎮守六社大権現鎮座し給ふ。中興加持の地に移す。今の寺是なり。

B　当国出生玄賓僧都、母の胎内に託する事十二カ月、母公大いに案じ給ひ、当山に祈らせ給ふ。則夢中に霊童来り、「仏縁の男子無難に出生すへし」と教ありて、十三カ月に平産あり。困て七十五日を経て、母子共一七日参籠仕給ひ、厚く仏恩を礼敬し、臍の帯を納め給ふ。猶童子の行末を祈給と云如、仏教生長ののち僧と成、名を発、海内て当国七名人の其壱人なり。則阿賀郡湯川に庵居し給へば、程近く折々登山有。山寺の渡業は如斯と鹿を呼て牛にかへ田畑を耕し戯給ふと云。僧都の歌／山田もる僧都の身こそ悲しけれ　あきはてぬれば問う人もなし／奇篤広大成霊場たるをもって広大山ととなへ、臍帯奉納の以因縁臍帯寺と改給ふ。其先、細尾寺と云り。妊娠胎中為守護加持帯を出す事是也。猶出産長引くものにかねの帯を授るも矢張此因縁也。

C　永正の頃、松山城内に障災有て不止。占方に問給へば、是より丑寅に当り希有之霊仏あり。是を祈給へば速に治るべし。是全鬼門の災也とす。則諸士に命じて尋ね給ふに此本尊也。仍て鬼門除災の御祈禱を示給ふ。其夜則示現ありて障化速に去しより、今に至って松山御城鬼門除災の霊場と定り、正五九月鎮札納来る事今に退転なし。天正年中より当国一円兵乱す。四ツ畝再度落城の砌、残兵院内に忍と疑ひ伽藍悉く焼亡す。時に不思議と本尊三体回録《禄カ》殃なく逸爵として灰の中に残り給ふ。煙風にあたり給ふ色も見えずとなん。仏願不遠此年の大将陣中に狂死せしと云伝。可恐々々。別して女子の難産をあわれみ給ひ、一度登山して結縁の輩はかならず平産成しめんとの御誓也。嗚呼、星霜遠く積るとも、仏徳の著明事如是。其外奇談あげて数るに不遑と云々。／茲本尊開扉の時正に至るといへども、貧寺小且難為以何朝昏悲泣袂を湿す。依之発大願有無の両縁の壇門を叩、密法の祈禱を修し、施主の以多力開扉満願至今日十方の善男女迎へ拝礼あり。心中の諸願を備へ、奇篤広大の霊験を受給へ。心信請願の輩は患病平癒災障消除富貴開運の場に至らん事、夢々疑あるべからず。穴賢々々。

今月今日

現住法印　英学　謹白

この「広大山縁起」には、行基伝承と玄賓伝承に関する記述がみられる。縁起のA部分には、神亀年中（七二四〜七二九）に行基が四ツ畝山（四峰山）の堂婦路（堂風呂）という所に寺を創建したが、天正（一五七三〜一五九二）の頃に兵火で焼亡したため、現在地に移転したことが記されている。行基が本尊の聖観世音菩薩と脇侍の不動・毘沙門の計三像を彫ったという仏像造立伝説や、行基が梅の木の散杖で巌穴を加持すると泉が湧いたという「杖つき井戸（弘法水）」の伝説、行基が地にさしたその散杖が根付いて老木となり「散杖木」と呼ばれていたという「杖梅」の伝説など、全国に広く分布する話型が縁起に取り込まれていることがわかる。

玄賓に関する記述があるのはB部分である。このB部分によれば、備中国で出生した玄賓は、母の胎内で十二か月たっても生まれなかったため、母が細尾寺《ほそおじ》で祈ると、夢で霊童が「仏縁のある男子が無事に生まれるであろう」と告げ、十三か月で生まれた。よって、七十五日を経て、母子共に参籠して仏恩を謝して臍帯を納めた。長じて名僧となり、阿賀郡湯川に庵居し、近いので折々この山寺に登ってきた。臍帯奉納の因縁から、細尾寺を臍帯寺と改めた、ということである。

C部分には、永正（一五〇四〜一五二一）の頃より松山城の鬼門除災の霊場とされたこと、天正年中の四ツ畝城落城の際に焼亡したが本尊三体は焼け残ったこと、寺を焼いた大将が陣中で狂死したこと、寺に参詣した女性は安産することなどが記されている。

この「広大山縁起」（片山家文書）を草したのは、縁起の末尾に「現住法印　英学　謹白」とあることから、臍帯寺現住職三十七世大本一学氏より四代前の三十三世大本英学氏であったらしいことがわかる。また、一学氏によると、この縁起の元となる文献は現在見当たらないそうであるから、江戸時代末期から明治時代初期頃の土地の伝承を参考として、英学氏がおそらく明治期にまとめたものかと推定される。さらに作成年次を詰めるなら、縁起のC部分に「茲本尊開扉の時正に至るといへども」と記されている部分が手がかりになる。この記述から、この縁起が臍帯寺で三十三年に一回行われてきた観音堂御開扉の法要の際に作成されたものらしいことがわかる。臍帯寺の観音堂御開扉は、新しい年代順にさかのぼって記すと、平成六年（一九九四）、昭和三十七年（一九六二。本来は昭和三十六年であったが、記念の釣り鐘の鋳造の遅れで一年延期されたという）、昭和三年（一九二八）、明治二十八年と、三十三年ごとに行われてきた。このことから、この「広大山縁起」が作成されたのは、明治二十八年の観音堂御開扉の年と推定される。

Ⅲ　臍帯寺と玄賓の母

次に、行基開基伝説や玄賓と母の伝説などの、臍帯寺をめぐる種々の伝説が、土地でどのように伝承されているかをみてみることとする。

〈事例3〉「臍帯寺の開基と移転の由来」

あのね、ここのお寺自体はね、場所はここにあったんじゃないんですよ。場所はこれから二キロぐらい、ちょうど、北の方に入りました、四峰《よつうね》（四ツ畝）って、ここらじゃよつうねと呼ぶんですが、山がありまして、それの、こちらから行く、そちらへ向ける道があるんですけどね。その道の、四峰まで行くちょっと手前なんですけど、そこに堂風呂《どうぶろ》ってゆう、字《あざ》名があるんです。そこにどうもこのお寺はあったようです。（中略）あれがですね、安土桃山時代の初めぐらいでしょうかね、あそこ（堂風呂）にありました、お寺がね、まあいわば兵火に遭いましてね。

臍帯寺

臍帯寺の行基井戸

何か、敵が、逃げ込んだからといって、火をつけられて。まあ、これ言い伝えなんですけど、その時、ご本尊を、持ち出した方がいて、そのご本尊を安置する場所っていうのを、まあ、どこにしようかっていうふうになった時に、ここへ、閼伽井戸《あかいど》っていいましてね、密教では儀式の時に閼伽水《あかすい》というお水を使うんですよ。そのお水をくみます井戸が、井戸というよりわき水なんですよ。湧き水があったようです。ここから水を取ってた、ここへくみに来て、使っていた。だと思うんです。その閼伽井戸がここにありましたので、じゃ閼伽井戸のそばへ、火災の中から持ち出したご本尊を安置しようと、いうことになってこの場所へ。（中略）行基井戸ってゆって、閼伽水をお供えするための、水を、くむ場所として、行基さんがこう寺を造られた時にもうここの、ところへ、水をお供えするのにここからくんだという、あれがありましてね。それでここが行基井戸といわれるんですけど。これはおそらく、きちっとした名前じゃないと思います。だからそういう、言い伝えにはなってますけど。それはおそらく、土地の人が昔からようられた《（言っておられた）》か、そういうものじゃないかと思いますけどね。言い伝えではね、ですから、神亀三年ですから、七二六年、に造られたことにはなってるんですよ。開山ですね。いわれでは、聖武天皇の勅願で、この地へ造られたというふうにはいわれてますけど[12]。

〈事例3〉には、臍帯寺の開基と移転の由来が語られている。臍帯寺は、聖武天皇の勅願で神亀三年に行基が開基したとされ、最初四峰山の堂風呂という所にあったが、兵火で焼けたため現在地に移転したという。現在地は、行基井戸と呼ばれる閼伽水をくむ井戸がある場所であったため、移転の地とされたということである。現在もこの行基井戸は臍帯寺の本堂奥の崖下にあり、岩の奥から湧いた水が、岩のくぼみにたまったようになっている。現住職一学氏によると、行基井戸の奥は鍾乳洞になっており、水の出が悪くなったので先代住職の時に穴を大きくしたということであった（穴の奥には三、四メートルくらいしか入れないという）。前節でみた「広大山縁起」のA部分には、行基が梅の木の散杖で巌穴を加持すると泉が湧いたという「杖つき井戸」の伝説が記されていたが、行基に由来するという伝説的井戸のある場所が現在の臍帯寺の地ということになる。兵火で焼けて現在地に移転した時のことに関しては、「広大山縁起」のC部分の記述に詳しい。なお、兵火にあった時に本尊三体が焼け残ったことや、寺を焼いた大将が狂死したことに関しても、土地で伝説の断片を聞くことができた。

〈事例4〉「玄賓の母と臍帯寺」

> これも、厳密に、どうなのかわかりませんけども、私が爺さんから聞いたのはね、玄賓僧都がお生まれになる前にお母さんがですね、この寺の観音様が非常に御利益があるというのをお聞きになって、でここへお見えになりましてね。その辺から、ちょっと、話の物語になってしまうんですけど。何か、十月十日を過ぎて、来られたらしいんですけど、なかなかお生まれにならなかったそうです。それでお母さんはここの、観音様へお参りになって、安産を祈願したところがその、みやすくお産をした、いう言い伝えは聞いています。[13]

この〈事例4〉は、玄賓の母が十月十日を過ぎても子が生まれなかったので、臍帯寺の観音様へお参りになって安産を祈願すると無事に生まれたという話である。先に示した〈事例1〉「玄賓生誕地高僧屋敷と臍帯寺」で、玄賓の母が小殿から臍帯寺に参って腹帯をもらい、男の子ができたからそのへその緒（臍帯）を寺に納めたという伝説をみたように、伝承の中では、玄賓と臍帯寺は深い関係があったとされている。伝承では、玄賓の母が生まれた子の臍帯を寺に納めたということから、「細尾寺《ほそおじ》」という寺の表記が「臍帯寺」と改められたとされ、今でも臍帯寺の観音は安産観音としてよく知られている。前節でみた「広大山縁起」のB部分には、玄賓の母が細尾寺で祈ると夢で霊童がお告げをし、無事に十三か月で生まれたため、後日母子共に参籠して仏恩を謝して臍帯を納めたことなど詳しい状況説明がなされていて、参考になる。残念なことに、臍帯寺周辺で玄賓の伝説を知る人はほとんどおらず、「広大山縁起」の記述が現在では最も詳しいという状況であった。〈事例4〉は、現住職一学氏の語りで、先代住職から聞いたということであった。

「広大山縁起」や〈事例3〉でみたように、現在地に移転する前、臍帯寺は四峰山（四ツ畝山）の山麓の堂風呂（堂婦路）にあったという（旧有漢町側）。土地の伝承では、玄賓を身籠もった小殿に住む玄賓の母が堂風呂にあった細尾寺（臍帯寺）にお参りになって安産を祈願したということであったが、興味深いことに、小殿周辺と四峰山麓を結ぶ山道がかつて存在していたという。この地域ではその道を、臍帯寺《ほそんじ》道《みち》と呼んでいる。

〈事例5〉臍帯寺道

それ（臍帯寺道）はねえ、そこからずうっとそこを、もう歩いてはとても行けやしませんが、向こうの山を越して行く何（道）があるんです。もういわゆる有漢《うかん》、有漢町へねえ、もうずっと通うのに、山越し。今は通れんと思いますよ。私らは、山へ草ぁ刈りに、尾根伝いにねえ行ってから、向こうへ越して下りたらもう、有漢町。あの山の、境界の向こうがねえ、有漢になる。こっちは中津井ですけど。あの四峰《ようね》ゆう山があるんですけどな、あの四っつこう畝になったなあ。昔お城があった。（臍帯寺は）四峰のすぐ奥へあったのが、後に、出てきて。まあそのすぐ近くへ部落がありますけどな。[14]

真庭市上水田小殿で採集した〈事例5〉は、旧北房町の小殿周辺から旧有漢町（現高梁市）の四峰に向かう山道（臍帯寺道）がかつてあったという語りである。なお、この道に関して、『北房町史　民俗編』「臍帯寺道《ほそんじみち》」の項には「小殿の奥の池のところから、曽根伝いに登って、高妻山の南側へ出て、たらの木から登った、前述の道に合する道がある。この道も利用する人が多かった」[15]と記されている（ここの「前述の道」とは臍帯寺道のこと。この臍帯寺道の途中に近年まで大きな古い「たらの木」があったため、「たらの木道」とも呼ばれていたそうである）。小殿周辺から旧臍帯寺へ向かう臍帯寺道は、現在は通る人もいないが、かつては多くの人が利用した道であったという。小殿の地から旧臍帯寺へ玄賓の母が参詣したという伝説は、かつてのこの地域の生活圏・信仰圏の範囲の中で生まれた、生活実態に即した伝説であったことがわかり、興味深い。

細尾寺が臍帯寺に改められたことに関して、『有漢町史　地区誌編』は、「伝承によると奈良時代の昔、玄賓僧都の誕生の時この寺に籠って霊験があったので安産にちなんでこの寺名に変わったといわれていたが、現在残っている延宝元年（一六七三）の棟札によると細尾寺となっており、享保十二年（一七二七）の棟札には臍帯寺となっていて、そのころに変えられたもののようで、享保のころの名僧宥雅上人が安産観音の御利益をたたえて寺名を、読みをそのままに、文字だけを変えたといわれている」(16)と記している。この解説文は、享保の頃に臍帯寺と変わったとみられることから、奈良時代に玄賓の母が臍帯を納めたことにより寺名が変えられたという伝承に疑問を呈している。しかし、別の面からいえば、享保の頃に玄賓の臍帯奉納伝説が広がり、その結果寺名表記が臍帯寺と変えられた可能性も考えてみる必要があるように思われる。享保十二年と享保十三年の棟札に「広大山臍帯寺宥雅」とあることから、享保の頃に寺名表記を「臍帯寺」と改めた人物とみられている宥雅は、元文三年（一七三八）に入寂し、その墓塔には「当山中興開基」と記されているそうである(17)。このことから、衰えた寺勢を回復させるために、宥雅が享保の頃に玄賓の臍帯奉納伝説を積極的に取り入れて寺名表記を改め、その結果、寺勢が回復して「当山中興開基」とたたえられた可能性も考えておく必要があろう。つまり、享保十二年の棟札に「臍帯寺」という表記がみられることから逆に、玄賓の臍帯奉納伝説が生じた時期は、少なくとも享保の頃までさかのぼることができる、とも考えることができるわけである。

Ⅳ　郡神社と玄賓

玄賓が生まれたという伝説が残っている岡山県真庭市（旧上房郡北房町）上水田小殿には、郡神社《こおりじんじゃ》という神社が

郡神社

ある。郡神社は、この地で亡くなったとされる吉備稚武彦命《きびわかたけひこのみこと》を祭神とする旧郷社で、近世阿賀郡の一宮とされた古社である。神社の西南にある前方後円墳は吉備稚武彦命の古墳であるという。上水田小殿の「高僧屋敷」のすぐ前にある古社であるためか、玄賓との関わりを伝える伝説が伝承されている。

〈事例6〉「郡神社と玄賓の下馬とがめ」

郡神社はねえ、この、玄賓さんがなんか、馬へ乗ってねえ、そこを、郡神社の前を通ったら、なんか馬があばれてから、「こりゃあ偉い、神さんを祀ったんじゃななあ」いうてからいわれたとかいう、そのまあ、言い伝えなんですけど。そういうことでまあ、この郡神社はまた古いですしねえ。ここはもう、今あれ書いてあるように奈良時代のなんですからなあ。そういうことで、まあ、ここを行き来されるのに、玄賓さんがそうようなことを、いわれたいうてから。

あばれて、へでもう、ここはもう降りて、まあいわゆる、高貴な人を祀った、お宮じゃからいうんで、（下馬）されたとかいうのは聞いとるんですけどなあ。玄賓さんが言われたいうて。

郡神社は古いです。これはもう、四道《しどう》将軍時代ですから吉備津彦命のねえ、弟がこっち来てこのへんからまあその、山陰の方を治めて、へで最終的にここで亡くなったんですと、あの吉備稚武彦命[18]。

この〈事例6〉は、玄賓が馬に乗って郡神社の前を通ったところ、馬があばれたので「こりゃあ偉い神さんを祀ったんじゃなあ」と言って下馬したという話である。この話は郡神社の前を乗馬で過ぎると落馬するという「下馬とがめ」の伝説として知られており、『上房郡誌』にも「玄賓僧都嘗て騎馬にて廟前を過ぎんとし馬前《すす》まず、異《あやし》み里人に正せしに古来有位有官の人廟前を過ぎ欠礼せば忽ち神罰ありと聞き馬を下りて罪を謝したり、乃ち僧都其の霊験に感じ贈位を請ひ現今の地に社殿を造り奉遷し正一位郡大明神と称す(19)」と記されている。『上房郡誌』の記述では玄賓は郡神社の霊験に感じて正一位の贈位を請い、今の地に社殿を造ったということであるが、郡神社に残されている文書等によれば、「享保四年から同二十年に至る間に」従一位から正一位に昇位したらしいということである(20)。

上水田小殿に関して、『岡山県の地名』には「上水田小殿に英賀郡衙跡と推定されている遺跡があり、近くに郡神社も存在し、英賀郡の政治的中心としての位置を占めたと考えられる。また白鳳期に建立され吉備寺式瓦をもつ英賀廃寺も上水田にあり、備中南部の勢力と密接な関係にあったことを示している(21)」と記されている。地名「高僧屋敷」や郡神社のある上水田小殿は、かつては英賀郡の政治的中心としての位置を占め、近くには白鳳期に建立され吉備寺式瓦を持つ英賀廃寺があったというこの記述から、この地ならば玄賓生誕地伝説が生じてもおかしくないことがわかり、非常に興味深いものがある。

結　語

以上で、これまで存在が知られていなかった備中国の玄賓生誕地伝説についての筆者なりの論述を終えることとする。岡山県真庭市（旧上房郡北房町）上水田小殿周辺および高梁市（旧上房郡）有漢町上有漢周辺における玄賓の伝説としては、「玄賓生誕地高僧屋敷と臍帯寺」「高僧屋敷と行者様」「玄賓の母と臍帯寺」「郡神社と玄賓の下馬とがめ」などがある。また、玄賓の母が玄賓のへその緒（臍帯）を納めたという広大山臍帯寺には「広大山縁起」がある。この「広大山縁起」は、江戸時代末期から明治時代初期頃の土地の伝承を参考として、臍帯寺三十三世大本英学氏が、臍帯寺で三十三年に一回行われてきた観音堂御開扉の明治二十八年（一八九五）の法要の際に作成したものと推定される。新しいものではあるが、現在ではすでに聞くことができなくなっている玄賓に関する伝説や臍帯寺にまつわる伝説が記されており、伝説研究のうえでは有益である。

「広大山縁起」によれば、備中国で出生した玄賓は、母の胎内で十二か月たっても生まれなかったため母が細尾寺で祈ると、夢で霊童が安産を告げ、十三か月で生まれた。後、母子共に参籠して仏恩を謝して臍帯を納め、臍帯奉納の因縁から細尾寺を臍帯寺と改めた。長じて名僧となった玄賓は、やがて阿賀郡湯川に庵居し、湯川寺と近いので折々この山寺に登ってきたという。

臍帯寺には行基開基伝承がある。行基が本尊の聖観音菩薩等三像を彫ったという仏像造立伝説や、行基が梅の木の散杖で巌穴を加持すると泉が湧いたという「杖つき井戸」の伝説、地にさしたその散杖が根付いて老木となっていたという「杖梅」の伝説などが伝承されている。現在の臍帯寺の本堂奥の崖下にある閼伽水をくむ泉は、行基井戸と呼ばれている。

玄賓は南都法相宗興福寺の高僧であった。玄賓が活躍した平安時代初期は天台宗や真言宗はまだ草創期で、南都六宗（三論《さんろん》・法相・華厳《けごん》・律《りつ》・成実《じょうじつ》・倶舎《くしゃ》）が日本仏教の主流の時代であった。岡山県には、「法相宗」の行基ゆかりの寺が四十一か寺ある。(22) この数は、中国地方の他県と比較して極端に多い（鳥取県八、島根県九、広島県九、山口県十）[23]。行基が近畿地方を出ることなく生涯を終えたことは近年の研究により明らかにされているが、行基伝承を持つ寺は全国で千四百か寺にのぼる。[24]各地方ごとに行基伝承が生じた原因は異なるとみられるが、筆者は岡山県に行基伝承を持つ寺が非常に多い原因の一つとして、平安時代初期に「法相宗」の玄賓が来訪した事実が深く関与していると推定している。本章で検討した臍帯寺の行基開基伝承も、玄賓と備中国との関係の深さが何らかの影響を与えて成立したとみてよいように思われる。また、玄賓生誕地とされ、「高僧屋敷」という地名が残っている真庭市上水田小殿は、かつては英賀郡の政治的中心としての位置を占め、近くには白鳳期に建立され吉備寺式瓦を持つ英賀廃寺があったといい、この地ならば玄賓生誕地伝説が生じてもおかしくないことがわかる。史料が少ないため玄賓の生誕地を特定することは困難であるが、玄賓と備中国との関係の深さを考えると、備中国に玄賓生誕地伝説が生じた必然性はそれなりにあることがわかり、非常に興味深い。

註

（1）西村稔「玄賓僧都観の変遷」（『園田学園女子大学論文集』第九号、一九七四年）、原田行造「玄賓説話に託した編者の意図」（同『中世説話文学の研究　上』桜楓社、一九八二年）、渡辺貞麿「玄賓説話考」（『大谷学報』六五―四、一九八六年）、広田哲通「隠者の原型――玄賓像の形成――」（同『中世仏教説話の研究』勉誠社、一九八七年）、ほか。

（2）例えば、興福寺本『僧綱補任』弘仁五年の項に、大僧都の玄賓が「遁去住二備中国湯川山寺一」（『大日本仏教全書』第一二三冊、七七頁）とあり、『類聚国史』第百八十五・仏道部十二・高僧、の弘仁七年八月二十日の項に「玄賓法師住二備中国哲多郡一」（『新訂増補国史大系』）とある。

（3）本書備中国編各章参照。

（4）『大日本仏教全書』第一二三冊、七八頁には「日」がないが、東京大学史料編纂所蔵『僧綱補任』（原蔵興福寺、影写明治四十四年、架3016／号2）の該当部分には、「六月十七日入滅」（傍点筆者）とある。興福寺原本には小さく「日」とある（口絵写真参照）。

（5）『大日本仏教全書』第一〇一冊、一〇八頁。

（6）『大日本仏教全書』第一〇三冊、六三八〜六三九頁。

（7）奥田楽淡『備中略史』（『新編吉備叢書（一）』歴史図書社、一九七六年）、一二七頁。

（8）註（7）の『新編吉備叢書（一）』の「備中略史解題」、一一九頁。

（9）話者は岡山県真庭市（旧上房郡北房町）上水田小殿の武村博さん（大正十一年生まれ）。平成十四年（二〇〇二）七月二十四日・原田調査、採集稿。

（10）話者は岡山県真庭市（旧上房郡北房町）上水田小殿の武村敏子さん（大正九年生まれ）。平成十四年（二〇〇二）七月二十四日・原田調査、採集稿。

（11）『有漢町史　地区誌編』（有漢町、一九九七年）の「資料（二）広大山縁起書写（片山家文書）」の項、四二一〜四二三頁。

（12）（13）話者は岡山県高梁市（旧上房郡）有漢町上有漢長代の大本一学さん（昭和二十五年生まれ）。平成十四年（二〇〇二）七月二十四日・原田調査、採集稿。

（14）話者・調査日は註（9）と同じ。

（15）『北房町史　民俗編』（北房町、一九八三年）、一五一頁。

（16）註（11）の『有漢町史　地区誌編』、四〇一頁。

（17）大本琢寿『臍帯寺と其文化財』（臍帯寺、一九六二年）、二頁。

（18）話者・調査日は註（9）と同じ。

（19）『上房郡誌』（名著出版、一九七二年。私立上房郡教育会、一九一三年の複製）の「郡神社」の項、一一〇八頁。

（20）『郡神社社記』（郡神社保存顕彰委員会、一九五四年）、五五頁。

（21）『岡山県の地名』（平凡社、一九八八年）「水田郷」の項、六七八頁。

（22）井上薫編『行基事典』（国書刊行会、一九九七年）「行基伝承寺院分布地図」の「岡山県」の項、五二二頁。筆者

原田の調査では、岡山県の行基伝承寺院の数は『行基事典』の調査より多いが、ここでは同一基準による中国地方五県の行基伝承寺院数として、『行基事典』に従った。

(23) 註(22)の『行基事典』「行基伝承寺院分布地図」、五二二〜五二三頁。

(24) 国書刊行会編集部編『行基事典　特別付録　行基ゆかりの寺院』(国書刊行会、一九九七年)、七頁。

第二章　備中国湯川寺における玄賓僧都伝説

はじめに

玄賓（七三四～八一八）は南都法相宗《ほっそうしゅう》興福寺の学問僧で、法相六祖（神叡《しんえい》、玄昉《げんぼう》、善珠《ぜんじゅ》、行賀《ぎょうが》、玄賓、常騰《じょうとう》）の一人に数えられる碩学《せきがく》であった。やがて大僧都に任じられるが、職を辞し、備中国湯川寺《とうせんじ》に隠遁した。同時代の最澄（七六七～八二二）や空海（七七四～八三五）は、多くの弟子を養成し、都の近くで自らの宗派の興隆に努めた。また、玄賓と同房であった興福寺学問僧善珠（七二三～七九七）は、中央の宗教界の重鎮として最期まで僧正として活躍した。ところが玄賓は、世俗的な名声を厭《いと》い、都から遠く離れた土地に隠遁する道を選んだ。

玄賓が備中国湯川寺に隠遁したことについては、複数の確実な資料が残されているので史実とみられるが、(1) 備中国での玄賓の消息はよくわかっていない。しかし、備中国での玄賓の動静は、文献資料には残されていないが、口頭伝承の世界ではいまだに生き生きと語られている。確実に玄賓が滞在していたと推定される湯川寺周辺に伝承されている玄賓に関する伝説は、実像はともかく、少なくとも湯川寺周辺の人々に玄賓がどのようにとらえられてきたかをうかがうことができるものであり、文献資料の間隙を埋めるものとして、玄賓像の一端を語る参考資料となりうるであろう。

備中国湯川寺は、現在の行政区分では、岡山県新見《にいみ》市土橋寺内《つちはしてらうち》二一五五番地に位置している（本章末の「湯川寺周辺地図」参照。以下、「地図」と略す）。もとの本堂は今の堂後の山上にあったそうで、山の中腹にある今の本堂は、昭和三十五年に改築[2]されたものだそうである。玄賓の開基以降、数度の火災にあったとのことで、文献資料は全く残っていない。本尊の木造阿弥陀如来坐像は、鎌倉期作の優れた等身大の寄木造りの仏像で、新見市重要文化財に指定されている。

湯川寺（法皇山と号す。周りの谷は法皇谷と呼ばれている）は現在は無住の寺であり、岡山県高梁《たかはし》市中井町西方にある定光寺《じょうこうじ》（曹洞宗）の末寺となっている。大正時代の末頃に無住となってから、寺内集落の人々が湯川寺の世話をしているそうで、常にきれいに掃除がなされている。現在、寺内集落には十軒ほどの家がある。小高い山の中腹にある本堂の前に立って、寺内集落と谷間に広がる田んぼを見おろすと、玄賓僧都が住んだ昔をしみじみとしのぶことができる。湯川寺のある寺内集落への道は、舗装道が完備されている現在でさえかなり険しいものである。千二百年ほど前に玄賓が歩いた道の険しさを想像すると、感慨深いものがある。玄賓は備中国湯川寺において、どのような隠遁生活を送ったのであろうか。

本章は、できるかぎり事例を提示するよう努めながら、湯川寺周辺に伝承されている玄賓に関する伝説について、その全体像を紹介し考察を加えることを目的とする[3]。

Ⅰ　玄賓の来訪

玄賓はいつ備中国に来たのであろうか。文献資料において、玄賓が湯川寺に隠遁したことが記されている年は、大同元年（八〇六）と弘仁五年（八一四）である。

大同元年は、玄賓にとって大きな動きのあった年だったようで、同年四月二十三日に玄賓は大僧都に任じられている。(4) 三月に桓武天皇が病没し、五月に平城天皇が即位しているので、玄賓を大僧都に任じたのは平城天皇かと推定されるが、詳細は不明である。(5) しかし、玄賓は任じられた僧都位を辞して、湯川寺に隠遁したようである。

『元亨釈書』には、「大同帝詔返二輩下一。聞二僧官勅下一潜遁去往二備中州湯川寺一」(6) とあり、『南都高僧伝』にも、「或本云。去大同元年任レ職。即辞退」(7) と記されている。すなわち、玄賓は大同元年僧都位を辞して備中国湯川寺に隠遁したというのである。また一説に、大同元年に律師と僧都に任じられたが両職を辞退し、「備中国哲多郡湯川山寺」に籠居したともいう（『僧綱補任』一裏書）。これが事実とすると、玄賓が湯川寺に来たのは大同元年ということになる。

しかし、興福寺本『僧綱補任』には、大同元年から弘仁五年まで玄賓は大僧都位にあったと記されている。(8) では、玄賓は大同元年から弘仁五年までずっと都にいたかというと、そうでもなさそうである。大同四年（八〇九）四月二十一日、嵯峨天皇（同年四月一日平城天皇の譲位により即位）は書を下賜して山中に隠棲していた玄賓を都に召還したため、玄賓は都に戻って平城上皇の病平癒を祈っている。(9) これらから推定すると、玄賓は大同元年に大僧都位を任じられて辞退したが認められず、大同元年から弘仁五年まで大僧都位にありながら、備中国にて隠棲生活を送り、ときどき都に召還されていた可能性がある。そして、弘仁五年、僧都位を完全に辞して再びもとの寺である備中国湯川寺に籠居したということになろうか。(10) 玄賓の動静を伝える文献資料には、資料によって大きな異同がみられるが、玄賓が湯川寺に隠遁したことが記されている年として大同元年説と弘仁五年説があるのは、こういう特殊な事情が背景にあったのではないかと推定される。(11)

では、玄賓が現在の湯川寺の辺りへ来た時の様子を語る伝承を含んだ事例を提示してみよう。

〈事例1〉「茶がよく育つわけ」

初めて来られた時になあ、のど渇いたもんで、へでこの下の、まあうちらあたりじゃないか思うんじゃけども、老婆に、「お茶飲ましてくれ」言うたんですわ。ほうしたら、お婆さんがなあ、あの、非常に長時間かけてなあ、へえでお茶を、飲ましたんですけどなあ。その、ここにはお茶が全然なかったいうんですわ。へえでまあ、あとで、貴重なもんじゃったいうことを知ってなあ、ほんなら茶はもう不自由せんようにしちゃろういうことで、このあたりの山はもう、そうじゅうすれば、茶がどんどんどんどん生えるんですわ。ほんとに生えるんです。今私は切ってしもうたですけどな、うん。茶がもう、自然に、増えてゆくゆう、そういう土地柄なんです。つまり、茶の適地いうことですかな。そういうような、まあ伝説いうか、口伝いうか。代々こう口で、人から人へ、伝えたような、民話いうか伝説いうかな。つまりまあ、その、玄賓さんにまつわる話としてなあ、今でも、その、伝わっとる。(12)

〈事例1〉は、玄賓が初めて現在の寺内集落辺りに来た時、土地の老婆が貴重なお茶を玄賓に飲ませてくれたので、そのお礼にお茶がよく育つ土

湯川寺

地にしたという話。このようにして、玄賓は初めて寺内集落辺りに来て、湯川寺を開基して隠遁生活を始めたようである。実は、〈事例1〉に極めてよく似た話が、弘法大師の伝説としてこの地方に伝わっている。

〈事例2〉「大師の泉」（梗概）

弘法大師が博多から陸路上洛の途次、三尾寺《みおじ》に立ち寄り仏像を彫り、翌年伯耆《ほうき》へ向かった。その途中、大草のある農家で休み、お婆さんにお茶を所望した。しかしいくら待ってもお茶は出ず、かなり経ってからやっと出た。孫娘が遠くから水を運んできてくれていたために、遅くなったのを知った大師は、近くにあった大きな石灰岩に自分の杖を二か所突いた。すると二つの穴から清水が湧き出した。どんな干ばつがあっても涸れないこの泉を、大草の人達は、「大師の泉」と呼ぶようになったという(13)。

大草は、新見市豊永宇山《とよながうやま》にある集落で、湯川寺の東南約二キロに位置している（「地図」参照）。〈事例1〉と〈事例2〉は、霊験あらたかな高僧が老婆にお茶を飲ませてもらい、そのお礼をするというモチーフが共通している。ただし、お礼の内容は異なり、一方はお茶がよく生育する土地にしたとし、もう一方は涸れない泉を湧かしたとしている。〈事例2〉は弘法大師に関する話の一つである「弘法水」の伝説として、全国的に分布する話型である(14)。

湯川寺のすぐ近くに住んでいる〈事例1〉の話者は、湯川寺周辺は茶の適地だと語っているわけであるが、他の話者からも同様の話が聞けたので、寺内集落は実際に茶がよく育つ土地柄のようである。〈事例1〉の話は、実際に茶がよく生育する土地であるという点と全国的に分布する「弘法水」の話型が合わさって成立した伝説だと推定される。

湯川寺の近くには、行基（六六八〜七四九）や弘法大師空海が開基したという寺伝を持つ寺々があり、興味深い伝承が数多く残されている。〈事例2〉にある三尾寺（新見市豊永《とよなが》赤馬《あこう》四六七六番地。「地図」参照）もその一つで、神亀四年（七二七）に行基が開基し、大同二年（八〇七）に空海が立ち寄り仏像二体を彫って中興したという伝承を持っている。[15] この地域は、行基伝説・玄賓伝説・空海伝説が錯綜して伝承されている興味深い土地といえよう。

Ⅱ　玄賓の呪力

玄賓は、興福寺で学問を積んだ碩学であったが、それと同時に呪術的能力も群を抜くものであったようである。当時、天皇や貴族たちが高僧に期待したものの一つに、病などを即座に治癒させるような呪術的能力があった。延暦二十四年（八〇五）三月二十三日、桓武天皇が伯耆国に使いを遣わし玄賓を請じている。[16] 病が重いため、多くの高僧たちに祈禱《きとう》してもらったがおもわしくないため、伯耆国の山中に住していた玄賓を召し、祈禱してもらうためであった。当時、玄賓の呪術的能力がいかに高く評価されていたかがうかがえる。玄賓は都に行き、桓武天皇のために祈禱した。その結果、帝の容態は快方へ向かったようである。同年七月十五日、玄賓は伝灯大法師位を賜っている。[17] 桓武帝をはじめ、皇族たちの玄賓への信頼がさらに増したことは想像に難くない。延暦二十四年のこの逸話からも明らかなように、玄賓には実際に高い呪術的能力があったようである。そのためか、湯川寺周辺に伝承されている玄賓の伝説には、玄賓の不思議な呪力を語るものが多い。前節で紹介した〈事例1〉もその一つであるが、以下、具体的に事例を示す。

尻無川

庚申山（手前）

〈事例3〉「カワニナに尻が無いわけ」

玄賓僧都が、川でね、まあ、どうされたんかしらんけれど、ニナ《（蜷）》にね、ニナはご存じでしょう。あれが足ぃ立ったとかなんとかいうことですわな。それで、こりゃあその、尖っとりゃあ怪我ぁするいうんで、それを、どうやら封じるかどうかされて、へえであそこの、見たことはないんですよ、あの前の方の川のは、あの尻、尖ってなぁという話ですな。ニナいうて、こう、紡錘形いうのか、こう、尖ってないいうんですが。じゃが私ら確認したことはないんです。実際こう聞いとるんです(18)。

〈事例4〉「尻無川の由来」

へえから、この、谷がな、尻無川《しりなしがわ》いうんですわ。尻無川。尻の無い、尻無川ですわな。それなぜかいうたら、その、川へ昔、橋が無い時に渡りょうてな、へで足に立ったいうんですわ。あのニナの、尻が、玄賓さんの足ぃちくっとな。へえでこれぁ、危《あむ》ねえなあいうことで、あの、尻を全部丸うされとる。まあ、これからあの川へ、降りて、採集されりゃあわかりますけどなあ。普通のニナはこう、巻き貝で尖っとんですけどなあ、ここの川のはもう、途中何ミリかいうもんが無ぁ。丸い。それもそのう、足に立って危険じゃいうことで、丸うされた、いう、ことなんですわな。(19)

〈事例5〉「尻無川の由来」

なんかあの、子供が喜ぶような話には、あの玄賓僧都いう人はあの、この川へ裸足で入って歩いたら、ニナ――ニナは細長い貝、巻き貝な――、あれの尻があの、足に刺さったいうてな。へであの、怒られて、それ以来この辺の川のな、ニナのお尻はもう、尖ってない。欠けとる。へでこの川は、尻無川いうんです。その、ここがな。そのいわれから、昔の人がつけたんじゃろうかなあいうことなんで。(20)

〈事例3〉から〈事例5〉は、玄賓の足にカワニナの尻（先端部分）が立ったのでカワニナの尻を無くしたという話で、玄賓に関する伝説のうち、最も多く聞けるものであった。筆者の調査でも、近辺の土地で聞くと、ほとんどの人が語ってくれた。この話には幾つかの型があるので、代表的なものを三話提示した。〈事例3〉は、湯川寺の前を流れる川のニナに尻がない理由を語るもの。話型としては、この型が最も多い。〈事例4〉〈事例5〉は、この川のニナに尻がないことから「尻無川」と呼ばれるようになったという、川名の由来となった点まで語るもの。尻無川は佐伏川《さぶしがわ》の支流で、湯川寺のすぐ下を流れる川である（「地図」参照）。湯川寺からやや遠い地域に住んでいる人に話を聞くと、〈事例3〉のように、実際にニナの尻が有るか無いかは知らないが、こういう話だけは聞いているなどと語られる場合が多く、その川の名が「尻無川」であることを知らない話者も存在した。しかし、湯川寺に近い地域に住み、実際にその川のカワニナを見た人は、口をそろえて本当にニナの尻が無い点を強調した。理由は不明だが、この川のニナの先は、他の川のものより確かに丸いようである。[21]

この話型でさらに注目されるのが、「他人のために封じる話型」と「怒って封じる話型」の二種が存在している点である。〈事例3〉〈事例4〉は、「他人のために封じる話型」で、土地の人が怪我をしないためにニナの先を封じたというように語られる。〈事例5〉は、「怒って封じる話型」で、ニナの先が足に立ったので玄賓が腹を立てて先を封じたというように語られる。その他、次のような話がある。

〈事例6〉「西条柿がならないわけ」

この村に、西条《さいじょう》いう柿がないんですわ。西条柿いうてな、まあおいしい、けずり柿なんですけどなあ。西条柿がないいうのがその、玄賓さんの衣へなあ、衣を汚したいうんですわ。熟柿《じゅくし》になって、落ちてな。そのためにこれは、西条柿はおえんなあいうことで、もう、生育せんようになったいうんですわな。ほやけまあ、西条柿は一本もないし、植えても、育たんいうことでなあ。なんかの土質の、あれがあるんじゃないか思うんですけどな。[22]

〈事例7〉「柚がならないわけ」

そのう、玄賓和尚が、柚《ゆず》を採ろう思うたら、柚はあの、とげがいっぱいありましょう、木に。それで衣が破れたいうんですな。それでこれはどうも、あっさりならんがええいうてその、柚という木をねえ、どういうんですか、こりゃいらんもんじゃ言われてせえから、この湯川寺内には柚は無いいうんです。まあ、柚も高い所にはありますが、やっぱりなんでしょうね、それそういうことを、封じられたんでしょうけど、やっぱりその、土地に合わんのでしょうな。(23)

〈事例6〉は、玄賓の衣へ西条柿が熟柿になって落ちて衣を汚したため、寺内集落では西条柿がならないように封じたという話。〈事例7〉は、玄賓の衣が柚のとげで破れたため、寺内集落では柚がならないように封じたという話。これらの話は、寺内集落ではなりにくい西条柿や柚が、なぜならなくなったのかを語る由来譚《ゆらいたん》となっている。実際に、寺内集落では西条柿や柚は生育しにくいそうなので、いつの時代からか、玄賓と結びつけてその由来が語られるようになったようである。「柚がならないわけ」では、〈事例7〉のように玄賓が柚を採ろうとするととげで衣が破れたため封じたと語られる場合のほか、玄賓が修行中柚の木の下を通った時に衣が柚の木にかかって破れたため封じたと語られる場合もある。

この「西条柿」「柚」の話の場合、筆者の調査では圧倒的に「怒って封じる話型」で語る話者が多かった。しかし、「柚」では、とげで衣が破れ、危険な木だということで生育を止めたと、「他人のために封じる話型」として語る話者がいた。また、次のような話もある。

〈事例8〉「庚申山で雉が鳴かないわけ」

あの、三角のピラミッドみたいなものがな、庚申山《こうしんやま》いうんですわ。庚申山、庚申様ぁ祀っとるんですけどな。ここではまあ、雉《きじ》が鳴かんいうことになっとる。これもまあ、あの、玄賓さんが、雉が鳴いたために、狩人《かりゅうど》がなあ、弓かなんかで、うち殺したいう。これはかわいそうじゃ、鳴かせんようにせにゃあいけんないうことで、この山は

爾来《じらい》、雉は鳴かんいう山なんですわ。(24)

〈事例9〉「玄賓僧都」

あるとき、猟師が、寺の東の庚申山で捕った雉を食っているところへ僧都が通り掛かった。猟の話を聞いた僧都は、その肉を三片もらって手の中でもんだ。そうすると、肉片から頭ができ羽根ができて雉になった。僧都は、「鳴くから取られるのだ」と、声を封じてしまった。以来、庚申山の雉は鳴かないという。(25)

〈事例8〉〈事例9〉は、湯川寺のすぐ向かいにある庚申山(「地図」参照)で、ある時雉が鳴いて猟師にうたれたので、鳴き声を封じてやったという話。『新見市史 通史編下巻』に所収されている〈事例9〉には、玄賓が猟師から肉片をもらってもむと雉になったというモチーフがあるが、筆者の現地調査ではこのモチーフのある話を聞くことができなかった。庚申山は、湯川寺の東の方向にある、三角錐の形状の山である。庚申山にはかつて鐘堂があり、毎朝玄賓僧都が読経していたという伝承がある。(26) 現在、庚申山の山頂には小さい庚申堂がある。昔は庚申祭をしていたということだが、今はしていないそうである。この庚申堂は、玄賓伝説とは無関係の庚申信仰によるお堂のようで、庚申堂と玄賓にまつわる話は全く伝承されていない。

この話も、玄賓の呪力の偉大さを語るものとなっているが、この話の成立には、「雉も鳴かずばうたれまい」ということわざが関与している可能性が強いのではないだろうか。

「雉も鳴かずばうたれまい」ということわざが関与している昔話としては、『日本昔話大成』(角川書店)で昔話の型「本格新四六」に分類されている「長良の人柱」が有名である。日本全国に広く分布しているこの話は、「1、架橋（堤防）工事をするが橋がかからない。ある男（女）が袴《はかま》（着物）に横つぎのある者を人柱にすればよいと提案する。2、提案者の袴に横つぎがあったので、その人が人柱になる。3、人柱になるときに、一人娘に口をきいてはならぬと遺言する。4、娘は嫁入りして口をきかずに離縁される。家に帰る途中、雉子《きじ》の鳴き声をきいて「雉子も鳴かずばうたれまい」といったので、理由がわかって連れもどされる」(27)という内容である。この「長良の人柱」は、岡山県新見市哲西町《てっせいちょう》においても伝承されている。(28)「長良の人柱」では、よけいな一言によって人柱にされた人と、よけいな鳴き声によってうたれる雉という共通のモチーフが重ねられており、「雉も鳴かずばうたれまい」ということわざがこの話の伝承と伝播《でんぱ》の支えとなっている。

「長良の人柱」では、無用な発言を戒めることわざが話の重点となっているが、玄賓伝説における「庚申山で雉が鳴かないわけ」の話型の場合、このことわざは連想契機として成立に大きく関与したと推定されるが、あくまでも玄賓の呪力の偉大さを語る部分に話の重点があるといえよう。雉の鳴き声までも「封じる」呪力を持った玄賓の偉大さと、小さい生命をもいたわる玄賓の慈悲心の深さを語る点に、この話の主題はあるとみられる。

Ⅲ　帝との交流

玄賓は、桓武天皇（在位七八一～八〇六崩）・平城天皇（在位八〇六～八〇九病により譲位。八二四崩）・嵯峨天皇（在位八〇九～八二三譲位、八四二崩）という三代の天皇から厚い信頼を得ていた。

山中で隠遁生活を送る玄賓は、歴代の天皇からたびたび召還されて都へ上ったようである。延暦二十四年（八〇五）、桓武天皇が伯耆国に使いを遣わし玄賓を請じたため、玄賓は都に行き桓武天皇のために祈禱して天皇の容態が快方へ向かった事例や、大同四年（八〇九）、嵯峨天皇が書を下賜して山中に隠棲していた玄賓を都に召還し、玄賓は都に戻って平城上皇の病平癒を祈った事例はすでに紹介した。玄賓への厚い信頼の表れは、天皇から玄賓にしばしば送られた品々の多さからも確認することができる。特に弘仁年間には、嵯峨天皇から、毎年のように玄賓に対して書や綿布が下賜されている（『日本後紀』『類聚国史』）。大同元年（八〇六）に備中国湯川寺に隠遁してからも、玄賓はたびたび天皇から召還されて都へ上ったと推定される。

〈事例10〉「桓武天皇に薬石を献上」

桓武天皇の時代の人じゃったらしいですが。そいで、桓武天皇の病の薬を、作って、差し上げたらとてもよく効いて、それであの玄賓という人は、なんかあの朝廷になあ、信用のある、なんかよかったいうようなことを書いてありましたけどなあ。はい。その薬ゆうのがあの、石灰岩から採れる、カルシウムのなんかで作って、それが効いたとかいうて。そういうことで、このカルスト地帯よなあ、おられて、ほいでまあこの土地へ根付いて寺を、建てられたいうようなことは聞いておりますけどなあ。

あの、本堂のちょっと、前にはなあ、千年塚ゆうてなあ、玄賓僧都さんが、亡くなられて、千年塚いうんですけどなあ。亡くなられて千年たった時に建てたいうことでしょうなあ。千年塔いうてあるんです。大きななあ、石でなあ。僧都千年なんとか書いてありますがなあ。へじゃからまあものすご昔の、人でしょうなあ。(29)

〈事例10〉は、玄賓が桓武天皇に薬石を献上したという話。ここで語られている「千年塔」は、湯川寺の本堂の前にあり、高さ一・五メートル、幅〇・九メートルの石碑である。表に「僧都千年供養塔」と彫られており、阿賀郡西方村の熨斗屋《のしや》長蔵《ちょうぞう》が文化九年（一八一二）に建立したもののようである。玄賓の入滅年は弘仁九年（八一八）

なので少し計算が合わないが、話者が語っているように、おそらく玄賓入滅後一千年を記念して建てられたものであろう（本書備中国編第四章参照）。

〈事例10〉の話者は、何らかの文献と土地の伝承とを混在させて語っているが、これは口頭伝承の調査をしていると、どの地域でも経験することである。大切なことは、伝承資料を見分け、その中から何を読み取るかという点であろう。〈事例10〉の中には、玄賓がこの地方を隠遁の地と決めた理由の一つが語られている。すなわち、玄賓は、この土地に薬となる石鍾乳《せきしょうにゅう》（鍾乳石）が採れるから隠遁の地と決めたというのである。この問題に関しては、次のような伝承もある。

〈事例11〉「秘坂鐘乳穴で石鍾乳採取」

あそこがな、まあそういうふうに、祀っとるいう。神社まで建って、その穴をな、カナチアナ（鐘乳穴）いう穴を祀っとるいうのがな、そもそも、あれですわな。鍾乳石がいかに貴重なもんじゃったかいうことがわかるんですわ。お宮の裏側にな、洞窟がある。昔からもうそれは定説になっとるわけですわ。玄賓さんがそこで、採集しょうたいうのがなあ。大体穴が三十個程あるんですわ。豊永にな。まだ発見されてない穴もあるじゃろう思うんじゃけどな。その中でも今の、カナチアナの、穴が一番、優れとるいうんかなあ、質が良かったんじゃろうなあ。それでもう、大昔から、宮を作って、あがめとるわけじゃなあ。あれがまあ、石鍾乳いうの、その鍾乳石いうんと、こう、一つの柱んなっとるわけですわな。へえで下と上じゃもう全然成分が違ういうんですけえなあ。(30)

〈事例11〉は、日咩《ひめ》坂《さか》鐘乳《かなち》穴《あな》神社《じんじゃ》にある鍾乳穴（秘坂鐘乳穴）で、玄賓が石鍾乳を採集したという話。これについては、『続豊永村誌』に「一説には、この石の乳を桓武天皇の侍医であった玄賓僧都が採取して都へ運んだともいわれている」（五二五頁）とあり、この地方では有名な伝承であることがわかり、興味深い。

日咩坂鐘乳穴神社（新見市豊永赤馬六三五二番地。「地図」参照）は、本章第Ⅰ節で紹介した三尾寺の山門鎮守の神社で、湯川寺から約四キロ北東に位置しており、「延喜式」巻十・神祇十・神名下に記載されている備中国英賀郡二社の一つ「比《ヒ》売《メ》坂鍾乳穴《サカノイシノチノ》神社」に比定されている。神社の由緒によれば、上古この地方の人々が大鍾乳穴を霊地として崇拝しており、行基が三尾寺を草創した時、山門鎮守の神として大洞穴の頂上にイザナギ・イザナミ命《のみこと》を勧請し、弘法大師が三尾寺を中興した時から隆昌となり、のち今の地に遷して大己貴命《おおあなむちのみこと》を祀るようになったという。(31)

鍾乳石は、実際に宮中で薬として使用されたようである。『日本三代実録』清和天皇の貞観元年（八五九）二月七日の条に「詔遣㆘㆓典薬頭従五位上出雲朝臣岑嗣於備中国㆒。採㆗石鍾乳㆖」（新訂増補国史大系本による）とあるから、備中国の石鍾乳（鍾乳石）が宮中で使用されたことがわかる。土地の伝承では、貞観元年に典薬頭《てんやくのかみ》出雲《いずも》朝臣《あそん》岑嗣《みねつぐ》が採集したのは、この秘坂鐘乳穴の石鍾乳（石のちち）で、その頃から鐘乳穴と呼ばれるようになったという。(32)

玄賓がこの秘坂鐘乳穴の石鍾乳を薬石として採集し、天皇を祈禱する際にその石鍾乳も使ったという伝説が事実ならば極めて興味深いが、詳細は不明である。また、玄賓が、この土地に薬となる石鍾乳が採れるから隠遁の地と決めたという伝承も、確かに魅力的であり、もしかしたらそうかもしれないと思わせる点がある。多数の鍾乳洞が存在するカルスト台地が広がり、良質の石鍾乳を容易に採集しやすいという条件が、あるいは玄賓の隠遁地の選択に何らかの影響を及ぼしたのかもしれない。今となっては推測の域を出ない問題であるが、極めて興味深い伝承といえよう。

〈事例12〉「俊足の玄賓さん」

あの、京都へなあ、京都へ朝立って夕方は帰りょうたいうんですけどなあ。この、玄賓さんいう人が。へえで、土地の人が不思議がりょうたいうんですけどな。

これはなあ、玄賓さんが、情報網いうんかなあ、ああいうこう伝達する組織を持っとったんじゃあないかいうことなんですわ。その天皇が病気んなった折は、こう、すぐ薬をなあ所望されようたいうんですわ。送ってくれいうことでな。そういう薬でも、もう、速やかに送りょうたいうのがなあ、こういう、飛脚いうんかまあなんかの、あれがあったんじゃないかいうことでな。ここであの、玄賓さんが、鍾乳石を採集してなあ、それを粉末にして送りょうたいうんですがな。(33)

〈事例12〉は、玄賓が京都へ朝立って夕方には帰るほどの俊足だったので、土地の人が不思議がっていたという話。玄賓の俊足については、『続豊永村誌』にも「僧都は湯川寺と京都の間を、石の乳を持って一日で往復するほど脱兎の如き健脚の持ち主だった。僧都が寺の下の田で仕事をしている時、客人が来たので「寺で待っていてくれ。」といい、その人が寺に行くと、僧都はすでに帰っていたという。(中略)さらに僧都は、田を耕すのに牛の代わりに猪を使っていたという説もある」(五二三頁)と記されている。

山地で修行を積んだ玄賓が、実際にかなりの健脚であったろうことは想像に難くないが、この、玄賓が湯川寺と京都の間を鍾乳石を持って一日で往復するほどの俊足だったという伝説は、天皇から召還されて玄賓がたびたび都へ上った事実を反映したものではないかと推定される。

湯川寺に隠棲中、玄賓はこの地方を実際にあちこち歩きまわったことであろうが、玄賓が湯川寺に滞在していた時の伝説として、次のような話を聞いた。

〈事例13〉「三尾寺や雲泉寺に立ち寄った玄賓」

まあよく、あの、玄賓僧都の、通られたのが、この三尾寺とか、それからここに雲泉寺《うんせんじ》がありますけど、立ち寄ったいうような話はありますけど、その詳しいどういうことで、いうのはないですけなあ。立ち寄った、いうのはここに雲泉寺があるんですけどなあ。この辺に、お寺がありましょう。立ち寄られたことはある。いう、話はありますけどな。ほんなら、どういういわれが残ってるかというたら、そう何も、残ってないです。(34)

〈事例13〉は、玄賓が三尾寺や雲泉寺に立ち寄ったという伝承を語るものであるが、立ち寄ってどうしたというわれは残ってないそうである。かつては、玄賓が三尾寺や雲泉寺に立ち寄ってどうしたというもっと詳しい逸話が伝承されていたのかもしれないが、今となっては詳細は不明で、伝承の断片のみを聞くことができるだけである。

寺内集落のすぐ南に位置する湯川集落にある雲泉寺（新見市豊永佐伏五四八番地。「地図」参照）は、行基が開創した法相宗の寺であったそうだが後年廃れ、寛永十五年（一六三八）定光寺《じょうこうじ》雪山長梅和尚の中興により、禅宗となったという。(35)現在、曹洞宗西光寺《さいこうじ》の末寺となっている。本尊の聖観音は、伝行基造の秘仏で、三十三年目に開帳されるという。すでに紹介した三尾寺や、この雲泉寺は、行基が開創したという伝承がある点が興味深い。行基が草創や復興に関与していたという伝承をおびた寺院は、全国で千数百あるという。(36)この地方でも、行基による開基伝承を持つ寺院は多い。また、この地方には、玄賓による開基伝承を持つ寺院も多い。同じ法相宗の僧である行基と玄賓との関連性に注目する必要があろう。

Ⅳ　玄賓湯川寺を去る

玄賓が湯川寺で入滅したという説もあるようだが、[37] 寺内集落や湯川集落では、玄賓はこの地では入滅せず、旅立って行ったと伝承されている。次に、玄賓が旅立つ際の伝説を提示する。

〈事例14〉「埋められた黄金千駄と朱千駄」

そのほかな、あの、この村の人が金銭に困らんようにいうことで、どこかに、黄金《おうごん》を千駄《だ》、朱《しゅ》を千駄いう。まあ千駄、今でいやあ馬の千頭分ですけどな。ちょっとこれも考えられんですけどな。朱いうのはまあ、べんがらじゃぁないか思うんですけどなあ。当時はまあ、貴重なもんじゃったらしいですわ。

「これを埋めとくから、もし、部落が立たん、その時は、掘って使え」いうことでな。それがその、『朝日たつ夕日輝くそのもとに』いうことでな、あのまあ、言い伝えんなっとんですけどな。朝日夕日がようあたる所。『朝日たつ夕日輝くそのもとに、黄金《こがね》を千駄朱を千駄、埋めておくからな、寺内立たぬその時は、掘って使え』いう、言い伝えがあるんですわ。

それがまあどこかいうことなんですけどなぁ。それは、清貧を、旨とした坊さんが、そがあに黄金を埋めやせんと、埋めとくいうようなことはまず考えられんことですけどなあ。千駄いうたらなあ、莫大な、黄金じゃけえなあ。まあ、今もってまだ出んですが。まあそういうもろもろの、言い伝えがなあ、あるんですわ。[38]

〈事例14〉は、玄賓が湯川寺を去る際、寺内集落の人々に、黄金千駄と朱千駄を埋めておくから、何か大事があった時にそれを掘って使えと言い残したという話。一駄は馬一頭に負わすだけの重量であるから、黄金千駄とは、馬千頭分の黄金ということになる。この土地には、玄賓が遺言として「朝日差し、夕日輝く、其の下に黄金を千駄、朱を千駄、埋めて置く。寺内立たぬ其の時は、掘ってつかへ」（『豊永村誌』、一四頁）と言い残して去ったという言い伝えがあるという。

この伝説は、全国に分布している「朝日長者」の埋蔵金伝説が取り込まれて成立したものと推定される。朝日長者の伝説は、かつての長者の屋敷跡に黄金が埋めてあるというもので、「朝日さす夕日かがやく……」という歌によって財宝のありかを示す場合が多い(39)。

柳田国男氏によれば、岡山県吉備郡真備町箭田（現在は倉敷市）にある吉備寺《きびじ》では、「朝日さす夕日かゞやく木《こ》の下《もと》に子孫に残す朱瓶千杯」という古歌が伝承されているという(40)。また、この伝説で財宝のありかを示す歌には、「朝日さす夕日輝やく木のもとに黄金千両漆千盃朱千盃あり」とか「朝日さす夕日かがやく日の下に漆万杯朱万杯黄金千両ある」など、黄金の他に漆と朱を一緒に埋めたというものが多いそうで、これについて柳田氏は「千杯の朱と漆とを黄金とともに埋めたという伝説は、疑いもなく長者の功徳すなわち仏堂建立の話に関聯していると思う。（中略）朱と漆は御堂の荘厳に必要の材料である(41)」と述べている。

〈事例14〉においても、黄金千駄とともに朱を千駄埋めたとされているわけであるが、この「朱」は、柳田氏が説くように「仏堂建立」に関連があるのかもしれない。寺が焼けるなどして再建する必要が生じた時、黄金千駄と朱千駄があれば、確かに再建可能である。

長者の伝説に黄金千駄と朱千駄を埋めたという歌が伝承されるのは納得がいくが、問題は、長者ではなく、山中の寺に隠棲していた玄賓になぜこのような埋蔵金伝説が語られるようになったのかという点である。この伝承は、玄賓のもとへ天皇から毎年のように綿布などの下賜があった事実が反映されて成立したのではないかと推定される。

記録に残っているものだけで、弘仁二年（八一一）五月十六日に書と法服一具、同年十一月十三日に書と綿百屯《とん》と布三十端《たん》、弘仁三年五月二十日に法服と布三十端、同年十二月四日に書と綿布等、弘仁四年五月十七日に書と布、弘仁五年五月二十三日に御製詩と施物三十段、弘仁七年五月五日に書、同七年十月十二日に綿百屯、弘仁八年十月九日に綿百屯と、(42)度重なる下賜が玄賓のもとへあった。

さらに、弘仁七年八月二十日、嵯峨天皇は、山中で「苦行」の日々を重ねて久しい玄賓に対し、玄賓が存生中、玄賓が住む備中国哲多郡の庸は米を免除して鉄を代わりとし、民費を軽減させるようにとの勅許を出している。(43)これらの記録から、玄賓がいかに天皇から深く尊敬されていたかがうかがえる。

さらに注目しておきたい点として、玄賓が晩年に精力的に寺院の建立に奔走したらしい事実がある。弘仁七年の時点で、玄賓は備中国哲多郡に住していたようであるが、弘仁末年に玄賓は伯耆国会見《あいみ》郡に阿弥陀寺を建立し、(44)弘仁九年には入滅している点から、「玄賓は、すくなくともその最晩年には、伯備二国を往来するという大活躍をしていたことになる」(45)わけである。また、備中国には、玄賓が開基したという伝承を持つ寺院が多く存在しており、「民費」を省かせるために嵯峨天皇が税を軽減させる勅許を出している点を考え合わせると、玄賓は伯備二国において、湯川寺や阿弥陀寺以外に複数の寺院を「民」とともに建立していた可能性が強い。もちろん、玄賓が開基したという伝承を持つ寺院のすべてが玄賓によるものではないであろうが、それらのうちの幾つかは、実際に玄賓が「民」とともに建立したと推定してよいのではあるまいか。

民のために生き、精力的に各地に寺院を建立し、天皇から厚い信頼を得て毎年のように綿布などの下賜があった玄賓だからこそ、このような「黄金千駄と朱千駄」を土地の人たちのために埋めたという伝説が生まれることとなったのであろう。

〈事例15〉「杖の大木」

あの、村人が、名残を惜しんだために、杖をついてなあ、あの白檀《びゃくだん》の、木を、ついて、まあ、「これが生きとる間はわしが生きとる思うてくれ、これが枯れたら死んだ思うてくれ」いうことでなあ。まあ、その後の消息を伝えたいうことでしょうなあ。うん。今、あそこで見られた、あのくらいの大きな木になっとるわけじゃけえなあ。

せえからそのう、白檀と梅檀《せんだん》の木をなあ、新聞で見たことがあるんですけど、違うんじゃそうですなあ。科が全然、なんか違ういうて。私もあの木が、そのどっちの科に属するいうようなことはわかりませんけどなあ。白檀か梅檀かいうのも、見分けつかんですけんのう。まあそういう、言い伝えですわなあ。

（木が枯れたのは）、なんか、明治の初めじゃいうことは聞いたんですけどなあ。その頃まで、果たして、寿命があるもんかどうかいうことは、わかりませんけどなあ。ずうっと寺へ伝わっとったですわ。あの木はなあ。ええ。杖じゃいうことでなあ。へえでまあ、これを建て替えた時にほんならこれも、杖じゃよう、移そういうてこっち移しとる。今、中が枯れたような形でなあ、虚ろのようなけどまあ、三十センチくらいはありましょう。大木としちゃあなあ。(46)

〈事例15〉は、玄賓がこの地を去る時地面に立てていった白檀の杖が、やがて大木になって明治の初め頃まで枯れずに立っていたという「杖白檀」の話。この伝承もこの土地では有名なもののようで、多くの人々から聞くことができた。湯川寺の本堂に、その木の一部が保存されている。また、朽ちた切株は現在も湯川寺境内に残っている。

明治の初め頃その木を切った時に、木の切れ端を少しずつこの辺の人はもらったそうである。筆者が調査中、ある話者が、その切れ端をお婆さんが大事にとっていて、歯がうずく時にそれをかめばいいと、よくかんでいたという話をしてくれた。

〈事例15〉のような、高僧が地面に立てた杖がやがて大木になるという話は、各地でよく聞くことができる。これは、「杖桜」の伝説として全国的に分布している話型である。同類のものとして、杖銀杏《つえいちょう》、杖杉、杖竹、杖梅などがあり、主人公は弘法大師、西行法師などの場合が多い。また、杖桜の伝説は、寺院との結びつきが強い[47]。

新見市においても、同様の伝説が済渡寺《さいどうじ》に残っている。済渡寺は、岡山県新見市法曽《ほうそ》の済渡寺山の山上にある。寺伝によれば、天平十一年（七三九）行基によって開山され、弘仁二年（八一一）空海が寺を創建し、明徳年中、徳岩守恩禅師により禅宗として開山されたという[48]。済渡寺には、弘法大師にまつわる七不思議の伝説が語り継がれており、その一つが、弘法大師が白檀の杖を土にさしたものが根付いて育ったという白檀の木の伝承である[49]。

〈事例15〉は、このような、高僧が地面に立てた杖がやがて大木になるという話型が取り込まれて成立した伝承だと推定される。このように、湯川寺で隠遁生活を送った玄賓は、土地の人たちに惜しまれながらこの地を去って行ったという。

湯川寺を去った後、玄賓はいったいどこへ行ったのであろうか。『備中略史』には、「後ち川上郡近似村に草菴を結び詠歌し以て歳月を送る[50]」とあるが、詳細は不明である。やがて、玄賓は、弘仁九年六月十七日に入滅した[51]。

『続古今和歌集』巻十七雑歌上に「備中国湯川といふ寺にて　僧都玄賓」として、

　山田もるそほづの身こそあはれなれ秋はてぬれば問ふ人もなし

という和歌が収められている[52]。実際に玄賓が詠んだとは断定できないが[53]、備中国湯川寺での玄賓の生活ぶりをうかがわせる和歌といえよう。

結　語

以上で、備中国湯川寺周辺に伝承されている玄賓伝説に関する筆者なりの考察を終えることとする。本章では、玄賓が備中国に隠遁してからの後半生をたどりながら、玄賓が湯川寺周辺に来訪して去って行くまでの種々の伝説を、順にみながら検討してみた。残存している文献資料には、備中国に隠遁してからの玄賓の詳しい消息が記されていないが、採集された伝承資料からは、備中国で玄賓が生き生きと活躍した様子がうかがえる。

これらの伝承資料からは、呪力にすぐれ、強い慈悲心を持ち、精力的に活動した高僧という玄賓像がうかがえ、少なくとも湯川寺周辺の人々にとって、玄賓は、このような存在としてとらえられてきたことがわかる。特に興味深いのが、玄賓が秘坂鐘乳穴の石鍾乳を薬石として採集し、天皇を祈禱する際にその石鍾乳も使ったという伝説である。玄賓が、この土地に薬となる石鍾乳が採れるからここを隠遁の地と決めたという伝承も、極めて魅力的であり、もしかしたら玄賓の隠遁地の選択に何らかの影響を及ぼしたのかもしれないと思わせる点がある。

玄賓が備中国で活躍した時期は、七十代から八十代の頃であったと推定されるが、伝承資料からは老いた僧というイメージは全く感じられない。『日本三代実録』や『類聚国史』などの文献資料からもうかがえるように、事実、玄賓は最晩年、備中国と伯耆国をまたにかけて寺院を建立するなどの「大活躍」をしていたようである。

玄賓入滅後、中世説話集の時代に入り、当時の説話伝承者や享受者の間に「共同の幻想としての理想的隠遁者玄賓の像」(54)が成立し、以降、隠徳のひじりの理想としての玄賓像が一人歩きしていくこととなったようである。玄賓は、世をのがれ隠棲するのみの隠者ではなく、最晩年をかけて、都から遠く離れた地に仏教を広め定着させるために菩薩行を行じた高僧であった。

口頭伝承と史実は、混同すべきものではない。しかし、その伝承の中には、見逃すことのできない有意義な情報が含まれているとみてよいであろう。本章においては、文献資料の間隙を埋めるものとして、湯川寺周辺の玄賓伝説について考察を加えてみたわけであるが、一話一話の伝説には、それぞれ独自の成立の背景があり、さまざまな伝承が錯綜しながら成立していることが改めて確認できた。

註

（1）例えば、興福寺本『僧綱補任』弘仁五年の項に、大僧都の玄賓が「遁去住㆓備中国湯川山寺㆒」（『大日本仏教全書』第一二三冊、七七頁）とある。

（2）続豊永村誌編纂委員会編『続豊永村誌』（豊永開発振興会、一九九六年）、五九五頁。

（3）調査は、湯川寺のある寺内《てらうち》集落と、近接する湯川《ゆかわ》集落を中心として平成八年（一九九六）に行った。

（4）『日本後記』大同元年四月二十三日の項に「玄賓為㆓大僧都㆒」とある。また、興福寺本『僧綱補任』にも大同元年の項に大僧都玄賓の名があり、「四月丙子任。法相宗。興福寺」と割註が記されている。ただし、正しくは延暦二十五年（八〇六）四月二十三日。大同元年（八〇六）は五月十八日からなので、四月二十三日は正式には延暦二十五年であった。

（5）『古事談』巻三―七には、玄賓が大僧都に任じられたのは「平城御時」とある。

（6）『大日本仏教全書』第一〇一冊、二四〇頁。

（7）『大日本仏教全書』第一〇一冊、五一七頁。

（8）『大日本仏教全書』第一二三冊、七六〜七七頁。

(9)『類聚国史』(新訂増補国史大系)巻百八十五・仏道部十二・高僧。

(10)『南都高僧伝』には玄賓が「弘仁五年甲午今年辞レ職籠二居本寺備中国誓多山寺一」(『大日本仏教全書』第一〇一冊、五一七頁、傍点筆者)とある。

(11)本書備中国編第四章第Ⅰ節「玄賓の生没年と備中国来訪年次」参照。

(12)話者は岡山県新見市豊永佐伏の井関節夫さん(昭和九年生まれ)。平成八年(一九九六)九月八日・原田調査、採集稿。

(13)註(2)の『続豊永村誌』、五二二頁。

(14)稲田浩二・福田晃他編『日本昔話事典』(弘文堂、一九七七年)「弘法水」の項参照。

(15)註(2)の『続豊永村誌』、三六〇頁。

(16)『日本後紀』(新訂増補国史大系)延暦二十四年三月二十三日の条に「遣下二使伯耆国一。請中玄賓法師上」とある。

(17)『日本後紀』(新訂増補国史大系)延暦二十四年七月十五日の条に「賜伝灯大法師位常騰。安暨。玄賓等卅七人」とある。

(18)話者は新見市豊永宇山の藤本寿夫さん(明治四十五年生まれ)。平成八年(一九九六)七月三十日・原田調査、採集稿。

(19)話者・調査日は註(12)と同じ。

(20)話者は新見市土橋の女性(昭和五年生まれ)。平成八年(一九九六)七月三十日・原田調査、採集稿。

(21)尻無川のニナの先が丸い理由については、土地の人々から、「川の上の方は銅か何かが出る黒い石なので、鉱質の関係で丸いのではないか」という説と、「雨が降って水量が増えた時に、貝殻が流されて岩に当たり尻が折れるのではないか」という説を聞くことができた。

(22)話者・調査日は註(12)と同じ。

(23)話者・調査日は註(18)と同じ。

(24)話者・調査日は註(12)と同じ。

(25)新見市史編纂委員会編『新見市史　通史編下巻』(新見市、一九九一年)、五四三頁。

(26) 阿哲郡豊永村編『豊永村誌』(阿哲郡豊永村、一九三三年)、一四頁。
(27) 関敬吾他編『日本昔話大成 11』(角川書店、一九八〇年)、七二頁。
(28) 稲田浩二・立石憲利編『中国山地の昔話』(三省堂、一九七四年)、一九八頁。
(29) 話者・調査日は註(20)と同じ。
(30) 話者・調査日は註(12)と同じ。
(31) 註(2)の『続豊永村誌』、三三四~三三六頁。
(32) 註(25)の『新見市史 通史編下巻』、五四一頁。なお、『倭名類聚抄』に「石錘乳出二備中国英賀郡一」とある。
(33) 話者・調査日は註(12)と同じ。
(34) 話者は新見市豊永佐伏湯川の井関生一さん(大正五年生まれ)。平成八年(一九九六)七月三十日・原田調査、採集稿。
(35) 註(2)の『続豊永村誌』、三七六~三八〇頁。
(36) 国書刊行会編集部編『行基事典 特別付録 行基ゆかりの寺院』(国書刊行会、一九九七年、七頁)、田村圓澄「行基と僧尼令」(『田村圓澄日本仏教史2』法藏館、一九八三年)、菅谷文則「行基開基伝承寺院のひろがりと検討」(「環境文化」五八、特集歴史の道――行基の道――、一九八三年)。
(37) 註(2)の『続豊永村誌』、三九一頁。
(38) 話者・調査日は註(12)と同じ。
(39) 註(14)の『日本昔話事典』「朝日長者」の項参照。
(40) 柳田国男『山島民譚集(三)』の「第九 朝日夕日」(ちくま文庫版『柳田国男全集5』筑摩書房、一九八九年)、三七二頁。
(41) 註(40)のちくま文庫版『柳田国男全集5』、三七六頁。
(42) 『類聚国史』(新訂増補国史大系)巻百八十六・仏道十三・施物僧による。屯は綿の重さをはかる単位で、二斤を一屯とする。
(43) 『類聚国史』(新訂増補国史大系)巻百八十五・仏道部十二・高僧に「弘仁七年八月癸丑。勅。玄賓法師。住二備

中国哲多郡一。苦行日久。利益可レ称。宜下法師存生之時間。彼郡庸者停レ米進レ鉄。以省中民費上」とある。

(44)『日本三代実録』（新訂増補国史大系）清和天皇の貞観七年八月二十四日の条に「昔弘仁末。沙門玄賓於二伯耆国会見郡一。建二立阿弥陀寺一。至レ是。勅永免二寺田十二町九段四十歩租一。本国内百姓所二施入一也」とある。

(45) 渡辺貞麿「玄賓説話考」（『大谷学報』六五—四、一九八六年）。

(46) 話者・調査日は註(12)と同じ。

(47) 註(14)の『日本昔話事典』「杖桜」の項。

(48) 新見市史編纂委員会編『新見市史　通史編上巻』（新見市、一九九三年）、一三三三頁。

(49) 註(48)の『新見市史　通史編上巻』、一三三五頁。

(50) 新編吉備叢書刊行会編『新編吉備叢書(一)』（歴史図書社、一九七六年）所収の奥田楽淡編『備中略史』による。

(51)『日本紀略』弘仁九年六月十七日の条に「伝灯大法師玄賓卒。春秋八十有余」とある。入滅の地として、備中矢掛村小林玄賓庵とする説（註(2)の『続豊永村誌』、三九一頁）がある。本書備中国編第八章「備中国における玄賓終焉地伝説」参照。

(52) 中山泰昌編『校註国歌大系　第五巻』（誠文堂新光社、一九二三年）所収の『続古今和歌集』によった。

(53) この歌について、池上洵一氏は、同校注『三国伝記(上)』（三弥井書店、一九七六年）の巻四第六話「玄賓僧都遁世事」の補注六で、「この歌の発想や表現は、桓武・平城・嵯峨朝を生きた玄賓の作としては、あまりにも新しすぎるようであり、むしろ、「そほづ」と「そうづ」の混同が生じた後に、はじめから掛詞を意識して製作され、玄賓に仮託されたとみるべきであろう」（三六三頁）と述べている。

(54) 広田哲通「隠者の原型——玄賓像の形成——」（同『中世仏教説話の研究』勉誠社、一九八七年）。

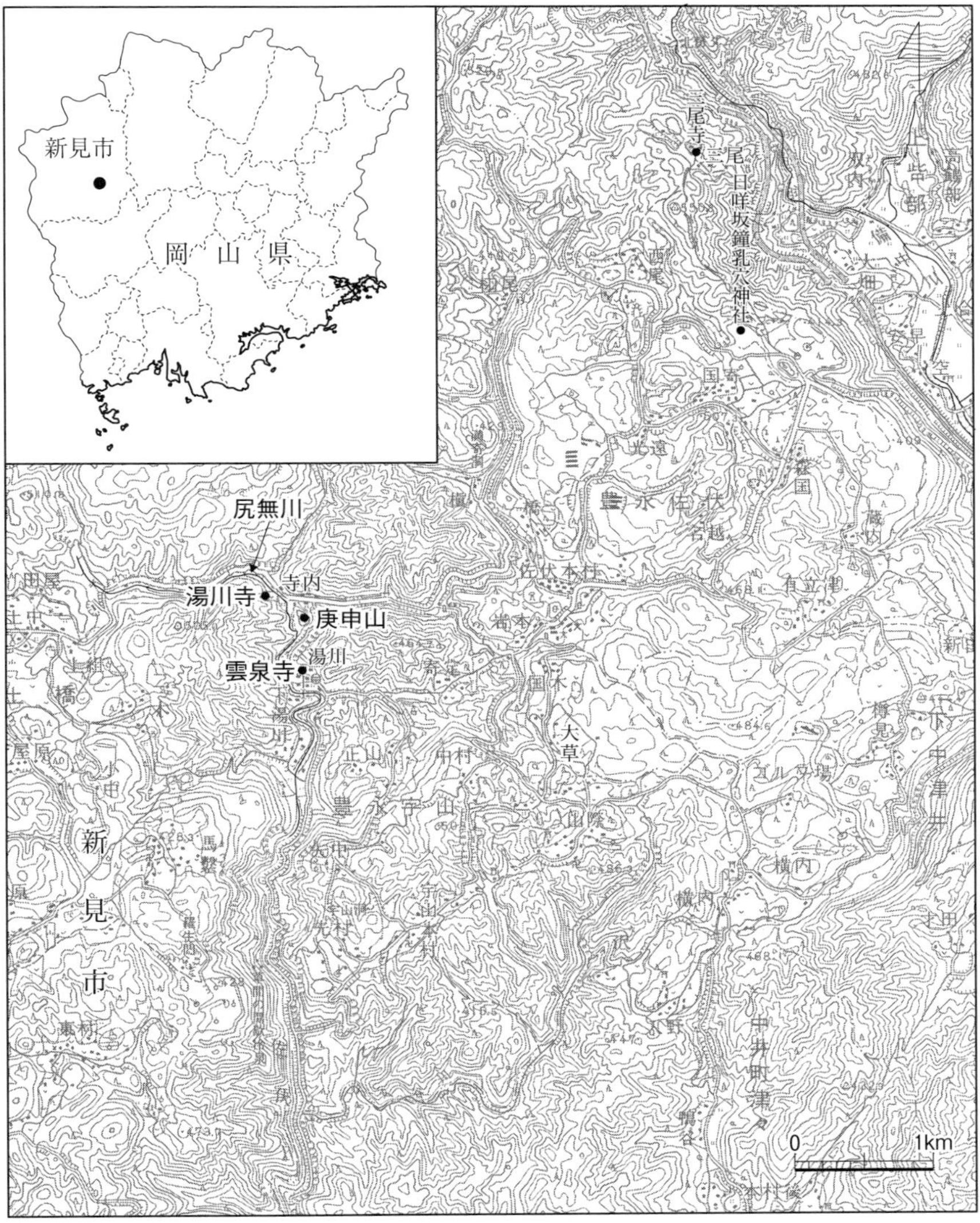

湯川寺周辺地図（原図は国土地理院発行の５万分の１地形図によった）

第三章　新見市の玄賓僧都伝説

――湯川寺・大椿寺・四王寺――

はじめに

玄賓（七三四～八一八）は、南都法相宗興福寺の高僧であったが、大僧都職を辞し備中国湯川寺《とうせんじ》に隠遁した。そのためか、岡山県には玄賓開基の伝承を持つ寺院が複数存在し、各地ではいまだに玄賓の伝説が生き生きと語られている。

生誕地が河内国か備中国かは不詳であるが、玄賓は成長して南都興福寺に入って宣教より唯識《ゆいしき》を学び、やがて名僧として広く知られる存在になってゆくこととなる。ところが、玄賓は、世俗的な名声を厭い、都から遠く離れた土地に隠遁する道を選んだ。

玄賓が備中国湯川寺に隠遁したことは事実とみて問題はないが、興味深いことに、備中国内には、玄賓に関わるとされる寺社が湯川寺以外にも複数存在している。

本章は、備中国に広がる玄賓僧都の伝説のうち、第二章に引き続き岡山県新見市における玄賓僧都伝説の特徴や意味を明らかにすることを目的とする。(1)

I　土橋の湯川寺

新見周辺地域に存在している玄賓開基伝承を持つ寺院のうち、最初に検討しておく必要があるのが湯川寺である。備中国湯川寺は、現在の行政区分では、岡山県新見市土橋寺内《つちはしてらうち》二一五五番地に位置している。湯川寺周辺に伝承されている玄賓に関する伝説はかなり多い。第二章で取り上げた伝説の概要を簡略に示すと、以下のようになる。

○「茶がよく育つわけ」

玄賓が初めて現在の寺内集落辺りに来た時、土地の老婆が貴重なお茶を玄賓に飲ませてくれたので、そのお礼にお茶がよく育つ土地にした。

○「カワニナに尻が無いわけ」

湯川寺の横を流れている川にいるカワニナの尻（先端部分）が玄賓の足に立ったので、そこにいるカワニナの尻を無くした。

○「尻無川《しりなしがわ》の由来」

玄賓の力で尻の無いカワニナがいるようになったので、湯川寺の横を流れている川を「尻無川」というようになった。「カワニナに尻が無いわけ」と「尻無川の由来」は、湯川寺周辺の玄賓に関する伝説のうち、最も多く聞けるものである。

○「西条　柿《さいじょうがき》がならないわけ」

玄賓の衣へ西条柿が熟柿《じゆくし》になって落ちて衣を汚したため、寺内集落では西条柿がならないように封じた。

○「柚《ゆず》がならないわけ」

玄賓の衣が柚のとげで破れたため、寺内集落では柚がならないように封じた。

○「庚申山《こうしんやま》で雉《きじ》が鳴かないわけ」

湯川寺のすぐ向かいにある庚申山で、ある時雉が鳴いて猟師にうたれたので、鳴き声を封じてやった。

○「桓武天皇に薬石を献上」

玄賓が桓武天皇に薬石として石鍾乳を献上した。

○「秘坂鐘乳穴《ひめさかかなちあな》で石鍾乳採取」

日咩坂鐘乳穴神社《ひめさかかなちあなじんじゃ》にある鍾乳穴（秘坂鐘乳穴）で、玄賓が石鍾乳を採集した。この神社は岡山県新見市豊永赤馬六三五二番地にあり、「延喜式」巻十・神祇十・神名下に記載されている備中国英賀郡二社の一つ「比売坂鍾乳穴神社」に比定されている。三尾寺《みおじ》の山門鎮守の神社である。

○「俊足の玄賓さん」

玄賓が京都へ朝出発して夕方には帰るほどの俊足だったので、土地の人が不思議がっていた。

○「三尾寺や雲泉寺《うんせんじ》に立ち寄った玄賓」

玄賓が湯川寺の近くにある三尾寺や雲泉寺に立ち寄ったという伝承を語るもの。立ち寄ってどうしたというい われは残ってない。三尾寺（新見市豊永赤四六七六番地）は神亀四年（七二七）に行基が開基し、大同二年（八〇七）に空海が立ち寄り仏像二体を彫って中興したという伝承を持つ。雲泉寺（新見市豊永佐伏五四八番地）は行基が開創した法相宗の寺であったというが後年廃れ、寛永十五年（一六三八）定光寺《じょうこうじ》雪山長梅和尚の中興により禅宗となり、現在は曹洞宗西光寺《さいこうじ》の末寺となっている。

○「埋められた黄金《おうごん》千駄《だ》と朱《しゅ》千駄」

玄賓が湯川寺を去る際、寺内集落の人々に、黄金千駄と朱千駄を埋めておくから、何か大事があった時にそれを掘って使えと言い残した。

○「杖の大木」

玄賓がこの地を去る時地面に立てていった白檀《びゃくだん》の杖が、やがて大木になって明治の初め頃まで枯れずに立っていた。

これらの話については、第二章(2)ですでに検討したので詳細はそれにゆずることとし、次に新たに採集した事例を示すことにしたい。

〈事例1〉「遠くから祈って鎮火（火を消す和尚）」

玄賓僧《えんぴんそう》というてな、これは、草間《くさま》ですよ。湯川《ゆかわ》ゆうとこですわ。湯川。湯川ゆうところに、玄賓《えんぴん》、古寺ゆうか、小さい、お寺があるわけですわな。それの、お坊さんじゃあな。それが玄賓僧《えんぴんそう》という、お坊さんじゃったんじゃ。せぇで、もう一口に、それを玄賓僧《えんぴんそう》て、しもうたわけじゃ。要するにな。せぇで、その人はどっから来られた人か知りませんけぇど、どえらい、法の効く、お坊さんじゃったんじゃな。私らが聞く、ことにはな。

その、朝起きてみたら、大阪がな、火事がいきようたいう。

「こりゃあどえらい、大きな大火事になる」と。「こりゃあちいと、都合しちゃらにゃあこりゃあ、よおやらんぞ」言うて、おっさん《（お坊さん）》が出て。せぇで、たご《（担桶）》へ、水をいっぱい両方へさげて。せぇで、お寺へ持って上がってからこうすえて。へえから真ん中へ、松火《まつび》を焚いて。せぇで、しゃくで、両方の水をじゃな、この松火《まつび》へ持っていって、ほとりへ——上からかけりゃあ消えてしまうけぇな——、ほとりからほとりからかけて。せぇで、鎮火いたしますようにいうて、おっさん《(お坊さん)》が、お経を読む読む、水をかけちゃったいう。そしたら、朝見たんが、昼頃には鎮火したいうんで。まぁかきょうりゃ《(かけていると)》あ自然にその、松火《まつび》が、水にぬれて、下がぬれるから、よう燃えんようなってしまうでしょう。外にかけるんじゃけどな。水がしゅんで、燃えんようになってしもう。そしたら、「おお鎮火したした」、言うて。

一週間したら、大阪府からな、「その寺内の、玄賓僧《えんぴんそう》というはっぴゅう《(法被を)》着たな、お坊さんが、だっだっだっだっだっだ働いて、みるまに、消してくれた」言うて。へじゃけえ「湯川の、玄賓僧《えんぴんそう》ゆうのはどこへありゃあ」言うて、まあ尋ねたわけじゃ。「そりゃあ、岡山県の、草間いうところに、あるんじゃ。湯川ゆうて、玄賓僧《えんぴんそう》ゆう、お寺があるんじゃ」「そりゃそこの、ほんなら、人が来てやってくれたんじゃ」言うて、大阪から、お礼に来られたいう。そういうような、その、法の効く、おっさん《(お坊さん)》であったと、いうことだけ、わしらは聞いとるわけです。(3)

〈事例1〉は、朝起きた時に大阪が大火事になると気付いた玄賓《げんぴん》僧都が、たご《(担桶)》へ水をいっぱい両手へさげて寺へ持って上がり、松火《まつび》を焚いて、お経を読みながら、しゃく《(杓)》で両方の水を松火のほとりからかけ、昼頃には「鎮火した」と言った。一週間後、湯川の玄賓僧《えんぴんそう》という法被を着たお坊さんがみるまに火を消してくれたといって、大阪からお礼に来たという話である。

これは、遠方の火事を法力で鎮火させるという話であるが、高僧の逸話に時折みられる。例えば、『今昔物語集』巻十一第十二話「智証大師亘宋伝顕蜜法帰来語」の中に、智証《ちしょう》(円珍《えんちん》。八一四〜八九一)の逸話として、次のような話が記されている。

智証が比叡山に住んでいた時、にわかに弟子の僧を呼んで香水《こうずい》を持ってこさせ、散杖《さんじょう》を香水にひたして西に向かい空中に三度ふりかけた。弟子が質問すると、智証は、自分が留学中に住んでいた宋の青竜寺《せいりゅうじ》の金堂の妻《つま》戸《ど》に火がついたので、それを消すために香水をかけたと答えた。翌年の秋頃、宋の商人が、去年の四月に青竜寺の金堂の妻戸に火がついたところ急に大雨が降ってきて火を消したという内容の青竜寺からの手紙を智証に届けにきたので、皆感激して尊んだ。（梗概）

これは、〈事例1〉と同じように、高僧が遠方の火事を法力で鎮火させるという話で、高僧の法力をたたえる機能を持った話といえよう。智証は法相宗の玄賓より少し若い天台宗の高僧である。高僧が火を法力であやつる話としては、『宇治拾遺物語』巻十三第十三話「清滝川聖《きよたきがわのひじり》の事」に例がみえる。これは、昔、京都の清滝川の奥に二人の聖がいて、川下の聖が川上の聖の法力をねたみ、火界の呪文を唱えて火炎を川上の聖の庵《いおり》に起こした。川上の聖は、眠りながら散杖を取って香水に浸し、四方に注いだところ、庵の火が消え、川下の聖の衣に火がついた。川下の聖が大声をあげてまどうと、川上の聖が目を見上げて散杖を持って川下の聖の頭に注いだので火が消えた。川下の聖はおごりの心を反省したという話である。

『今昔物語集』巻十一第十二話の智証も、『宇治拾遺物語』巻十三第十三話の清滝川の川上の聖も、散杖を香水にひたし空中にふりかけて火を消している点が注目される。〈事例1〉の原拠が何であったかはよくわからないが、古くは玄賓が散杖を香水にひたし空中にふりかけて鎮火したという語りであった可能性もあり、興味をひかれる。

〈事例1〉の語りで面白い点は、湯川の玄賓僧《えんぴんそう》という法被を着たお坊さんが「だっだっだっだっだっだ働いて、みるまに、消してくれた」という部分である。岡山の湯川寺で玄賓がお経を読みながら松火《まつび》を焚いて杓で水を松火のほとりにかけている最中に、大阪では法被を着た玄賓の分身が消火作業を行ったという不思議な話で、極めて面白い。なお、岡山県や大阪府など、現在の地名呼称で語られているのは、口頭伝承ではよくみられることである。〈事例1〉は、新見市唐松《からまつ》で聞いた話である。唐松地区で調査しても、玄賓の話はほとんど聞くことができないのであるが、幸運なことに、唐松地区の古老の一人が子どもの頃に聞いた話を覚えていた。大正五年生まれの〈事例1〉の話者によると、十二、三歳頃（昭和二、三年頃か）、湯川寺に住んでいた僧侶から直接この話を聞いたということであった。大正末年か昭和初年頃まで、湯川寺に僧侶が住んでいたという話は、湯川寺周辺の大正生まれの複数の古老からも聞いた。その僧侶が七、八十歳で亡くなって以来、湯川寺は無住となっているということであった。その僧侶は小柄な方だったそうである。唐松地区には、湯川寺への登り口の一つとなる道があり、〈事例1〉の話者によると、湯川寺に住んでいたというその僧侶は、唐松地区の道を通ってよく新見の街へ行っていたという。昔は歩いて移動していたため、朝に湯川寺を出ても、新見に着くのは昼頃になったそうである。新見で用事をすませた後、その僧侶はときどき〈事例1〉の話者宅に寄って話をしていったそうで、その時にいろんな話を聞いたということであった。〈事例1〉の話者の祖父がよくものを知っていた方だったそうで、湯川寺の僧侶と親しく交流していたという。〈事例1〉の話者はこのほかに、「カワニナに尻が無いわけ」を湯川寺の僧から聞いたと語ってくれた。

筆者の調査では、〈事例1〉の話を湯川寺周辺で聞くことができなかったが、湯川寺に住んでいたという僧侶から直接聞いた話ということであるから、湯川寺の玄賓僧都伝説の一つとみて問題ないと思われる。大正初年生まれの話者は現在ではほとんどおられないことから、大変貴重な伝承といえよう。

岡山県内では、〈事例1〉と同様の鎮火伝説がいくつか伝承されている。真庭《まにわ》市宮地（旧北房町《ほくぼうちょう》）の真言宗御室《おむろ》派遍照寺《へんじょうじ》には、高僧がイチョウの根元に水を注いだところ（または八天狗が水を含んで飛び去ったところ）、後日京都の仁和寺《にんなじ》（または御所）から鎮火の礼状が届いたという伝説がある。(4) また、新見市大佐《おおさ》小阪部《おさかべ》（旧大佐町）にあった臨済宗永源寺《えいげんじ》派神宮寺（廃寺）には、月江和尚が軒下の石に水を注ぎながら読経したところ、後日近江の永源寺から鎮火のお礼の使いが来たという伝説が伝えられている。(5) 倉敷市玉島の曹洞宗円通寺《えんつうじ》には、江戸が大火の時に金仏像が焼けたので水を浴びせると鎮火し、後日江戸から大勢お礼に来たという伝説が伝えられている。(6)〈事例1〉とこれらの話の関係は未詳であるが、地理的な近さから考えると、前後関係は不明ではあるが、お互いに何らかの影響関係があったように推定される。

〈事例1〉の話者は、玄賓僧都のことを「玄賓僧《えんぴんそう》」と呼んでいた。湯川寺周辺で調査すると、「げんぴんそうず」と呼ぶ人が最も多いが、「えんぴんそん」と呼ぶ人もいた。「げんぴんそうず」が「えんぴんそう」となり、さらに「えんぴんそん」と訛していったものと推定され、興味深い。

〈事例2〉「旅中は臼で寝る」

長い旅をされて、そのまま転んだら、身体がもうもろもろにえろうなるからいうて臼《うす》へ入って寝られたとかいうてな。かあとう《（硬く）》なってこうしとったら、身体が何せなんだとかいうような話も聞いたことがありますけどな。ゆっくりこう、だらっとして寝たらもう疲れが出てしもうて動けんようなるから、そいで臼へ入って座って寝たとかいうようなそんな話は聞いたことがありますけど。たしか玄賓僧都さんじゃったと思うんですけど。

長旅をして、昔は全部歩いて帰るでしょう。そうした時に、疲れた時、あんまり疲れた時にもう、身体を、ゆうっくり伸ばしてしもうて寝たら、身体が朝起きて、もろもろになって立ちにきいとかいうてそれで。そういうふうなことをされたとかいうようなこともありましたけどな。何かそんなことを聞いたことがあります。(7)

〈事例2〉は湯川寺周辺で聞いた話で、玄賓僧都が長い旅をしている時は、ゆっくり寝たら疲れが出て動けなくなるから、臼へ入って座って寝たという語りである。厳しい修行をしたと語られる玄賓僧都らしい話で、興味深いものがある。

このように、湯川寺周辺では現在でも、玄賓にまつわる伝説が多数伝えられている。筆者が岡山県内の他の地域で調査しても、湯川寺周辺地域のように多数の玄賓関係伝説を伝えているところはなかった。現在も、湯川寺周辺地域は、玄賓にとって特別な地であり続けているようである。

玄賓が湯川寺で入滅したという説もあるようだが、(8)寺内集落や湯川集落では、玄賓はこの地では入滅せず、「杖の大木」の話で語られているように土地の人たちに惜しまれながら旅立って行ったと伝承されている。

Ⅱ　哲多の大椿寺

新見周辺地域に存在している玄賓開基伝承を持つ寺院のうち、次に検討しておく必要があるのが大椿寺《だいちんじ》である。新見市哲多町《てつたちょう》花木四六四九番地にある龍華山《りゅうかざん》大椿寺は、寺伝によれば、大同元年（八〇六）に玄賓が開基したとされ、寛永五年（一六二八）に定林寺《じょうりんじ》七世呑高《どんこう》禅師を請うて曹洞宗第一世の開山としたという。大同元年は、玄賓が備中国湯川寺に来たとされる年次のうち最も早いものと同じである。大椿寺の本尊は弥勒《みろく》菩薩である。明和三年（一七六六）に火災に遭ったため、古文献類はほとんど残っていないということであった。大椿寺の門前に、「記念碑」と記された石碑がある。この石碑は、二十二世活成氏が大正四年に建てたもので、大椿寺の略縁起が記してある。次にその碑文を引用する。

大椿寺門前「記念碑」の文（略縁起）

中備龍華山大椿寺ハ、人皇五十一代平城帝ノ御宇大同元丙戌ノ歳、適々法相宗ノ大徳玄賓僧都大和ヲ遁レテ飄然此地ニ歴遊シ、頗ル山水ノ明媚ニシテ而モ土地ノ幽邃ナルヲ愛シ永ク隠棲ノ処トス。近郷ノ住民、師ノ非凡ナル徳風ニ靡キ、浄財ヲ喜捨シテ此梵刹ヲ建立シ、師ヲシテ之レニ居ラシム故ニ、師ハ其開基タリ。師ノ滅後八百余歳、幾多ノ変遷ヲ見タルモ、法灯ハ聯続シテ絶滅ニ至ラズ。寛永五戊辰ニ至リ、松山定林寺七世呑高禅師ヲ請ジテ、曹洞第一世ノ開山祖ト為ス。二世祖泰和尚ハ、其荒敗（廃カ）セル伽藍ニ一大修理ヲ加ヘ、尚ホ慈眼・利済・蓮性・善昌ノ末寺四か寺ノ開山ト為ル。其後明和三丙戌ノ春、不幸ニシテ祝融ノ災ニ罹リ、殿堂什具悉ク烏有ニ帰シタリシガ、只梵鐘ノミヲ存セリ。同暦五戊子ノ歳、八世龍岳和尚発願募縁シテ再建ヲナス。其功ヤ大ナリ。故ニ師ヲ中興ニ推ス。同ク戊子ヨリ明治丁亥ノ歳、二十一世覚成和尚ノ晋院スルニ至リテ、一百二十ノ星霜ヲ閲ス。其間盛衰常ナク諸堂亦傾頽セリ。和尚之ヲ憂ヒ、檀信ニ謀リ同心戮力以テ営修シ、且ツ寺産ヲ保護シテ永続ノ基礎ヲ固ム。今茲ニ二十二世活成和尚　大正天皇未曽有ノ御即位ヲ記念トシ、当寺創建以来ノ由緒ヲ略叙シ、之ヲ万代ニ伝ヘムトシテ建碑ノ発願ヲ為シ、遠ク書ヲ馳セテ余ニ其文ヲ嘱ス。余不文ヲ省ミズ、其要ヲ摘テ来意ニ酧ユ。於戯其志ヤ嘉スベシ／大正四年乙卯十一月吉祥日　　法王子　道見沙門　　敬撰／極楽寺　秩父禅□謹書。（句読点筆者）

この碑文によれば、大椿寺は大同元年に玄賓が開基し、寛永五年に定林寺七世呑高禅師を請うて曹洞宗第一世の開山とした。二世祖泰が荒廃した伽藍を改修したが、明和三年に火災に遭い、明和五年（一七六八）に八世龍岳《りゅうがく》が再建した。その後、明治時代の二十一世覚成の時に改修し、二十二世活成がこの石碑を建てたということである。

次に、明和三年に火災に遭った翌年の明和四年（一七六七）七月に八世龍岳が再建のために記した「大殿再建勧化之序」が残っているので、引用しておく。

「**大殿再建勧化之序**」

　厥れ疇昔霊山に花を沾じ小林に髄を得てより以来大法は国宝大臣有力諸擅（檀カ）越も附属す吾が大法は必ず擅（檀カ）護に依つて興る。蓋し当山は大同元丙戌年玄賓開創の伽藍にして殿堂珍瓏として山川暎帯し野碧光を流して己（已カ）に九百六十有余の春秋を経る、厥の中間堂宇稍傾頽して二代国外良泰（祖カ）和尚、廃を営み壮麗殆んど旧観に復す、代々綿々として近来に至り仏具法器、等完く相備はれり。／然るに去丙戌春火災の為め殿堂宝器悉く灰燼となる、嗚呼天数の窮れる哉、予手を袖にして坐がら之れを見るに忍びず、衆壇（檀カ）に謀る。恨らむらくは財力乏しくして足らず、普く化を十万結縁の檀越善男善女に募る矣、伏して願くば義を見て為遠勇乏、財を法海に抛ち十方の懇親多少の父母と均しく福利に沾い無上大菩提を証せん事を、然る則世尊徳付属綿延として全く未だ散せず、結縁の功徳主福寿海潮の波渾に溢れ、仏知見を同起予不瀬預も亦足んぬ。／明和四龍台丁亥七月吉日[9]

大椿寺

大椿寺の石碑

この「大殿再建勧化之序」に「当山は大同元丙戌年玄賓開創の伽藍にして」と記されていることから、少なくとも明和四年の頃には確実に玄賓開創伝説が大椿寺で伝承されていたことがわかる。この明和三年の火災では梵鐘を残して一切焼失したというが、この梵鐘も昭和十七年十二月大東亜戦争に応召して再び帰らなかったため、昭和二十五年に新鋳したということである。

伝承によれば、大椿寺は一度移転しているという。

〈事例3〉「玄賓大椿寺開基と弥勒堂」

大同元年、西暦八〇六年ですね、大同元年に開かれたと。ということだけですね。

言い伝えはですね、(元の場所は)この山の向こう側ではないかということで。お堂があるところなんです。そこに庵《いおり》を構えたんではなかろうか、という。でまあ弥勒さんと言いますから、こちらの本尊様が弥勒菩薩様ですので、そこではなかろうかという。いうお堂は、お堂の場所はございます。ちょうどこの、倉木山《くらきやま》といいますかその、全く反対側になります。(中略)そこが、まあ、おられたんではないかという、まぁげな話ぐらいです。先住(先代住職)さんに、お聞きしましたけど、はっきりしないんだと。まあ言い伝えぐらいで。で、ここが明和年間に、全焼しておりますので、史料もないというのと、それと、おそらく、こっから先は想像ですけども、法相宗の寺であったはずなんです。が、それが、法相宗の寺であったはずなのにその史料というんがもう、何も残ってないんです。ということは、宗派替えの時に、何らかの争いがあったのか、それとも、松山藩がてこ入れをしましたので、高梁《たかはし》のですね。その、関係で、まあ法相宗の寺があったのか、それがよくわからない。(10)

〈事例4〉「倉木谷の弥勒様」

だいたいあの弥勒様というのがなぁ、どういう関係かはわからんけれども、これは住職が知っとるが、弥勒様いうのが、今の、本郷の上がり口に、あるんじゃよ。どういうか、お寺いうか、お堂のようなものじゃな。弥勒堂。本郷のな、倉木《くらき》谷《だに》いうところがあるんじゃ。本郷へ今、こっちへ上がる道があるがな。倉木。倉木山いう山があろう。そのふもとじゃ[11]。

〈事例3〉〈事例4〉は、大椿寺はかつて倉木山のふもとにあり、そこから現在地に移転し、跡地には現在弥勒堂があると伝えられているという語りである。大椿寺の北方に位置する倉木山のふもとに倉木谷というところがあり、そこにある弥勒堂が元の寺跡と伝えられているという。現在その地には小さいお堂があり、弥勒さん、弥勒様、弥勒堂などと呼ばれているそうである。弥勒堂は大椿寺の管理ではなく、土地の何軒（大椿寺の檀家）かが管理しているということであった。伝承が正しいとしたならば、玄賓が最初に草庵を結んだのは大椿寺北方の倉木山のふもとで、現在の弥勒堂のある地ということになるが、詳細は不明である。なお、玄賓は法相宗の僧侶であったわけであるが、法相宗の初祖は弥勒菩薩である。玄賓が最初に草庵を結んだとされる地に弥勒堂があることや、大椿寺の本尊が弥勒菩薩であることは、大椿寺開基が法相宗の玄賓と伝承されていることと関係があるとみてよいように思われる。

〈事例5〉「玄賓とコトブキノリ」

コトブキダケ（コトブキノリ）、これも、玄賓僧都がかかわったような言い方いうんですかね、ありますが。今はもうないです。この時期（九月）は今はないですね。寒い時期でそれでもう、春三月の末か四月ぐらいになったらもう浮いて、流れてしまう。あの、マリモを開いたようないうんですかね、それが岩についてる。こういう、これぐらいな。岩にこう、ついてる。ところがこの下に、砂防ダムをしましてからもうないんです。マリモを半分に切ったようなのがこうついてるっていう意味です。マリモはまぁまん丸ですがね、ああいう、まぁ、藻ですがね。ゆでたらおいしくなかった、そのままの方がよかったという話です。（中略）だけどそんなには、物珍しさも手伝って食べただけで、そんなにおいしいとか、いう、ものはないようです。このコトブキダケを玄賓僧都が発見したんじゃないか、というような言い方ですが。(12)

〈事例5〉は、大椿寺の下に流れている川にあるコトブキノリ（コトブキダケ）を玄賓僧都が発見したといわれているという語りである。『本郷村誌』の「大椿寺」の項に「大椿寺北面の直下の谷川に「コトブキ」という水藻がある、暗緑色寒天質顆粒体と袋状を呈する、よく洗い酢醤油等にて食用にせしと言う。（中略）寒気烈しき時によ

倉木谷の弥勒堂

コトブキノリのある谷川

く繁茂し四月ともなり水温上ればその姿を消す、僧都はこれを愛用せりと言う(13)」という記述がある。また、大椿寺の下に旧哲多町教育委員会が設置したコトブキノリの看板があり、「哲多町文化財　記念物（天然記念物）町指定　昭和41年6月1日／コトブキノリ／暗緑色寒天質顆粒体で袋状を呈する珍しい水藻で、厳寒の1月～4月上旬にかけて繁殖する。コトブキタケとも呼ばれるこの水藻は、大椿寺開山の玄賓僧都が残したという伝説がある。／哲多町教育委員会」（現在は新見市）と記述されている。これらの記述にあるように、コトブキノリ（コトブキダケ、コトブキタケ、コトブキ）は厳寒期に繁殖し、食用ともされてきた水藻で、玄賓が発見したとも、玄賓がここに持ってきて残したとも、玄賓が愛用したともいわれている。さらに、大椿寺周辺部で調査中、大椿寺を開基したお坊さん（玄賓）がコトブキダケという名を付けたと聞いたことがあるという話者がいた。

『岡山県大百科事典』に「阿哲郡哲多町の谷川や、新見市の清流中には、方言でコトブキノリと呼ばれる藍藻類の一種アシツキがある。3月ごろ採って三杯酢にするが、特殊の風味がある(14)」と記されていることから、コトブキノリはアシツキ（アシツキノリ）の方言であることがわかる。アシツキ《葦付》は大伴家持（七一八～七八五）の「をかみが《雄神川》はくれなゐ《紅》にほふをとめら《娘子》しあしつき《葦付》取ると瀬に立たすらし」（『万葉集』巻十七・四〇二一(15)）という歌に詠まれているように、万葉の時代から食用にされていた淡水藻である。雄神川は富山県を流れる現在の庄川《しょうがわ》のことであるが、富山県はアシツキノリを天然記念物に指定している。玄賓は大伴家持と同時代の人であることから、玄賓の時代には確実に食用にされていたことがわかる。玄賓がコトブキノリをここに持ってきて残したとか玄賓が愛用したなどと語られているのには、それなりの根拠があり、興味深いものがある。

アシツキは北陸地方から中国地方にかけての一部の清流に分布しているようであるが、河川開発などによる環境の悪化から、生育地の減少傾向が大きいようである。新見市哲多町のコトブキノリに関しても、周辺地で調査中、最近あまり見ないという話者が複数いたので、注意深く見守る必要があるように思われる。

〈事例6〉「玄賓と鍾乳石」

あの、言い伝えですけど、その、脚気の治療薬と称して、まあそれは確かにあの、カルシウムの塊だったら、鍾乳石をね、あれを粉にして、京都の方に送ったんだという、これはもう言い伝えですね。鍾乳石を送ったということは、あの、古い人から聞きました。送って脚気を治したんだと。脚気の薬と称してっていう。[16]

〈事例6〉は、玄賓が鍾乳石を薬として京都の方に送ったという話を古い人から聞いたという語りである。先にみたように、これと同様の話は湯川寺周辺にも伝承されており、「桓武天皇に薬石を献上」や「秘坂鐘乳《ひめさかかなち》穴《あな》で石鍾乳採取」などの話を聞くことができる。鍾乳石は実際に宮中で薬として使用されたようで、『日本三代実録』[17]清和天皇の貞観元年（八五九）二月七日の条に典薬頭《てんやくのかみ》出雲《いずも》朝臣《あそん》岑嗣《みねつぐ》が備中国で石鍾乳を採集したという記録がみえる。

〈事例7〉「玄賓と大椿寺の寺紋」

そんな石があるなら大切にしなきゃいけないのに、どうみても、先住さんにお聞きしましても、それらしい石、そのものがですね、まあ墓所か、あとはこの周りであろうと思いますし。そのことは、どうも、ないようです。それはいろいろ、またあるんです。今こちらで使ってる、家紋ではありませんけど、寺紋で、「吾唯知足《われただたることをしる》」っていう、文で、その石碑が、あるんだって。（中略）。だけど、それは使ってるんですよね。「吾唯知足」っていう、まあお金のような、あれが使ってあるんですよね。それをまあ、寺紋としてまあ、ずっと、焼香台にも入れ、瓦にも焼き込みをして。で、この庫裏《くり》のところにも、あれ、してありますので。[18]

〈事例7〉は、玄賓に由来するという大椿寺の寺紋は「吾唯知足」で、かつてその石碑があったらしいが今はないという語りである。〈事例7〉の話者は大椿寺二十五世鷲山恵祥師であるが、二十四世紀成師も石碑がないようだと語っておられたそうである。漢字の「口」を中心にして、周囲に「吾」「唯」「知」「足」という漢字を配する石碑は、全国の寺院に散見する。特に有名なのが京都の龍安寺《りょうあんじ》（臨済宗）にある「知足のつくばい《（蹲）》」で、中心の「口」部分を水溜とした石造りの手水鉢となっている。大椿寺にかつてあったと伝えられている石碑は、おそらく龍安寺にある「知足のつくばい《（蹲）》」と同様のものであったかと推測される。

　宝暦三年（一七五三）に成立した石井了節著『備中集成志』の「湯川寺」の項に「花木村にも閑居旧跡有、大椿寺と称す、禅院にて玄賓の御自筆の石碑有」と記し、そのすぐ後に、漢字の「口」を中心にして周囲に「吾唯知足」という漢字を配する石碑の図を載せている。[19] また、同じ『備中集成志』の「玄賓僧都」の項の最後に、この石碑の図を載せた下に「玄賓ノ作」と記している。[20] このことから、『備中集成志』の成立した宝暦三年の頃には、大椿寺に「知足の石碑」があり、それは「玄賓ノ作」と伝えられていたらしいことがうかがえる。「知足《ちそく》」[21] は足るを知ることで、『遺教経《ゆいきょうぎょう》』にある言葉である。『遺教経』（『仏垂般涅槃略説教誡経《ぶっすいはつねはんりゃくせっきょうかいきょう》』または『仏遺教経』）は釈迦入滅時の最後の説法を内容とし、禅宗で特に重んじて仏祖三経の一つとしている。[22] 僧都職を辞して備中国に隠遁した玄賓は、まさに「足るを知る」を実践した生き方をした僧侶といえ、『備中集成志』が「知足」の図を「玄賓ノ作」と記し、大椿寺で寺紋とされてきたことが納得できる。「知足」の図が「玄賓ノ作」かどうかは未詳であるが、極めて興味深い伝承といえ、注目される。

　ここで気になるのが、大椿寺にあったという「知足の石碑」の行方である。『備中集成志』が成立した宝暦三年頃には確実に大椿寺にあったわけであるから、所在不明となったのはそれ以後ということになる。先に述べたよう

大椿寺のつくばね

に、大椿寺は宝暦三年から十三年後の明和三年（一七六六）に火災に遭っている。明和四年七月に八世龍岳が再建のために記した「大殿再建勧化之序」に「火災の為め殿堂宝器悉く灰燼となる」「恨らむらくは財力乏しくして足らず、普く化を十万結縁の檀越善男善女に募る」とあることから、宝器が「悉く灰燼」となったことと、再建のための財力が乏しくて足りないので広く寄付を募ったことがわかる。この時に「知足の石碑」が大椿寺からなくなった可能性が高いのではないだろうか。火災で割れたのか、火災の混乱で行方不明になったのか、八世龍岳が火災で変色した寺宝の「知足の石碑」を再建費用捻出のために手放したのかは、資料が残っていないのでよくわからないが、明和三年の火災が「知足の石碑」の行方に何らかの影響を与えた可能性があるように思われる。再建に奔走した八世龍岳は明和五年（一七六八）に再建を成し遂げ、その三年後の明和八年に示寂している。八世龍岳は大椿寺中興の祖とされている。

このほか、大椿寺における玄賓の伝説としては、玄賓が当地のつくばね《（衝羽根）》を愛用したという「玄賓とつくばね」がある。つくばねは山地に自生するビャクダン科の落葉低木で、その根を取って「砂糖づけ或は梅漬として湯茶に活かしてのむ」といい、大椿寺のある花木地区のつくばねは、名物「花木つくばね」として有名であったという。[23] 筆者の調査ではこの「玄賓とつくばね」という話を採集できなかったが、花木名物としてつくばねがよく利用されていた頃には、大椿寺周辺で、つくばねを玄賓僧都が愛用したという「玄賓とつくばね」が語られていたものと推測される。かつては花木名物として広く知られていたつくばねであったが、花木名物つくばねが忘れられてゆくとともに、「玄賓とつくばね」も語られなくなっていったものと思われる。

また、大椿寺には御詠歌《ごえいか》が伝わっている。歌詞を引用する。

大椿寺の「御詠歌」

帰《キ》命頂《メウチヨウ》 礼弥《ライミ》勒尊《ロクソン》
大同元年開かれし
玄賓僧都《ゲンヒンソウズ》の御《ゴ》霊蹟《レイセキ》
ゆかり尊き龍華《ゲ》山
ことぶきだけやつく羽《（バネ）》に
景趣豊かな大椿寺

まつるは慈悲の弥《ミ》勒尊《ロクソン》
深きはかれぬいつくしみ
心も身をもうちわすれ
みまえにまことききげなば
やがてまどいもわずらいも
高きはきわなき妙智力《リキ》

この身このままおすくわれて
月にむらくもはれ《（晴）》しごと
沼に蓮花《ゲ》の咲きしごと

即身是仏ありがたや
心あかるし身はきよし
たたえおろがむ御《ミ》仏《ホト(ケノ)》徳
南無頂礼弥《ミ》勒尊《ロクソン》(24)

この歌詞には、弥勒菩薩を本尊とする龍華山大椿寺が大同元年玄賓僧都によって開かれたことや、玄賓が愛用したとされる「コトブキダケ」や「つくばね」のことが詠み込まれており、興味深い。この御詠歌から、玄賓僧都と大椿寺がこの地で深く尊ばれてきたことがうかがえる。御詠歌の成立年次は不明であるが、大椿寺歴代住職のうちの誰かが作成したものかと推測される。

大椿寺は明和三年に火災に遭い、明和五年に八世龍岳により再建されたというが、本堂の基礎を調べると焼けかすが出てきたということで、確かに火災に遭ったらしいことが確認されたという。再建後二百三十余年を経て老朽化してきたため、今回平成の大改築がなされて平成十八年（二〇〇六）六月に落慶法要が営まれた。

Ⅲ　哲西の四王寺

新見周辺地域に存在している玄賓開基伝承を持つ寺院のうち、最後に検討しておく必要があるのが四王寺《しおうじ》である。岡山県新見市哲西町《てっせいちょう》大野部《おおのべ》一七六七番地にある伝医山《でんいさん》四王寺は、寺伝によれば、弘仁年間（八一〇～八二四）に玄賓が開基したとされ、永享八年（一四三六）三月中興開山宥盛によって寺運回復したという。現在は京都仁和寺《にんなじ》末の真言宗御室派《おむろは》で、本尊は薬師如来である。江戸時代末期の嘉永五年（一八五二）正月二十一日に焼失し同年中に再建したというが、幸いなことに仁王門と仁王二体は火難を免れた。この仁王像の土踏まず部に元禄十四年（一七〇一）の銘があるという。また、本尊の薬師如来坐像は伝運慶とされ、両界曼荼羅図二幅は寺伝によると元禄時代（一六八八〜一七〇四）のものという。この仁王門、仁王二体、薬師如来坐像、両界曼荼羅図二幅は昭和五十三年九月十一日に旧哲西町文化財に指定された。(25) 現在の本堂は、昭和五十五年（一九八〇）十一月に再建されたものだということである。

〈事例8〉「玄賓の来訪と四王寺開基」

玄賓和尚さんの（開基）いう、まあそうに、ずっと伝えられとるし、そういうて聞いとりますわなあ。（中略）ですからここへ、四王寺いうのはまああの、真言宗で、お大師さんか。あの、通り道ゆうのが、どうして高梁からここへゆうようなあの、何かそういうこともあの、前からも聞きょうたんですがなあ。高梁からここを通って、行かれた時の、通り道で。なぜここをそしたら通られて、なぜここに、今いわれる四王寺という、これ建立の、場所に。玄賓さんが開かれたとはいえ、そういうものをたどって、まあ開かれたんじゃろういうのがなあ。弘法大師さんがお通りになった時に、それがどういうコースでいうのがやっぱし備中町と、高梁から備中町ですかなあ。備中町のどこか。まあお寺を何か寺かいわれて、いうようなのはあのう、それとなく聞くんですけどなあ。(26)

〈事例8〉は、玄賓僧都は備中町や高梁と通じる道筋を通ってこの地に四王寺を開基し、その道は弘法大師の通り道と重なるらしいと聞いたという語りである。本章でみてきたように、湯川寺をはじめとして、備中国には複数の玄賓開基伝承を持つ寺院がある。〈事例8〉の語りから、それら諸寺院を結ぶ古い道についても考えてみる必要があることがわかる。〈事例8〉のように、四王寺周辺では玄賓僧都が四王寺を開基したという話は聞くことができたが、それ以外の話は聞くことができなかった。

四王寺は、江戸時代末期に火災に遭っているため、古文書類はほとんど残っていない。昭和六年（一九三一）に発行された『阿哲郡誌』に四王寺の略縁起が載っているので、引用しておく。

『阿哲郡誌』「四王寺」の項

伝医山四王寺は野馳村大野部にあり。真言宗にして山城国御室仁和寺末たり。開基は弘仁中備北に巡錫弘法に努められし、玄賓僧都なりと伝ふ。古刹なりと雖も屢回禄の災にあひ、旧記灰燼に帰して伝はるもの少なし。永享八年三月中興開山宥正和尚によりて寺運回復したりしが、慶長九年徳川氏より寺領十石を寄贈せられて法灯盛なるに至れり。(27)

江戸時代末期の嘉永七年（一八五四）に版行された「備中国巡覧大絵図」には、「大野部」の所に「四王寺」と記してあり、絵図の右上に枠で囲んである「古刹」の項にも「四王寺　哲多郡／大野辺《部》村」とある。(28)このことから、江戸時代末期には四王寺は数少ない「古刹」の一つと認識されていたことがわかる。四王寺は嘉永五年に焼失後再建しているので、この「備中国巡覧大絵図」が版行された嘉永七年には新築まもない頃であった。嘉永五年の正月二十一日に焼失したにもかかわらず、その年のうちに再建していることからも、(29)古刹としてかなりの寺勢を有していたことがうかがえる。

嘉永五年に焼失したため四王寺には古文書類はほとんどないわけであるが、残された記録類を集めたものとみられる「当山重要記録綴」と表書きされた冊子がある（四王寺蔵）。表紙に「大正拾年一月改之／開基千四百拾年前／当山重要記録綴／伝医山薬師院四王寺」とあることから、四王寺三十三世勝住（昭和十四年寂）が大正十年（一九二一）一月にまとめたものであることがわかる。この冊子の冒頭には「当山ハ弘仁九年六月玄賓僧都ノ開基也」

とあり、続けて『元亨釈書』の玄賓の項の写し、嵯峨天皇宸書の写し、天文元年（一五三二）・天正十二年（一五八四）・万治二年（一六五九）などの年号のある本堂再建や上葺寄付についての棟札の写し等々と続く。この中に「当山世代年譜」という項目があり、それに「玄賓僧都　弘仁九年六月開基――玄仁　嘉祥二年三月十日――」と、一世玄賓以降三十四世勝恵（昭和三十四年寂）までの世代年譜が寂年とともに記してある（三十三世勝住と三十四世勝恵は後の補筆とみられる）。これによると、初代玄賓が弘仁九年（八一八）六月に開基し、二世玄仁が嘉祥二年（八四九）三月十日に亡くなり、以降、現在の三十六世宥正師まで途切れることなく法統が続いていることになる。しかし、関連資料がすべて焼失しているため、詳細は不明である。古刹として知られていた寺院であることから、火災に遭っていなければ、多数の貴重な史料が伝えられていたものと推定され、極めて残念なことである。

「当山世代年譜」には四王寺は玄賓が弘仁九年六月に開基したと記されているわけであるが、玄賓が亡くなったのは弘仁九年六月十七日のことであるから、これが事実であるとすれば、玄賓が最晩年に開基した寺院ということになる。しかし、これも、詳細は不明である。

残念なことに、四王寺周辺ではあまり玄賓にまつわる伝説を聞くことができなかった。また、この地で亡くなったという伝承も聞くことができなかったので、玄賓は四王寺を弘仁九年六月の最晩年に開基した後に去っていったと、かつてはこの地で伝承されていたものと推測される。

結　語

以上で、岡山県新見市周辺に伝承されている玄賓僧都伝説についての筆者なりの考察を終えることとする。

新見市には玄賓開基伝承を持つ寺院が湯川寺、大椿寺、四王寺の三か寺ある。湯川寺周辺に伝承されている伝説では、新たに「遠くから祈って鎮火」と「旅中は臼で寝る」という事例などを報告し、考察を加えた。大椿寺に関しては、門前の石碑に刻まれている略縁起や明和四年に記された「大殿再建勧化之序」の紹介に加え、大椿寺に伝承されてきた「玄賓大椿寺開基と弥勒堂」「倉木谷の弥勒様」「玄賓とコトブキノリ」「玄賓と鍾乳石」「玄賓と大椿寺の寺紋」「玄賓とつくばね」などの伝説について考察を加えた。四王寺に関しては、「玄賓の来訪と四王寺開基」などの伝説や嘉永七年に版行された「備中国巡覧大絵図」に数少ない「古刹」の一つとして紹介されていることなどについて検討した。

本章で考察した湯川寺、大椿寺、四王寺の三か寺は、備中国湯川寺を中心とする「玄賓隠遁地伝承圏」に属する寺院ととらえてよいであろう。

註

（1）岡山県新見市各地での調査のうち、湯川寺のある寺内《てらうち》集落と近接する湯川《ゆかわ》集落を中心とした調査は平成八年（一九九六）に行い、大椿寺や四王寺の調査は平成十四年（二〇〇二）に行った。また、補足調査は、主調査終了後も適宜行った。

（2）本書備中国編第二章「備中国湯川寺における玄賓僧都伝説」参照。

（3）話者は岡山県新見市唐松の山室保さん（大正五年生まれ）。平成九年（一九九七）八月三十日・原田調査、採集稿。

（4）北房町史編集委員会『北房町史　民俗編』（北房町、一九八三年）、五七八～五七九頁。

（5）大佐町史下巻編纂委員会『大佐町史　下巻』（大佐町教育委員会、二〇〇三年）、七六六～七六七頁。

（6）虫明徳二『ぼっこう玉島』（徳二庵、一九八〇年）、七六頁。

(7) 話者は新見市豊永佐伏の女性（昭和二年生まれ）。平成八年（一九九六）七月三十日・原田調査、採集稿。

(8) 続豊永村誌編纂委員会編『続豊永村誌』（豊永開発振興会、一九九六年）、三九一頁。

(9) 『本郷村誌』（本郷村役場、一九五四年）「大椿寺」の項、三四三頁。

(10) 話者は岡山県新見市哲多町花木（採集時は阿哲郡哲多町花木）の鷲山惠祥さん（昭和二十一年生まれ）。平成十四年（二〇〇二）九月九日・原田調査、採集稿。鷲山惠祥さんは大椿寺二十五世住職。

(11) 話者は岡山県新見市哲多町花木（採集時は阿哲郡哲多町花木）の男性（大正九年生まれ）。平成十四年（二〇〇二）九月七日・原田調査、採集稿。

(12) 話者・調査日は註(10)と同じ。

(13) 註(9)の『本郷村誌』、三五〇頁。

(14) 『岡山県大百科事典　上巻』（山陽新聞社、一九八〇年）「山菜」の項、一一二六頁。

(15) 新日本古典文学大系『万葉集　四』（岩波書店、二〇〇三年）、一七一～一七二頁。

(16) 話者・調査日は註(10)と同じ。

(17) 『日本三代実録』清和天皇の貞観元年（八五九）二月七日の条に「詔遣㆘典薬頭従五位上出雲朝臣岑嗣於備中国㆒。採㆗石鍾乳㆖」（新訂増補国史大系本による）とある。湯川寺周辺の伝承では、貞観元年に典薬頭出雲朝臣岑嗣が採集したのは、この秘坂鐘乳穴の石鍾乳（石のちち）で、その頃から鐘乳穴と呼ばれるようになったという。

(18) 話者・調査日は註(10)と同じ。

(19) 石井了節著『備中集成志』（研文館吉田書店、覆刻版一九七六年）、二三三～二三四頁。

(20) 註(19)の『備中集成志』、二九三頁。

(21) 『新版　禅学大辞典』（禅学大辞典編纂所、新版一九八五年）「知足」の項参照。

(22) 『岩波仏教辞典　第二版』（岩波書店、二〇〇二年）「遺教経」の項参照。

(23) 註(9)の『本郷村誌』「大椿寺」の項に「つくばね、前述のコトブキとこのつくばねは僧都愛用のものと言う。山地に生ずる灌水《（木カ）》で高さ七八尺（、）葉は長楕円形にして先端尖鋭で対生する、雌雄異株で六月頃枝梢に雌花を単生し、雄花は数個叢生し花後生ずる果実は児女の玩ぶ羽子のようで面白い。此の植物の根は其の一部は他の植物の根に寄生して、養分を吸収する半寄生植物である（。）これをとり砂糖づけ或は梅漬として湯茶に活かしてのむ。つくばねは花木名物として昔から言われている。備中村鑑に当国名産として大井野わらび、草間煙草、花木つくばね（、）吹屋弁柄、実の鉄等々ともに上げられている程である」（三五〇頁）と記されている。食用として利用されたことがわかる。

(24) 大椿寺蔵。現住大椿寺二十六世鷲山晃道さんによると、御詠歌の歌詞は文書で残っておらず永らく不明であったが、平成二十九年（二〇一七）夏に大椿寺および大椿寺檀家宅から歌詞が出てきたとのことであった。

(25)『哲西の文化財』（哲西町教育委員会、一九八〇年）。

(26) 話者は岡山県新見市哲西町大野部（採集時は阿哲郡哲西町大野部）の男性（昭和五年生まれ）。平成十四年（二〇〇二）九月七日・原田調査、採集稿。

(27)『阿哲郡誌　下巻』（阿哲郡教育会、一九三一年）、七三四頁。

(28) 新見市御殿町センター蔵「備中国巡覧大絵図」によった。

(29) 四王寺蔵「当山重要記録綴」所収「当山世代年譜」の第三十一世「顕幢」の項に「嘉永五年十一月二十一日／同年正月二十一日寺災上／此年本堂再建／大正十年迄七十年」とある。嘉永五年十一月二十一日は顕幢の入滅年月日。嘉永五年正月二十一日に寺が火災に遭い、同年中に本堂が再建されたことがわかる。

第四章 「湯川寺縁起」と玄賓僧都伝説

はじめに

玄賓は法相六祖の一人に数えられる碩学《せきがく》で、大僧都に任じられるが、職を辞し、備中国湯川寺《とうせんじ》に隠遁した。湯川寺（岡山県新見市土橋寺内二一五五番地）は現在は無住の寺であり、岡山県高梁《たかはし》市中井町西方にある定光寺《じょうこうじ》（曹洞宗）の末寺となっている。大正時代の末頃に無住となってから、寺内集落の人々が湯川寺の世話をしているそうで、常にきれいに掃除がなされている。

筆者はかつて湯川寺周辺で玄賓に関する伝説の調査を行い、玄賓伝説の全体像を第二章にまとめた。(1) 調査の過程で、湯川寺には寺の由緒を書いた巻物が昭和の初期頃まではあったという話を聞いた。それは、湯川寺の堂内にある仏像の一つに首が抜けるものがあり、その仏像の中にその巻物が納めてあったが、かつて他地方から来た某氏がそれを持ち去ったというものであった。古老から某氏の手がかりを教えてもらい、種々調査してみたが、結局、某氏の行方もその巻物の行方も突き止めることができなかった。また、その巻物を書写したことがあると語ったという別の人物の名前も古老より聞いたが、巻物を書写したというその人物はすでに物故し、子孫もいないということであった。

その後、江戸時代末期に編纂されたと推定されている『備中誌』を読み直していたところ、「英賀郡」の項に「湯川寺縁起」の全文が引用されていることに気づいた。『備中誌』所収の「湯川寺縁起」と湯川寺の堂内にある仏像の中に納められていたという「由緒書」が同一のものであるかが不明であったが、「湯川寺縁起」内の記述が手がかりとなり、両者が同一内容のものであった可能性が高いと推定するに至った。本章は、『国書総目録』にも記載されておらず、これまで存在が知られていなかった寛文十二年（一六七二）成立の「湯川寺縁起」について、全文を紹介するとともに成立の背景を考察することを目的とする。

Ⅰ　玄賓の生没年と備中国来訪年次

玄賓については関連資料があまりないため生涯を詳細にたどることは難しく、生年に関しても、備中国に来た年次についても明確にされていない。没年に関しては、『日本紀略《にほんきりゃく》』『僧綱補任《そうごうぶにん》』など、複数の確実な資料に弘仁九年（八一八）六月十七日に玄賓が亡くなった旨の記述があることから、確定して問題はないであろう。一方、生年に関しては数説ある。これは、『日本紀略』弘仁九年六月十七日の条に「伝灯大法師玄賓卒。春秋八十有余」(2)、『元亨《げんこう》釈書《しゃくしょ》』の「玄賓」の項に「弘仁九年六月卒。年八十余」(3)、『東国高僧伝《とうごくこうそうでん》』の「玄賓」の項に「後卒於弘仁九年。春秋八十余」(4)とあるなど、没年が「八十余」と記されているものが多いことが影響しているとみられる。筆者は、玄賓がかつて住していた興福寺に所蔵されていた興福寺本『僧綱補任』弘仁九年の項（口絵写真参照）にある記述に従うのが最も妥当ではないかと推考した。この、弘仁九年に八十五歳で亡くなったという興福寺本『僧綱補任』の記述によって計算すると、玄賓の生没年は、天平六年（七三四）～弘仁九年六月十七日ということになる。

文献資料において、玄賓が備中国湯川寺に隠遁したことが記されている年は、大同元年（八〇六）と弘仁五年（八一四）である。このことから、玄賓が備中国に来た年次として、大同元年説と弘仁五年説の二説が併存してきた。

玄賓は大同元年に大僧都位を任じられて辞退したが認められず、大同元年から弘仁五年まで大僧都位にありながら、備中国にて隠棲生活を送り、時々都に召還されていた可能性がある。そして、弘仁五年（八一四）、僧都位を完全に辞して再びもとの寺である備中国湯川寺に籠居したということになろうか。(5)

『僧綱補任抄出　上』大同元年の項の、少僧都護命の部分に「月之上半入二深山一。修二虚空蔵法一。研二精宗旨一」(6)と記されていることから、少僧都という位にあっても、ある程度は山中で修行することは認められていたらしいことがうかがえる。また、その項の続きには「裏書　玄賓。或本。大同元年任二律師一。即辞退。歌云三輪川之清水等云云。大僧都辞退。歌云。外国ハ山水清之事多之君カ都ハ不住マサレリ云云。辞退。往二住備中国湯川寺一。年八十一」(7)と記されている。これによると、「或本」に、玄賓が大同元年に律師に任じられたが辞退したこと、大僧都も辞退したこと、「年八十一」の時に備中国湯川寺に籠居したことが記されているという。この「年八十一」は、最終的に玄賓が備中国湯川寺に籠居した年齢をさしているとみられる。大同元年に「年八十一」で備中国に籠居したとして計算すると、弘仁九年の没年時の年齢は九十三となり、「春秋八十余」という玄賓の没年と合致しない。一方、弘仁五年に「年八十一」で備中国に籠居したとして計算すると、弘仁九年の没年時の年齢は八十五となり、興福寺本『僧綱補任』の没年時の年齢と合致する。この、『僧綱補任抄出　上』の記述も、玄賓が弘仁九年に八十五歳で入寂したことの傍証となる。

大同元年から弘仁五年まで大僧都位にありながら備中国で修行生活を送り、ときどき都に召還されるということが実際に可能であったのかは未詳である。しかし、少僧都位にあった護命（法相宗）が月の半分も山中で修行することが認められていたらしいことや、度重なる下賜が玄賓のもとへあったことなどから、天皇から厚い信頼を寄せられた玄賓が大僧都位（七十三～八十一歳の間）にありながら備中国で修行生活を送り、ときどき都に召還されるということが特別に認められていた可能性は高いのではないであろうか。

玄賓の動静を伝える文献資料には、資料によって大きな異同がみられるが、玄賓が備中国湯川寺に隠遁したことが記されている年として大同元年説と弘仁五年説があるのは、こういう特殊な事情が背景にあったのではないかと推定しておきたい。

Ⅱ　「湯川寺縁起」と出典の検討

では、玄賓が確実に滞在していた備中国湯川寺の由来を記す「湯川寺縁起」について、本文と出典について検討してみることとする。

「湯川寺縁起」が引用されている著者不詳の『備中誌』は、江戸時代末期の嘉永年間（一八四八～一八五四）に成立したと推定されている備中国の地誌である。明治三十五～三十七年（一九〇二～〇四）に岡山県によって活字翻刻本が出版された。岡山県版の底本とされた堀家本が現在行方不明のため、『備中誌』の内容は活字化された岡山県版を参照するしか方法がない。したがって、本章においても、岡山県版『備中誌』を利用した。

次に、『備中誌』所収の「湯川寺縁起」全文を引用する。(8) 旧字体・異体字等は原則として通行の字体に改め、句読点を付した。なお、註記は丸括弧でくくった。内容分析の都合上、便宜的にA～Lの符号を付した。

湯川寺

「**湯川寺縁起**」全文

湯川寺縁起　法皇山

A　抑当寺開基玄賓僧都と申奉るは河内国弓削氏なり。奈良の都の御時唯識を興福寺の宣教に禀（稟）給ひしより、朝には行鋭し暮には業を勤て持戒怠事なし。智行共に兼備たり。やむことなき人にてぞいますかりし。ひたすらに世を厭ふ心深して、寺の交を好み給はず。されは上壱人を始て下万人に至て伏仰し奉ると普く此上人に帰す。然りといへ共緇侶の世に諛て猥に僧官に営するを患ひ、就中其頃道鏡法師とて此族の僧有て平城帝に媚て剰帝御寵愛の余り道鏡に大師の尊号を賜ふ。本朝大師の号濫觴于此云々。

B　彼作業の拙きを疾みて山階寺を逃て、三輪山の辺に僅なる庵を結ひて住給ひし也。桓武天皇延暦の頃聞召、強て召出しければ、進み難くして翌に参給ふと雖、猶本意ならすや思ひ給ひけん、此時僧都の宣下をなし給ふを辞して歌を誦て奉らしめ給ふ。

三和（輪カ）川の清き流れにす、ぎてし衣の色をまたは穢さしとなん奉らる。か、る程に、弟子にも仕わる、人とも知られず、何地ともなく失給ふ。さるべき所に尋ね求むれども、更になし。いひがひなく日を歴にけり。彼あたりの人はいわす、斯て、世の歎にてそ有ける。

C　斯世の交をいとひ、国〳〵にさすらい、或時は渡し守と成て船に棹さして月日を送り給ふ。寺を失ひては十年はかりして、弟子なる人、事の便有て、越前の国方へ趣《(ママ)》き侍るに、道に大なる川有。渡しを待得て乗たる程に、此渡しを見れは、頭はかつつかみと云ほどに生ひて、法師のきたなけ成麻の衣着たるになん有ける。「怪しの様や」と見に、流石に見馴たるやふに覚ゆるを、「誰にか似たる」とおもひ廻らすに、うせて年ころに成ぬる我師に見なしつ。「ひか目」と見に、露違へくもあらねば、悲しくて涙のこぼる、を押て、さりげなくもてなしけるに、彼も、見知れる気色ながら、殊さら目見合せす。走り寄て、「いかてか、斯」といわほしけれと、人繁く侍し程に、「上りさま、夜なと、居給へる所に尋行て、のとやかに聞へむ」とて、過にける。斯て、帰るさに、其渡しを越るとて見れば、あらぬ渡守也。目くれ、胸塞りて、所の人に細かに尋ぬれば、「さる法師ニ侍りし。年頃此渡し守にて侍りしを、左様の下臈てもなく、常に心をすまして、念仏を唱へて、数〳〵に船賃取事もなく、只今うち喰ふ物なんどの外には、貪る心もなく侍しかば、此里人もいみじういとおしみ侍りしに、いか成事にか有けん、過る頃、何方へか失てけり」と答へ侍りし程に、弟子悔敷わりなく覚て、其月日を計るなり。我見合せし時にてそ有けるとなん。身の有さまを知れぬとて、又去給ふにぞ有べし。

D　亦或時は、奴と成、人に随ひ馬を飼なとし給ふて、伊賀国に、或郡司の元に、怪しげなる法師の来りて、「人や使ひ給ふ」とて、そ、ろに入来るありけり。是を主の男見て、「和僧の様成物置て、何角はせん。最用なし」といふ。法師のいふ様、「己等ほどの者は、法師とて、男にかわる事なし。何業なりとも、身に給わん程の事は仕らん」といふ。「左あらば、よし」とて止む。悦んで、いみじう真心に仕へ侍れば、殊に痛わる馬をなん、預りて飼せける。斯て、三年計り経程に、此主の男、国の守の為に、聊便なき事を聞給ひて、境の内を追払はる。父・祖父の時より住馴たる者なれば、所領も多く、奴も其数有けり。他の国へうかれ行ん事、かた〳〵ゆか敷歎なれはと、遁るへきかたなくして、啼〳〵出立んとする間に、此法師、或者に逢て、「此殿には、いか成御歎の有て侍るか」と問ふ。「我等式の人は、聞ていかゞは」とて、殊の外にいはるを、「何とてか、身の怪敷に寄ん。頼み奉りしも、年頃に成ぬ。内隔給ふへきに非す」と、懇に問は、事の起りを有の儘に語る。法師聞て、「己か申さん事も用ひ給ふへきにあらねと、何角は、忽に去給ふべき。物は思わさる事侍物を。先上京して、何度も事の心を申入て、猶叶わすは、其時にこそは、何方へもおわせめ。己かほの〳〵知たる人、国司の御辺に侍り。尋ねて、申侍らはや」といへは、思ひの外に、人〳〵、「いみしうもいふものかな」と、怪しみ乍、主に此よし語るに、近く呼寄て、自ら尋ね聞て、ひたすら是を頼むとしもなけれと、思ふ方のなき儘に、此法師打具して、上京しけり。其時、国司は、大納言何某の知る(給カ)わりてなん有ける。京に到着て、彼みなもと近く行寄て、法師のいふ様は、「人を尋て行んに、此形の怪しくはへるに、衣・袈裟尋給ひてんや」といふ。則、かりてきせつ。主の男を具して、彼を門に置て、差入て、「物申侍らん」と云に、爰等集る者共、此人を見て、はら〳〵とおり跪くを見に、伊賀の男、門のもとより是を見て、愚におほへんやは。「浅間し」と守り奉る。即、斯と聞て、大納言急き出給ひて、もてなしさはかる、さま、殊の外也。「扨も、いかに成給ひにけるかとおもひばかりなして過し侍るに、定かにておわするこそ」と、かきくどき給へは、夫をは、言葉少なにて、「左様の事は閑に申侍らん。けふは、さして申入へき事有てなん。伊賀国に、年頃相頼みて侍りつる者、計らさる外にかしこまりを蒙りて、国の内を追はる、とて、歎き侍り。最愛しう侍るに、若し、深き犯しならすは、此法師に許し給わりなん」と聞ゆ。大納言「とかく申へきにあらす。左様にておわし侍らば、わさとも思ひ知べき男にこそは侍るなれ」とて、元来もまさらまに、悦へき様の庁宣を給せたりければ、悦て出ず。又、伊賀の男あきれまとへるさま、理り成。さま〳〵に思へと、余り成事は、中〳〵、得打出さず。「宿に帰りてのとかに聞へむ」と思ふに、衣・袈裟の上に有つる庁宣を差置て、きと出つる様にと頓て何地となく隠れにけりとそ。

E　又或時は田夫と成て、田主と守り給ふにや。僧都の御歌とて、

　山田もる僧都の身こそあはれなれ秋はてぬれはとふ人もなし

F　潤州の曇融聖は、橋を渡して浄土の業とし、蒲州の明康法師は、船に棹して往生を遂たりとなむ。代替り国隔たりと雖、共法徳の至り是同し。有かたき智行也此文解しがたし。読者察し給へ。

G　平城天皇御脳（悩カ）有て、上人伯耆の山陰に跡を印せし旨聞し召及て、勅して護持の冥助を乞しめ給ふ。化するに地なふして自鉢嚢を負ひ、草鞋をはきて花洛に入、護念の験掲焉として叡慮平癒ならしめ給へは、輙（輒）遁て伯耆に帰り給ふ。猶頻りに輦下に帰らしめんとて僧官の詔下ると聞て伯耆を遁れて備の中津国、今の湯川寺に閑居し給ふとて又歌を詠して奉りぬ。

H　とつ国は山水清しことしけき君か御代にはすますまされり

となん詠侍りける。とつ国とは遠つ国といへるにこそ。実にも都遠き境ひ山水の清き流れは御心もすみ侍らんかし。此地人家遠くして山峨々たり。谷深ふして水の流れ絶ず松嵐長へにして景趣尋常の地にあらず。されはこの国此山に御法跡を残し給ふは有かたき。又弘法大師に勅してとはせ給ふ御消息にも、「山ふかくいみじくおもひすましておわする」よし訪らひ給ふとなん。

I　嵯峨天皇の弘仁年中、其操履を貴ひ給ひ、詔問して不絶、毎年白布を贈り給ふ。忝くも宸筆を被成候。／其詔曰、

「賓上人晦跡烟雲凝思練若。春向覚花而猥（独カ）坐。夏蔭提樹而閑眠。持戒之光能耀昏暗。護念之力自済黎庶。比

来炎暑禅居如何。朕機務之暇不忘寤寐。地遠心近。一念即到。羅綺錦繡想斥逐。白布一束備法資。願師領之。
約文申意。」云々。

弘仁元年夏六月。／不如之哲(本ノマヽ)多郡に宣下有て、上人在世の中は米租を許し給ふ。只鉄をのみ貢すへきとなん。是併上人の供養を労らひ給ふと也。

J　伝へ聞、和州に住給ひし時、かけまくも三輪明神一女の姿と現し上人の法衣を授り給ふと也。神すらしかなり。況(ママ)や人間に於ておや。誰か此上人の法味を仰かさらん。弘仁四年六月寂・寿八十八有余。凡星霜を考ふるに、弘仁四年より今寛文十二年に至る迄春秋八百六十年に及ふといへ共、其法跡の一宇相続して留于今誠に上人の徳不陰者也。

K　上人賛云、「人之有道也。吾不得而計矣、王者天下之至尊也。沙門天下至貧也。然龍腰者曲于恩矣、圭昼者屈于賓矣、以斯而言貴不必貴賤不必賤矣、皆有道乎大哉道乎今何鮮矣哉」

L　私云、此湯川寺地貧而米穀乏矣。是上人之可謂叶御心者歟。

今も猶昔の法や唱ふらん峯の松風谷の水音

玄賓自作の木像有しか、自火の節焼失して伝わらず。今存するものは白檀木。是は上人の杖也といひ伝ふ古木と見ゆる也。

「湯川寺縁起」は、J部分に「今寛文十二年に至る迄春秋八百六十年に及ふ」とあることから、寛文十二年（一六七二）に作成されたらしいことがわかる。作者の検討は次節に譲ることとし、本節では出典の検討を中心に考察を進めることとしたい。

冒頭のA部分は、元亨二年（一三二二）に成立した虎《こ》関《かん》師《し》錬《れん》（一二七八～一三四六）『元亨釈書《げんこうしゃくしょ》』巻第九「釈玄賓」

の項の前半部分を原拠として作成されたものとみられる。(9) 本文の引用は『元亨釈書』と同文的になされておらず、「河内国弓削氏なり」や「唯識を興福寺の宣教に禀（稟）給ひし」等、『元亨釈書』以降の僧伝類が『元亨釈書』の記述を踏襲して記述している玄賓伝の一部をA部分も利用している。Aで問題となるのは、「其頃道鏡法師とて此族の僧有て平城帝に媚て剰帝御寵愛の余り道鏡に大師の尊号を賜ふ」という箇所である。『元亨釈書』には「族人道鏡媚二称徳帝一」とあるにもかかわらず、「湯川寺縁起」作者は「平城帝に媚て」と天皇の名称を誤記している。このことから、「湯川寺縁起」作者は、『元亨釈書』を原拠として作成された別の文献Xを利用してA部分を作成した可能性が高い。天皇名が別の文献Xですでに誤記されていたのか、文献Xには天皇名が記されておらず「湯川寺縁起」作者が天皇名を誤記したのかは未詳である。

BとC部分は、建保四年（一二一六）以前成立と推定されている鴨長明《かものちょうめい》『発心集《ほっしんしゅう》』第一第一話「玄敏僧都、遁世逐電の事」と同文的同話となっている(10)（以下、適宜、第一第一話を第一―一、『発心集』を発心などと略す）。同話である源《みなもとの》顕兼《あきかね》『古事談《こじだん》』巻三―七「玄賓、渡シ守トナル事」とは明らかに文章が異なっているため、『発心集』第一―一を出典としてよいであろう。ただし、「湯川寺縁起」作者は、『発心集』の「玄敏」という表記を採用せず、通常の表記である「玄賓」を採用している。また、「湯川寺縁起」作者は、A部分でも、「やむことなき人」（発心「やむごとなき智者」）、「世を厭ふ心深して、寺の交を好み給はず」（発心「世を厭ふ心深くして、更に寺の交はりを好まず」）などの部分で、『発心集』第一―一の文章を利用していることがわかる。なお、B部分の歌では、「三和川」（発心「三輪川」）、「衣の色」（発心「衣の袖」）などの異同があるが、縁起作者の誤認か、誤写かは不詳である。C部分では、最初の「斯世の交をいとひ、国〳〵にさすらい、或時は渡し守と成て船に棹さして月日を送り給ふ。寺を失ひては十年はかりして、弟子なる人」（発心「其の後、年来経て、弟子なりける人」）という箇所に大きな異同がある。これら以外の箇所では、出典『発心集』第一―一をほぼ忠実に引用している。

D部分は、『発心集』第一―二「同人、伊賀の国郡司に仕はれ給ふ事」を出典としており、全くの同文的同話となっている。同話である『古事談』巻三―九「玄賓、伊賀ノ国ノ郡司ヲ救フ事」とは明らかに文章が異なっているため、『発心集』第一―二を出典としてよいであろう。D部分では、最初の「亦或時は、奴と成、人に随ひ馬を飼なとし給ふて、伊賀国に」（発心「伊賀の国に」）という箇所で、縁起作者による書き加えとみられる異同がある。これら以外の箇所では、出典『発心集』第一―二をほぼ忠実に引用している。

E部分は、『発心集』第一―一の末にある「又、古今の歌に、／山田もる僧都の身こそあはれなれ／秋はてぬれば問ふ人もなし／此れも、彼の玄敏の歌と申し侍り。雲風の如くさすらへ行きければ、田など守る時も有りけるにこそ」という箇所から、傍線部分を利用して縁起作者が本文を作成したとみられる。これらから、縁起作者は、出典の『発心集』第一―一のうち、話末の道顕《どうけん》の部分を除いた玄賓の説話すべてを使い切り、A部分の一部、BとC部分のほぼ全体、E部分のほぼ全体で利用していることがわかる。

F部分の前半は、『発心集』第六―九「宝日上人、和歌を詠じて行とする事　幷　蓮如、讃州崇徳院の御所に参る事」の、宝日の説話の後に記されている「潤州の曇融聖は、橋を渡して浄土の業とし、輔州（蒲カ）の明康法師は、船に棹さして往生をとげたり」という一文をそのまま引用している。縁起作者が『発心集』を手元に置いて本文を作成したことはほぼ間違いないため、F部分前半の出典は『発心集』第六―九の宝日説話の後の一文としてよいであろう。F部分の後半「代替り国隔たりと雖、共法徳の至り是同し。有かたき智行也」は、縁起作者が執筆した部分とみられる。『備中誌』本文では、その後に割註があり、「此文解しがたし。読者察し給へ」と記されている。これは、「湯川寺縁起」を引用した『備中誌』作者による註記部分とみられる。F部分後半の文は、代が替わって中国と日本と国を隔てているといっても、中国潤州の曇融聖が橋を渡して浄土へ赴く業としたことや中国蒲州の明康法師が渡し守をして往生を遂げたことと、玄賓が渡し守や馬飼いや田夫をしたこととは、共にその法徳は同じで、有り難い智行である、という意味である。『備中誌』作者には、この部分の内容が理解しにくかったのであろう。この割註部分の存在から、『備中誌』作者が「湯川寺縁起」に恣意的な改変を加えず、厳密に引用したらしいことがうかがえる。この割註部分に関しては、岡山県版『備中誌』編者が記入した可能性も残されている。しかし、岡山県版編者による註には「(校正者識)」(川上郡の項冒頭など)と記されているため、『備中誌』作者による註記とみてよいであろう(岡山県版の底本が現在行方不明のため、詳細は確認できない)。

G部分は、縁起作者が執筆した部分と推定される。

H部分は、承久四年(一二二二)頃の成立とされる慶政《けいせい》『閑居友《かんきよのとも》』上―三「玄賓僧都、門お閉して善珠僧正お入れぬ事」の最初の部分を出典として利用しているとみられる。(11)「とつ国は」の歌が所収されている説話集として『江談抄《ごうだんしょう》』『閑居友』『古今著聞集《ここんちょもんじゅう》』などがあるが、『閑居友』以外には同文的な記述箇所が存在しないことから、『閑居友』上―三を出典としたと推定した。縁起作者は、『閑居友』上―三の「とつ国は山水清しこと繁き君が御代には住まぬまされり/となん侍ける。ことにあはれにこそ侍れ。とつ国とは遠つ国といへるにこそ。まことに境へだゝれる国の、人も通はで、いたづらに清き山水流れたる所、多く侍らんものをと、ことに身にしみて侍り。/さて、その心ざしを遂げ給ひける後の事なめり、御門の仰せにて、弘法大師の消息し給へる言葉にも、山深くいみじく思ひ澄ましておはするよし、とぶらひ給ひためるは」という箇所から、傍線部分や破線部分を利用して本文を作成したとみられる(傍線部分は逐語的な引用、破線部分は恣意的な引用となっている)。H部分で「此地」(湯川寺周辺部)の様子を記した「此地人家遠くして山峨々たり。谷深ふして水の流れ絶ず松嵐長へにして景趣尋常の地にあらず。されはこの国此山に御法跡を残し給ふは有かたき」という箇所は、縁起作者が執筆した部分と推定される。

Ⅰ部分は、『元亨釈書』巻第九「釈玄賓」の項の中間部分（嵯峨天皇が玄賓に贈った書を引用した部分の前後）を原拠として作成されたものとみられる。『元亨釈書』「釈玄賓」の項に引用されている嵯峨天皇の書は弘仁七年（八一六）五月五日のものであるが、『類聚国史』に所収されている原文と比較すると、『元亨釈書』が独自に原文を改変した部分があることがわかる。最も大きい改変部は末尾の部分で、原文が「白布卅端用助二頭陀之資一。到乃領レ之。約レ文申レ意」[12]となっているのを、『元亨釈書』は「白布一束聊備二法資一。願師領レ之。約レ文申レ意」と改変している。おそらくこの改変は、『元亨釈書』を著した虎関師錬が、玄賓が白布を三十端《たん》も天皇からいただくのは清貧の聖《ひじり》のイメージに合わないと独自に判断し、あえて白布三十端を白布一束と改変したものと推定される。虎関師錬が玄賓伝の賛の部分で「沙門者天下之至貧也」と僧侶の貧をたたえていることからも、師錬の改変意図が読み取れる。湯川寺縁起作者はⅠ部分で「白布一束」と記していることから、明らかに原文ではなく『元亨釈書』が改変した嵯峨天皇の書を孫引きしていることがわかる。なお、貞享四年（一六八七）成立の『東国高僧伝《とうごくこうそうでん》』も、元禄十五年（一七〇二）成立の『本朝《ほんちょう》高僧伝』も、嵯峨天皇の宸翰《しんかん》部分に「白布一束」と記しており、『元亨釈書』を孫引きしていることがわかる。このように、『元亨釈書』の玄賓伝は、後代の玄賓伝の規範となり、数百年間にわたって大きな影響を与え続けたが、「清貧の聖」「隠徳の聖」という玄賓のイメージの確立に果たした『元亨釈書』玄賓伝の役割は、かなり大きなものがあったとみてよいように思われる。Ⅰ部分で問題となるのが、弘仁七年五月五日の嵯峨天皇の書が「弘仁元年夏六月」のものと誤記されている点である。『元亨釈書』の玄賓伝には書の年月が記されていないため、縁起作者は別の資料を参照したものと思われる。先に、縁起作者は『元亨釈書』を原拠として作成された別の文献Xを利用してA部分を作成した可能性が高いと述べたが、Ⅰ部分でもその「文献X」が利用された可能性が高い。縁起作者は、文献Xの誤記をそのままI部分に転記したと推定される（縁起の嵯峨天皇宸翰部分は誤字・脱字が多いが、文献Xの誤りをそのまま転記した可能性が高い）。

J部分は、縁起作者が執筆した部分とみられる。このうち、前半の「伝へ聞、和州に住給ひし時、かけまくも三輪明神一女の姿と現し上人の法衣を授り給ふと也」という部分は、謡曲「三輪」を原拠としていると推定される。J部分で問題となるのが後半の記述である。玄賓の没年を記す「弘仁四年六月寂・寿八十八有余」という部分は明らかな誤記であるが、縁起作者には何らかの根拠があったと推定される（「文献X」に記載されていた可能性もある）。おそらく、縁起作者は『元亨釈書』玄賓伝を読んでいなかったと考えられる。『元亨釈書』玄賓伝を読んでいたならば、A部分の天皇名の誤記、I部分の嵯峨天皇宸翰年月の誤記、J部分の玄賓没年の誤記などの大きな誤りは犯さなかったと考えられる。J部分で注目されるのが、「弘仁四年より今寛文十二年に至る迄春秋八百六十年に及ふ」という、縁起執筆年を記した部分である。「湯川寺縁起」が出典とした『発心集』には、流布本に慶安四年（一六五一）片仮名版本と寛文十年（一六七〇）平仮名版本がある。寛文十二年（一六七二）という縁起成立年から考えると、縁起作者は、これら流布本のどちらかを利用したと推定される。あるいは、『発心集』版本が備中国にも広く流布したことにより、改めて湯川寺の玄賓が脚光を浴び、縁起作成の契機となったとも考えられ、興味深い。

K部分は、『元亨釈書』巻第九「釈玄賓」の項の末尾部分を原拠として作成されたものとみられる。縁起作者は『元亨釈書』玄賓伝の末尾の「賛」を全文引用している。I部分の嵯峨天皇宸翰引用箇所と同様、誤字・脱字が多い（「文献X」の誤りをそのまま転記した可能性が高い）。

L部分は、縁起作者が執筆した部分と推定される。「今存するものは白檀木。是は上人の杖也といひ伝ふ古木と見ゆる也」とある白檀木は、土地の伝承によると、明治の初め頃まで枯れずに立っていたという。現在でも、玄賓が湯川寺を去る際に地面に立てていった白檀の杖から芽が出て大木になったという伝説が湯川寺周辺に伝承されている[13]。

Ⅲ　「湯川寺縁起」成立の背景

次に、「湯川寺縁起」成立の背景についての検討に移ることとする。縁起のJ部分には、「弘仁四年六月寂・寿八十八有余。凡星霜を考ふるに、弘仁四年より今寛文十二年に至る迄春秋八百六十年に及ふ」とある。このことから、縁起作者が玄賓の寂年を弘仁四年（八一三）と誤認していることと、縁起成立年が寛文十二年（一六七二）であることがわかる。「弘仁四年」という年号が二度も記されていることから、誤写ではなく、何らかの根拠に基づいて記述されたものと思われる。筆者は、『元亨釈書』の玄賓伝を原拠として作成されたとみられる「文献X」に、すでに誤りがあったのではないかと推定している。

現在の岡山県新見市土橋寺内に位置している湯川寺の本堂の前には、高さ一・五メートル、幅〇・九メートルの石碑がある。表に「僧都千年供養塔」とあり、「維時文化九壬申三月三日立□／導師萬崖老□施主西方熨斗屋長蔵」と彫られていることから、この石碑は、阿賀郡西方村の熨斗屋《のしや》長蔵《ちょうぞう》が文化九年（一八一二）に玄賓入滅後一千年を記念して建立したものであることがわかる（二つ目の不明字は導師萬崖老「師」か）。玄賓の入滅年は弘仁九年（八一八）であるため、入滅年から文化九年までは九九四年間となり、計算が合わない。これまでは、計算間違いであろうと単純に考えられてきており、筆者もそう考えていた。ところが、弘仁四年（八一三）に玄賓が入滅したとして計算すると九九九年になり、一年を加えるとちょうど一千年になる。施主であった阿賀郡西方の熨斗屋長蔵は、

「湯川寺縁起」に記載された玄賓の入滅年「弘仁四年」に基づいて「僧都千年供養塔」を建立したとみてよいであろう。このことから、文化九年（一八一二）の時点には、本章で引用した「湯川寺縁起」が湯川寺に所蔵されており、それは、昭和の初期頃までは湯川寺堂内の首が抜ける仏像の中に納めてあったという「寺の由緒を書いた巻物」と同一内容のものであったと判断される。

「僧都千年供養塔」の施主熨斗屋長蔵がかつて住んでいた阿賀郡西方村（現在の岡山県高梁市中井町西方）には、玄賓開基伝承のある巨龍山定光寺《じょうこうじ》（高梁市中井町西方三七四番地）がある。長蔵は定光寺の檀家であったと推定される。寺伝によれば、大同年間（八〇六〜八一〇）に玄賓が開基したとされ、嘉吉年間（一四四一〜一四四四）に永祥《えいしょ》寺《うじ》五世夢菴宗春《むあんそうしゅん》により再興されて現在に至るという。(14)もとは法相宗であったというが今は曹洞宗で、岡山県井《い》原《ばら》市の永祥寺の末寺となっている。「定光寺縁起」によると、玄賓は最初にこの地に来訪して桓武天皇よりいただいた「法皇山萬年堂」を称し、その後、湯川寺の地に移ったという。(15)定光寺と湯川寺との関係は深く、定光寺七世白《びゃく》贇《おん》全長《ぜんちょう》が寂れていた湯川寺を元和年間（一六一五〜一六二四）に再興したとされ、以後、今日に至るまで定光寺住職が湯川寺住職を兼務しているという。白贇全長は元和二年（一六一六）に寂していることから、湯川寺再興は元和元〜二年頃のことであったと推定される。長蔵が石塔を供養した文化九年時の定光寺住職は、二十三世萬崖道関（天保八年〈一八三七〉寂）であった。(16)この「萬崖」が玄賓僧都千年供養の導師であったと推定され、その際、「湯川寺縁起」に記載された玄賓の入滅年「弘仁四年」が千年供

湯川寺の僧都千年供養塔

養の年次決定の根拠とされたとみられる。

これらのことから類推すると、「湯川寺縁起」の作者は湯川寺住職を兼務した定光寺歴代住職の一人であった可能性が高い。寛文十二年（一六七二）前後の定光寺歴代住職の寂年をみると、七世白賛全長（湯川寺を再興）は元和二年（一六一六）寂、八世雪山長梅は寛永十四年（一六三七）寂、九世日山泰春は寛永五年（一六二八）寂、十世天溪恕道は天和元年（一六八一）寂、十一世祥外良瑞は正徳元年（一七一一）寂となっている。[17] 縁起が作成された寛文十二年時には、湯川寺を再興した七世も、続く八世・九世も亡くなっており、十一世は縁起作成時には若すぎて不適当と考えられることから、縁起を作成したのは寛文十二年時に住職であった十世天溪恕道であったと推定される。定光寺十世天溪恕道は、楊柳寺三世をつとめるとともに、薬王寺と東林寺の開山となるなど種々活躍した人物であったようであり、[18] 縁起作成者として最も可能性が高いように思われる。

「湯川寺縁起」の内容で疑問に思われるのが、土地に伝承されていたと思われる伝説類がほとんど所収されていない点である。わずかに、縁起末尾に「杖の大木」の伝説が断片的に記されているのみである。現在、湯川寺周辺に伝承されている玄賓に関する伝説はかなり多い。筆者の調査では「茶がよく育つわけ」「カワニナに尻が無いわけ」「尻無川の由来」「西条柿がならないわけ」「柚がならないわけ」「庚申山で雉が鳴かないわけ」「桓武天皇に薬石を献上」「秘坂鐘乳《ひめさかかなち》穴《あな》で石鍾乳採取」「俊足の玄賓さん」「三尾寺や雲泉寺に立ち寄った玄賓」「埋められた黄金千駄と朱千駄」「杖の大木」（以上第二章）、「遠くから祈って鎮火」「旅中は臼で寝る」（以上第三章）などが伝承されている。[19] おそらく、「湯川寺縁起」成立時にも、「杖の大木」以外の伝説の幾つかは成立していたと考えられる。ところが、縁起作者は、「杖の大木」以外の土地の伝説は採用せず、説話集等の文献資料をつなぎ合わせて縁起を完成させている。

結語

以上で、「湯川寺縁起」とその成立の背景についての筆者なりの考察を終えることとする。

玄賓の生没年は、弘仁九年（八一八）に八十五歳で亡くなったという興福寺本『僧綱補任』の記述によって計算すると、天平六年（七三四）～弘仁九年六月十七日ということになる。また、玄賓が湯川寺に隠遁した年として大同元年（八〇六）説と弘仁五年（八一四）説があるが、その件に関して筆者は、玄賓は大同元年から弘仁五年まで大僧都位にありながら備中国で修行生活を送り、ときどき都に召還されるということが特別に認められていた可能性が高いという仮説を提示した。

「湯川寺縁起」は、本文中に「今寛文十二年」と記されていることから、寛文十二年（一六七二）に作成されたらしいことがわかる。縁起を作成したのは、寛文十二年時に湯川寺住職でもあった定光寺十世天溪恕道であった可能性が最も高いように思われる。本章で検討したように、「湯川寺縁起」の確実な出典として認められるものとしては、『発心集』第一―一（ほぼ全部）・第一―二（ほぼ全部）・第六―九（一部）と『閑居友』上―三（一部）があり、出典の可能性もあるが、原拠とみた方がよいものとしては『元亨釈書』巻第九「釈玄賓」の項があることがわかった。縁起作者は、天皇名の誤記、嵯峨天皇宸翰年月の誤記、玄賓没年の誤記などの大きな誤りを犯しているが、『元亨釈書』を原拠として作成された別の文献Xを利用したためと推定される（『元亨釈書』と縁起との間に「文献X」が介在した可能性が高い。縁起作者は『元亨釈書』玄賓伝を読んでいなかったと考えられる）。また、謡曲「三輪」も原拠として何らかの影響を与えたとみられる。縁起作者は、土地の伝説はほとんど採用せず、説話集等の文献資料をつなぎ合わせて縁起を完成させている。「湯川寺縁起」は、十七世紀の一地方における説話集および説話集所収説話の受容のされ方の一事例としても注目される。

興味深いのは、玄賓の中心的逸話として「湯川寺縁起」に引用されている「渡し守伝説」や「馬飼伝説」が、現在の湯川寺周辺部では全く伝承されていない点である。これは、北陸地方の渡し守伝説や伊賀国の馬飼伝説が他地域の話であるため、縁起が作成された頃には一時的に広まったかもしれないが、やがて忘れ去られてしまったためかと考えられる。あるいは、「湯川寺縁起」は、湯川寺の仏像内に秘蔵されていたと伝承されていることから、あまり読まれることがなかったため、縁起に引用されている渡し守伝説や馬飼伝説が広まらなかったかとも考えられる。

ところが、おもしろいことに、湯川寺の南方に位置する備中国川上郡近似《ちかのり》村（現在の岡山県高梁市落合町近似）玄賓谷の近くの高梁川の渡口《とこう》（渡し場）で、玄賓が数年間渡し守をしていたという伝承がある。この渡し守伝説に関しては、備中国浅口《あさくち》郡鴨方《かもがた》村（現在の浅口市鴨方町）に生まれた江戸中期の儒学者西山拙斎《にしやませつさい》（一七三五～一七九八）が「渡口―昔玄賓所棹舟処也／脱緇衣縛裏黄頭。独棹迷津春復秋。彼岸依稀千載後。慈航誰継旧風流」[20]という漢詩を詠んでおり、少なくとも今から二百年以上前には玄賓高梁川渡し守伝説が成立していたことがわかり注目される。これは、玄賓が北陸地方で渡し守をしたという説話（『古事談』や『発心集』等に所収）がこの地で取り込まれて成立した伝説だと推定される。この玄賓谷に関しては、『備中誌』の「川上郡近似」の項にも「玄賓谷　此等に昔し玄賓僧都住給ふと云々／枯木堂千光山松林寺　本尊観音　境内観音堂有」[21]とあるように、備中国では玄賓隠遁伝説地の一つとして知られている。

玄賓が備中国湯川寺に隠遁したことにより、後世、備中国各地に玄賓の伝説が成立することとなった[22]。やがて中世の説話集が成立し、「隠徳のひじり」としての玄賓像が広まっていった。その結果、備中国においても改めて湯川寺の玄賓が脚光を浴びることになったであろう。そのことが、「湯川寺縁起」作成の契機となったとも考えられる。

註

（1）本書備中国編第二章「備中国湯川寺における玄賓僧都伝説」参照。

（2）『新訂増補国史大系　日本紀略第二』（吉川弘文館、一九七八年）、三〇七頁。

（3）『大日本仏教全書』第一〇一冊、二四〇頁。

（4）『大日本仏教全書』第一〇四冊、一八頁。

（5）興福寺本『僧綱補任』弘仁五年の項に、大僧都の玄賓が「遁去住二備中国湯川山寺一」（『大日本仏教全書』第一二三冊、七七頁）とあり、『南都高僧伝』には玄賓が「弘仁五年甲午今年辞レ職籠二居本寺備中国誓多山寺一」（『大日本仏教全書』第一〇一冊、五一七頁、傍点筆者）とある。

（6）（7）『大日本仏教全書』第一一一冊、五七頁。

（8）『備中誌　下編』（日本文教出版、一九七二年復刻）、一四六二～一四六八頁。日本文教出版『備中誌（上編・下編）』（一九六二年再版、一九七二年復刻）は、岡山県版『備中誌』（一九〇二～〇四年初版、各郡一冊・加陽郡のみ三冊）の完全復刻版である。なお、『国書総目録』に記載されている写本「備中誌　一五冊」は、岡山県立図書館に蔵されている加（賀）陽郡の転写本十五冊のことで、『備中誌』全体の転写本ではない。

（9）『大日本仏教全書』第一〇一冊、二四〇頁。

（10）『発心集』の引用は、慶安四年刊本を底本とする三木紀人校注『方丈記　発心集』（新潮日本古典集成、新潮社、一九七六年）により、青森県立図書館蔵慶安四年刊本と大阪女子大学図書館蔵寛文十年刊本を参照した。

（11）『閑居友』の引用は、尊経閣文庫蔵本を底本とする小島孝之校注『閑居友』（『宝物集　閑居友　比良山古人霊託』

新日本古典文学大系40、岩波書店、一九九三年）によった。
(12)『類聚国史』（新訂増補国史大系）巻百八十六・仏道部十三・施物僧、三〇五頁。
(13)本書備中国編第二章「備中国湯川寺における玄賓僧都伝説」参照。
(14)『曹洞宗岡山県寺院歴住世代名鑑』（曹洞宗岡山県宗務所、一九九八年）、「定光寺」の項。
(15)『上房郡誌』（名著出版、一九七二年。私立上房郡教育会、一九一三年版の複製）、一〇六八〜一〇六九頁。
(16)(17)(18) 註(14)の『曹洞宗岡山県寺院歴住世代名鑑』「定光寺」の項。
(19)本書備中国編第二章「備中国湯川寺における玄賓僧都伝説」・第三章「岡山県新見市の玄賓僧都伝説」参照。
(20)岡山県立図書館蔵『拙斎西山先生詩鈔』（吉田治兵衛、文政一一年〈一八二八〉）、巻上、二六ウ。
(21)註(8)の『備中誌　下編』、一一七七頁。
(22)本書備中国編各章参照。

第五章　玄賓僧都伝説と四王寺の文物

はじめに

岡山県新見市哲西《てっせい》町大野部《おおのべ》一七六七番地にある伝医山四王寺《しおうじ》は、寺伝によれば、弘仁年間に玄賓が開基したとされ（弘仁九年〈八一八〉開基説がある）、永享八年（一四三六）三月中興開山宥盛によって寺運回復したという。現在は京都仁和寺《にんなじ》末の真言宗御室《おむろ》派で、本尊は薬師如来である。江戸時代末期の嘉永五年（一八五二）正月二十一日に焼失し同年中に再建したという。仁王門と仁王二体は火難を免れ、仁王像の土踏まず部に元禄十四年（一七〇一）の銘があるという。現在の本堂は、昭和五十五年十一月に再建されたものだということである。

四王寺は、江戸時代末期に火災に遭っているため、古文書類はほとんど残っていない。昭和六年に発行された『阿哲郡誌』に四王寺の略縁起が載っている。この『阿哲郡誌』「四王寺」の項に記されている内容は、伝医山四王寺は野馳村大野部にあること、真言宗御室仁和寺末であること、開基は弘仁中備北に巡錫弘法に努められた玄賓僧都と伝えられていること、古刹ではあるが何度も火災に遭ったため旧記が灰になって伝わるものが少ないこと、永享八年三月中興開山宥盛和尚により寺運回復したこと、慶長九年（一六〇四）徳川氏より寺領十石を寄贈されて法灯が盛んになったことなどである[1]。四王寺について一般的に知られているのは、この『阿哲郡誌』に記されている

四王寺

内容程度と考えてよいであろう。

本章は、備中国各地に複数存在する玄賓僧都開基伝承を持つ寺院のうち、岡山県新見市哲西町にある四王寺の歴史や文物について検討することを目的とする[2]。

Ⅰ　玄賓伝承と四王寺

何度も火災に遭っているということから四王寺には古文書類はほとんどないわけであるが、残された記録類を集めたものとみられる「当山重要記録綴」と表書きされた和綴じの冊子がある（四王寺蔵）。表紙に「大正拾年一月改之／開基千四百拾年前／当山重要記録綴／伝医山薬師院四王寺」とあることから、四王寺三十三世勝住（高志調恵・昭和十四年寂）が大正十年一月にまとめたものであることがわかる。大正十年にまとめられた新しいものではあるが、四王寺の歴史を知るためには、この「当山重要記録綴」が最も重要なものといえる。状況から判断すると、三十三世勝住が、当時四王寺に残っていた重要な文書類の内容を後世に伝えるために書写して冊子にまとめておいたものと推測される。「当山重要記録綴」以外にも三十三世勝住が書写して冊子にまとめたものが数冊ある。三十三世勝住は几帳面で筆まめな人物だったようで、三十三世勝住が残してくれた文書類を通して、四王寺の歴史がおぼろげではあるがみえてくる。

三十三世勝住が残した文書類の中に、四王寺の簡単な事由（事柄の理由や原因）をまとめたものがあるので、引用しておく（句読点・註記原田）。

四王寺の「事由」（「四王寺基本財産募集帳」所収）

岡山県備中国哲多郡野馳村大字大野部字伝医山
仁和寺末寺
真言宗古義派四王寺

一本尊薬師如来
一事由
弘仁年中玄賓僧都開基創立。再後衰徴（微カ）セシヲ
以テ永享八年三月宥盛僧正回復シ之レヲ
中興開基トス。
年号不詳、伊予守経久皈依寺領三十石。其後慶
長九年十月徳川家康公ノ当時、当国代官ヨリ
寺領拾石ニ改メラル。折紙ハ維新ノ際返上セシニ
付無之。

この文は「大正十二年五月再調／当山基本財産最近明細簿／四王寺三十三世　高志調恵」という表紙の和紙を綴じた細長い冊子と一緒に綴じてある「明治二十八年十二月／四王寺基本財産募集帳」の中に記されていることから、三十三世勝住が明治二十八年（一八九五）十二月頃にまとめたものとみられる。この文には、四王寺が岡山県備中

国哲多郡野馳村大字大野部にあること、仁和寺の末寺で真言宗古義派であること、本尊が薬師如来であること、弘仁年中（八一〇～八二四）に玄賓僧都が開基創立したこと、後に衰微したが永享八年三月宥盛僧正が中興開基したこと、伊予守経久《いよのかみつねひさ》より寺領三十石を贈られたこと、慶長九年十月徳川家康公の時に備中国代官から寺領十石に改められたこと、消息を記した文書は明治維新の際に返上したので無いことなどが記されている。

先に引用した『阿哲郡誌』に所収された四王寺の略縁起は、この「事由」の内容を簡略化したものとなっていることがわかる。『阿哲郡誌』は昭和六年に発行されていることから、この四王寺の「事由」と『阿哲郡誌』の四王寺の略縁起とは、ともに三十三世勝住が執筆したものとみられる。

三十三世勝住がまとめた文書類の中で最も重要なものと判断されるものとして「当山重要記録綴」があると先に述べたが、その最初に「玄賓開基伝承」が記されている。「当山重要記録綴」では、冒頭に「当山ハ弘仁九年六月玄賓僧都ノ開基也」と記され、続けて「元亨（亨カ）釈書抜」（『元亨釈書』の玄賓の項の写し）、「御宸書」（嵯峨天皇宸書の写し）が引用されている。

次に「当山重要記録綴」の「元亨（亨カ）釈書抜」（一オ～一ウ）の項を引用しておく（句読点を付した。誤記もそのままとした）。

元亨（亨カ）釈書抜

釈玄賓。姓ハ弓削氏。河内国人。興福寺宣教ニ随テ唯識ヲ学。一旅（族カ）道鏡ノ醜態ヲ称徳帝ニ媚ヲキミ、ヒソカニ伯州ノ山中ニ入。桓武帝不例召ニ応ズ。五十一代平城帝輦下ニ召サレ僧官ヲ賜フ。夫ヲ聞テヨリ遁テ備中湯川寺ニ入ル。五十二代差我（嵯峨）帝其行跡ヲ貴テ毎年布ヲ賜フ。

御宸書

賓上人晦跡煙雲凝思練若。春向覚花而独坐。夏蔭提樹而因眠。持戒之光能耀昏暗。護念力自済黎庶。比来炎暑禅居如何。朕機務暇不忘寤寐。地遠心近。一念則到。羅綺錦繍想在斥逐。白布一束聊備法資。願仰領、云。

復勢(哲カ)多郡ニ勅ヲ下シ賓上人在世ノ間郡ノ年貢米穀ヲ免テ鐵ヲ献セシム。

ここの『元亨釈書』の玄賓の項の写し（『元亨釈書』巻第九「釈玄賓」の項の一部のみ引用している）(3)は特に珍しいものではない。『元亨釈書』は臨済宗の僧であった虎《こ》関師《かんし》錬《れん》（一二七八～一三四六）が仏教渡来から元亨二年（一三二二）までの仏教史を漢文体で記したものである。『元亨釈書』は長年にわたってよく読まれた著作なので、「釈玄賓」の項目は、玄賓伝としては最も知られた記述といってよいであろう。

次の嵯峨天皇宸書の写しも特に珍しいものではなく、諸書によく引用されている有名なものである。また、この「当山重要記録綴」の「御宸書」の項は、原文からの引用ではなく、『元亨釈書』巻第九「釈玄賓」の宸書部分からの孫引きとなっている。この嵯峨天皇の書は弘仁七年（八一六）五月五日のものであるが、『類聚国史』に所収されている原文と比較すると、『元亨釈書』が独自に原文を改変した部分があることがわかる。例えば、原文の「白布卅端」(4)とある部分を『元亨釈書』は「白布一束」と改変している。「当山重要記録綴」の宸書の引用部分にも「白布一束」とあるので、この「当山重要記録綴」の「御宸書」の項は、明らかに『元亨釈書』巻第九「釈玄賓」の宸書部分からの孫引きであることがわかる。なお、貞享四年（一六八七）成立の『東国高僧伝《とうごくこうそうでん》』も、元禄十五年（一七〇二）成立の『本朝《ほんちょう》高僧伝』も、嵯峨天皇の宸翰部分に「白布一束」と記しており、『元亨釈書』を孫引きしている。このように、『元亨釈書』の玄賓伝は、後代の玄賓伝の規範となり、数百年間にわたって大きな影響を与え続けた。この「御宸書」の部分も含め、「年貢米穀ヲ免テ鐵ヲ献セシム」の部分まで、『元亨釈書』巻第九「釈玄賓」の項から抜き書きしたとみられる。

以上のように、「当山重要記録綴」の「元享《(亨カ)》釈書抜」部分は虎関師錬『元亨釈書』から引用したものであることがわかるわけであるが、この引用を三十三世勝住自身が行ったのか、先の代の住職が書写しておいた紙片を三十三世勝住が転写したのかはよくわからない。

「当山重要記録綴」の「元享《(亨カ)》釈書抜」の次には「当院境内四丁八反／証文地高拾石／山林三町九反八畝」（一ウ・八～一〇行）と、四王寺の土地の広さと石高についての記述がある。さらに続けて「出雲国尼子方伊予守経久皈依寺領参拾石ノ処。其以後徳川家康時当国代官小堀作介ノ時ヨリ拾石トナル。慶長九年（一六〇四）十月十五日当山旲長比丘之所縁有ヲ寄附。天正年中（一五七三～一五九二）秀吉取上タルヲ前記ノ如ク後ニ復下附寄サル、」（句読点・註記原田）と、寺領が十石となるまでの経緯が記してある。

さらに寺領の項目の次には、三種類の棟札の写しが引用してあるが、四王寺の文書箱の中に、この棟札三種の写し「棟札写三筆再興ノ記」の元になったとみられる紙片「大野部四王寺薬師堂／再興之記」があるので、この元の紙片の方を引用しておく。

大野部四王寺薬師堂／再興之記

天文元年壬辰三月

　備後国西城々主宮上総守盛親公建立

天正十二年甲申三月

　備後国西城城主宮大和守知盛公上葺／造立

万治弐年己亥六月

　上葺当国松山大殿水谷伊勢守勝鷹公／材木葺茅御寄進

右之趣御代々本堂御建立ニテ御座候。
尤本堂棟札写三枚相添指上申候。以上。
元禄十年丑／十一月日／伝医山／四王寺
御奉行所

この棟札三種は本堂（薬師堂）にあった棟札を元禄十年（一六九七）に写したもののようで、天文元年（一五三二）に備後国西城（大富山城）城主宮上総守盛親が四王寺薬師堂を建立したこと、天正十二年（一五八四）に備後国西城城主宮大和守知盛（智カ）が四王寺薬師堂の屋根を葺いたこと、万治二年（一六五九）に備中松山藩主水谷《みずのや》伊勢守勝鷹（隆）（一五九七〜一六六四）が材木と屋根を葺くための茅を寄進したことがわかる。[5] 四王寺の文書箱の中に保存されているこの元の紙片は元禄十年当時に書写したものと推定される（ただし、元禄十年時に棟札から直接文字を写した紙片そのものか、その紙片を後代さらに転写したものかは不明。少なくとも、江戸時代に書写されたものとみられる）。おそらく、四王寺三十三世勝住が大正十年一月に「当山重要記録綴」を作成した時に、焼失を免れた元の紙片を転写し、同時に元の紙片も保存しておいたものと推測される。このことから、「当山重要記録綴」には原拠となった古文書類が存在していた可能性を想定しておく必要があると考えられる。

Ⅱ　四王寺の「当山世代年譜」

「当山重要記録綴」の二丁裏から三丁表にかけて「当山世代年譜」という項目があり、それに一世玄賓以降三十四世勝恵（昭和三十四年寂）までの世代年譜が寂年とともに記してある（三十三世勝住と三十四世勝恵は後の補筆とみられる）。興味深い内容なので、次に「当山世代年譜」の全文を引用しておく（引用に際し、僧名の右側に付された世代を示す漢数字を僧名の前に移動し、寂年を示す和年号のあとに（ ）で西暦年を補い、［ ］内には先代住職寂年から次代住職寂年までの年数を計算して付した。また、誤記とみられる部分に「＊」、注意を要する部分に「※」の印を付した）。

当山世代年譜

一　玄賓僧都　弘仁九年（八一八）六月開基
二　玄仁　嘉祥二年（八四九）三月十日［三一年間］
三　玄義　元慶二年（八七八）四月二十五日［二九年間］
四　玉奘　延喜十六年（九一六）八月六日［三八年間］
五　玉瑞　天徳元年（九五七）五月十日［四一年間］
六　慈照　寛和二年（九八六）二月六日［二九年間］
七　玄道　長和三年（一〇一四）十二月六日［二八年間］
八　玉道　長久元年（一〇四〇）二月五日［二六年間］
九　宥仁　治暦四年（一〇六八）十月十七日［二八年間］
一〇調仁　承保二年（一〇七五）五月三日［七年間］
一一明恵　天仁二年（一一〇九）六月七日［三四年間］
一二明照　大治四年（一一二九）九月十一日［二〇年間］
一三霊長　年代不明
一四宥盛　永享十二年（一四四〇）三月［※三一一年間］

一五秀尊　延徳二年（一四九〇）七月七日［五〇年間］
一六秀快　天文三年（一五三四）八月十日［四四年間］
一七深教　永禄二年（一五五九）六月十五日［二五年間］
一八朝盛　元亀元年（一五七〇）十月三日［一一年間］
一九空識　天正十年（一五八二）八月十九日［一二年間］
二〇良尊　元和二年（一六一六）六月二十三日［三四年間］
二一弘意　＊寛永十三年（一六三六）八月六日［二〇年間］
二二炅（咸カ）盛　明暦元年（一六五五）九月七日［一九年間］
二三盛意　元禄六年（一六九三）十月一日［三八年間］
二四盛信（應カ）　年不詳六月七日［※盛應は享保十年（一七二五）時生存］
二五智粲（璨カ）　寛永（＊延）二年（一七四九）七月十九日［※二代五六年間］
二六智秀　安永五年（一七七六）中興開山［二七年間］
二七宥智　天明四年（一七八四）十二月十三（二十三カ）日［八年間］
二八秀山　享和二年（一八〇二）九月二十八日［一八年間］
施主田川内鍛冶屋牧野是
右エ門秀山両親菩提為鋳物
師矢戸渡辺清蔵
政氏畑木村比知屋道安ノ子是右エ門

白根長右エ門願主寛政三年
辛亥（一七九一）四月吉梵鐘記

二九快心　文政二己卯年（一八一九）八月二十日［一七年間］

三〇快道　文政四年辛巳（一八二一）十一月十一日［三年間］

三一顕幢　嘉永五年（一八五二）十一月二十一日［三一年間］
同年正月二十一日寺炎上
此年本堂再建
大正十年（一九二一）迄七十年

三二高中（沖カ）文久三年（一八六三）四月四日［一一年間］

三三勝住　当山中興　昭和十四年（一九三九）三月一日［※七六年間］

三四勝恵　昭和三十四年（一九五九）九月九日［二〇年間］

（※三十三世勝住と三十四世勝恵は後の補筆か）

また、この「当山世代年譜」の近年の補筆部分以降から現在に至る部分をまとめると、次のようになる。

近年の住職名

三三勝住（高志調恵）当山中興　昭和十四年三月一日

三四勝恵（高志大晃）昭和三十四年九月九日

三五法梁（高志俊浄）平成四年（一九九二）六月七日［三三年間］

三六宥正（吉田宥正）現在

玄賓が亡くなったのは千二百年も前のことであることに加え、書写年代が大正十年であること、関連史料がないことなどから、「当山世代年譜」を見た当初、筆者はその内容の信憑性に疑問を持ち、詳細な検討を控えていた。しかし、今回改めて検討してみると、極めて興味深い内容を多く含んでいることに気づいた。この内容がどこまで事実を反映しているのかは不明であるが、わかる範囲で検討してみることにしたい。

「当山世代年譜」には四王寺は玄賓が弘仁九年六月に開基したと記されている。玄賓が亡くなったのは弘仁九年六月十七日のことであるから、これが事実であるとすれば、玄賓が最晩年に開基した寺院ということになる。しかし、関連資料がないため詳細は不明である。

この「当山世代年譜」で興味深いのは、玄賓以降、三十四世勝恵までの寂年が記されている点である。先代から次代に至るまでの年数を計算してみると、面白いことがわかってきた。

初代玄賓の寂年である弘仁九年から二世玄仁の寂年嘉祥二年（八四九）までを計算すると［三一年間］になる。以降、二世から三世玄義まで［二九年間］、三世から四世玉奘まで［三八年間］、四世から五世玉瑞まで［四一年間］、五世から六世慈照まで［二九年間］、六世から七世玄道まで［二八年間］、七世から八世玉道まで［二六年間］、八世から九世宥仁まで［二八年間］、九世から十世調仁まで［七年間］、十世から十一世明恵まで［三四年間］、十一世から十二世明照まで［二〇年間］となる。これらの僧侶が実在していたのかどうかは関連史料がないため確認することができないが、一人の僧侶の在任可能年数から考えると、少なくとも整合性を持った年数分布となっていることが確認される。

興味深いのは、十二世以降の年数である。十二世明照の次は十三世霊長であるが寂年が「年代不明」となっているため、十二世明照の次に年号が記されているのは十四世宥盛の永享十二年（一四四〇）ということになり、十二世明照から十四世宥盛までの年数を計算すると［三一一年間］となる。寺伝では十四世宥盛は永享八年（一四三六）三月に四王寺を中興したとされているから、十二世明照が寂した年から永享八年までの期間は三〇七年間となる。十三世霊長が何年に寂したのかは不明であるが、少なくとも十二世明照から十四世宥盛による中興までの間に三百年もの中絶期間があったことがうかがえる。十四世宥盛は四王寺の「中興開山」とされているわけであるが、長期間中絶していた四王寺を文字通り「中興」した人物であったことがわかる。

十四世宥盛が寂した永享十二年前後は、備中国の玄賓関連寺院群にとっては重要な意味を持つ時期の一つだったようである。玄賓開基伝承のある巨龍山定光寺《じょうこうじ》（岡山県高梁市中井町西方）は、寺伝によれば、大同年間（八〇六～八一〇）に玄賓が開基したとされ、嘉吉年間（一四四一～一四四四）に永祥寺《えいしょうじ》五世夢菴宗春《むあんそうしゅん》により再興されて現在に至るという。もとは法相宗であったというが今は曹洞宗で、岡山県井原《いばら》市の永祥寺の末寺となっている。永享八年の四王寺再興時期と嘉吉年間の定光寺再興時期は極めて近い。あるいは、四王寺が永享八年に十四世宥盛により再興されたことがきっかけの一つとなり、定光寺が嘉吉年間に再興されることになった可能性もあるように思われ、興味深いものがある。

なお、高梁市中井町にある定光寺と新見市土橋にある湯川寺《とうせんじ》との関係は深く、定光寺七世白贇全長《びゃくおんぜんちょう》が寂れていた湯川寺を元和年間（一六一五～一六二四）に再興したとされ、以後、今日に至るまで定光寺住職が湯川寺住職を兼務しているという（定光寺と湯川寺間の距離は約六キロ）。白贇全長は元和二年（一六一六）に寂していることから、湯川寺再興は元和元～二年頃のことであったと推定される。玄賓が確実に滞在していたことで全国的に知られる湯川寺でさえ長期間中絶していた時期があったことがわかる。

十四世宥盛の四王寺中興以降の先代から次代に至るまでの年数は、十四世から十五世秀尊まで［五〇年間］、十五世から十六世秀快まで［四四年間］、十六世から十七世深教まで［一二五年間］、十七世から十八世朝盛まで［一一年間］、十八世から十九世空識まで［一二年間］、十九世から二十世良尊まで［三四年間］、二十世から二十一世弘意まで［二〇年間］、二十一世から二十二世炅盛まで［一九年間］、二十二世から二十三世盛《（咸カ）》意まで［三八年間］となる。この期間（十四世から二十三世）に関しても、整合性を持った年数分布となっていると判断してよいであろう（十四世宥盛から十五世秀尊までの［五〇年間］がやや長いが、若年時に継いだとすると不可能な在任期間とまではいえない）。なお、二十一世弘意は位牌では「明暦二（一六五六）丙申年八月三日」とあった。二十一世が二十二世寂年の翌年に亡くなったことになってしまうため、何らかの混乱があるとみられる。また、二十三世は位牌では「咸意」と記されていた。

次の二十四世盛信《（應カ）》の項目では「年不詳六月七日」と記されて寂年が「不詳」となっているが、この二十四世盛信の名前は、正しくは「盛應」であった可能性がある。かつて四王寺の末寺であった観音寺《かんのんじ》（新見市哲多町南北《なぎた》）に保存されている棟札の一つに「享保十」（一七二五）年の年号と「供養導師本願主」として「四王寺住法印盛應大和尚位」の名前が記されている。このことから、二十四世盛信は正しくは「盛應」で、享保十年時には生存していたらしいことがわかってきた。次の二十五世智粲の項目には「寛永二年七月十九日」と記されているが、二十五世が寛永二年（一六二五）に亡くなったとすると時代をさかのぼることになって明らかにおかしい。そこで、四王寺に保存されている二十五世智粲の位牌を確認すると「寛延二年」（一七四九）と記されていることから、「寛永」は「寛延」の誤記であることがわかった。二十四世の寂年が不詳なので二十三世から二十五世までの二代間の年数を計算すると［五六年間］となる（ただし、二十四世「盛應」の生存が確認できる「享保十」年で仮に計算すると、二十三世から二十五世までの二代間［五六年間］は、二十三世から二十四世までの［三二年間］と二十四世から二十五世までの

「二四年間」に分けることができる）。二十五世は位牌では「智璨」とあった。

次の二十五世から二十六世智秀までは「二七年間」となる。二十六世智秀の項目に「安永五年中興開山」とあることから、二十六世智秀が四王寺の発展につくした人物であったことがうかがえる。以降、二十六世から二十七世宥智まで「八年間」、二十七世から二十八世秀山まで「一八年間」（二十七世の寂日は位牌では「十二月廿三日」とあった）、二十八世から二十九世快心まで「一七年間」、二十九世から三十世快道まで「二年間」、三十世から三十一世顕幢まで「三一年間」、三十一世から三十二世高中《（冲カ）》まで「一一年間」、三十二世から三十三世勝住まで「七六年間」、三十三世から三十四世勝恵まで「二〇年間」となる。この期間（二十四世から三十四世）に関しても、整合性を持った年数分布となっていると判断してよいであろう。ただし、三十二世から三十三世勝住までの「七六年間」は長いので、三十三世勝住の前に住職不在の時期があったらしいことがわかる。このことに関して、四王寺の古文書類を納めてある木箱の蓋の表書きに「慶應四年辰八月相改／諸書類入／伝医山四王寺法印／全雅代」とあることから、慶応四年（一八六八）時点に全雅という人物が住職の代理を務めていたらしいことがうかがえる（おそらく、三十三世勝住が正式に四王寺住職となる前にこの全雅が代理を務めていたのであろう）。先にも述べたように、この「当山世代年譜」が所収されている「当山重要記録綴」は四王寺三十三世勝住が大正十年一月にまとめたものであるから、最後の三十三世と三十四世の部分は明らかに後代に補筆されたものである。

この「当山世代年譜」からは、四王寺の歴史について種々の情報を読み取ることができる。二十八世秀山の項には、かつて四王寺にあった梵鐘に記されていたと推定される「梵鐘記」が残されている。二十八世秀山の項にある「施主、田川内鍛冶屋牧野是右エ門、秀山。両親菩提為。鋳物師、矢戸渡辺清蔵政氏。畑木村比知屋道安ノ子是右エ門、白根長右エ門、願主。寛政三年辛亥四月吉。梵鐘記」（句読点・註記原田）がそれである。この梵鐘記から、四王寺の梵鐘は、二十八世秀山が四王寺住職在任中の寛政三年辛亥（一七九一）四月吉日に鋳造されたものであったことがわかる。施主は田川内鍛冶屋牧野是右エ門と秀山で、両親の菩提のために鋳造したようである。施主の牧野是右エ門と二十八世秀山は兄弟だったのであろう。鋳物師は矢戸渡辺清蔵政氏で、願主は畑木村比知屋道安ノ子是右エ門と白根長右エ門とある。その後、二十八世秀山は享和二年（一八〇二）九月二十八日に亡くなっている。

寛政三年四月に鋳造された四王寺の梵鐘は近年まであったが、第二次世界大戦中に供出したそうである。四王寺の梵鐘を供出した時のものと思われる写真が四王寺に残っているが、この「当山世代年譜」に梵鐘記佚文《いつぶん》が残されていたことで、梵鐘鋳造の由来が明らかになった。

「当山世代年譜」の三十一世顕幢の項に、嘉永五年（一八五二）正月二十一日に寺が炎上したが、この年のうちに本堂を再建したことが記されている。古刹として知られていた寺院であることから、火災に遭っていなければ、多数の貴重な史料が伝えられていたものと推定され、極めて残念なことである。そして、再建に奔走した三十一世顕幢は同じ年の十一月二十一日に亡くなったことがわかる。火災による心労と再建するために奔走した過労が死期を早めたかとも推測される。

江戸時代末期の嘉永七年（一八五四）に版行された「備中国巡覧大絵図」には、「大野部」の所に「四王寺」と記してあり、絵図の右上に枠で囲んである「古刹」の項にも「四王寺　哲多郡／大野辺（ママ）村」とある。[6] このことから、江戸時代末期には四王寺は数少ない「古刹」の一つと認識されていたことがわかる。

これまでみてきたように、「当山世代年譜」の記述は、四王寺の歴史を忠実に記したものらしいことがわかってきた。特に興味深いのが、初代玄賓から十二世明照までの歴代住職の名前と寂年の記述である。中興開山十四世宥盛が再興するまで三百年もの中断期間があったという点も、注目される。現時点では他史料で確認することはできないが、何らかの史料により二世玄仁から十二世明照までの僧名が確認される可能性も否定できないように思われる。後考を俟《ま》ちたい。

Ⅲ 四王寺の大般若経

嘉永五年（一八五二）正月に火災に遭ったため、四王寺にはあまり文物が残っていないが、焼失を免れたものの一つに『大般若経《だいはんにゃきょう》』全六百巻がある。

『大般若経』は、正しくは『大般若波羅蜜多経《だいはんにゃはらみったきょう》』といい、玄奘三蔵《げんじょうさんぞう》（六〇〇または六〇二～六六四）がその最晩年に完訳したものである。般若経典群を集大成したもので、般若（智慧）の立場から一切の存在はすべて空《くう》であるという空観思想を説いている。

四王寺に所蔵されている『大般若経』を調査したところ（二〇〇八年十二月に実施）、種々の興味深い点がわかってきた。四王寺の『大般若経』は六つの木箱の中に納められている。経典の奥書から、黄檗《おうばく》宗の鉄眼道光《てつげんどうこう》（一六三〇～一六八二）によって刊行された鉄眼版（または黄檗版）と呼ばれる版本であることがわかった。鉄眼道光は江戸時代前期の黄檗宗の僧で、十数年かけて全国に勧進して大蔵経六九五六巻の覆刻《ふっこく》をなしとげたことで知られる。鉄眼は開版事業のほか、飢饉救済や寺院創建にも尽力した。鉄眼版大蔵経は明《みん》国の万暦版《まんれきばん》大蔵経の覆刻であるが、鉄眼版大蔵経の版木四万八二七五枚（重文）は京都府宇治市にある萬福寺宝蔵院に現存している。[7]

先に四王寺蔵『大般若経』は六つの木箱の中に納められていることを述べたが、調査時には順番がばらばらであったため、全六百巻がすべてそろっているのか、欠巻が何巻あるのかがわからなかった。そのため、本堂にすべて出して順番に並べながら奥書を調査した。その結果、欠巻と重複巻があること、奥書に筆で書き込みがある巻があることがわかった。以下に具体的な巻数を示しておく。

本体現存本の欠巻……二〇一～二〇三、二〇六、二四〇、二五一、二七一、二九一、三〇一、三四二、三六一、三九一の各巻計十二冊。

重複巻……八一～九〇、四五一～五〇〇の各巻計六十冊。

本体現存本で書き込みがある巻……一、二八一～二九〇、三一一～三二〇、三六三、三六四、三六六～三七〇、五二一～五三〇の各巻計三十八冊。

重複巻で書き込みがある巻……八一～九〇、四七一～四七三、四七五～四七八、四八〇の各巻計十八冊。

以上の結果を簡単にまとめると、次のようになる。

1、全六百巻のうち十二冊が欠巻で五百八十八冊現存。

2、別の時期に追加購入したと推定される重複巻が六十冊現存。

3、本体現存本と追加購入重複本を合わせると六百四十八冊現存。

4、本体現存本で書き込みがある巻は三十八冊。

5、追加購入重複本で書き込みがある巻は十八冊。

この四王寺蔵『大般若経』がどういう事情でいつから四王寺に所蔵されているかが不明のため巻末の書き込みを調査したわけであるが、巻末の書き込みの中に『大般若経』伝来の事情を記したものは見当たらなかった。

四王寺蔵『大般若経』について、四王寺に所蔵されている文書類を精査した結果、二つの記述を見出した。一つ目は、表紙に「明治廿八年十二月／四王寺基本財産募集帳」と記された和紙を綴じた冊子の中にある記述である。

四王寺の大般若経

大般若経が入った箪笥六つ

冊子中の「四王寺什器帳」の中にある「第四項経巻之部」という項目に「大般若経　六百巻／但し施主年代未詳」とある。なお、この冊子は「大正十二年五月再調／当山基本財産最近明細簿／四王寺三十三世　高志調恵」という表紙の和紙を綴じた細長い冊子と一緒に綴じてあることから、三十三世勝住が明治二十八年（一八九五）十二月に四王寺の基本財産について調査し、その結果をまとめたものとみられる。

二つ目は、先にみた、三十三世勝住編「当山重要記録綴」（大正十年一月）の四丁表に記載されている次のような記述である。

大般若経購求ノ領収証写（「当山重要記録綴」所収）

票

一、大般若経帙入全部

請銀壱貫七百七拾目（匁）
弐百八拾八匁　右御経百巻箪子（笥カ）六ツ代外箱代共
三十六匁　荷作代
合銀弐貫九拾四匁
右御経相渡請銀即時収領仍証焉
黄檗山宝蔵院
安永四年乙未十月二日　一切経印房［印］
右者当寺大般若経購求ノ領収証写也
大正十年ヨリ百四拾七年前也

四王寺文書の中に見出すことができた『大般若経』についての記述は、二つとも三十三世勝住が書き残したものであった。この二つの記述内容から、三十三世勝住は明治二十八年十二月時点の調査で「大般若経　六百巻／但し施主年代未詳」と結論付けていたが、その後の調査で黄檗山宝蔵院が発行した「大般若経購求ノ領収証」を発見し、大正十年一月にまとめた「当山重要記録綴」にそれを転写したらしいことがわかる。

「大般若経購求ノ領収証写」の記述によると、安永四年（一七七五）十月二日に黄檗山宝蔵院から直接『大般若経』六百巻を銀で購入し、その日のうちに領収の「票」を発行してもらったことがわかる。黄檗山宝蔵院に支払った代金の明細は、銀一貫七百七十匁（『大般若経』六百巻帙入全部の代金）＋銀二百八十八匁（お経が百巻入る箪笥六つと外箱の代金）＋銀三十六匁（荷作代）で、合計銀二貫九十四匁であったようである。この領収票が大正十年一月の時点では四王寺にあったとみられるが、残念なことに現在の四王寺文書の中には見当たらない。この領収票の写しにより、四王寺に現存している『大般若経』六百巻およびお経が百巻ずつ入れられた箪笥六つは、安永四年に京都の宝蔵院から購入したものであることがわかった。

安永四年十月二日時点の四王寺住職は二十六世智秀であったようである。二十六世智秀は安永五年（一七七六）に亡くなっていることから、智秀は自身が亡くなる前年に銀二貫九十四匁も支払って『大般若経』六百巻を四王寺のために購入する事業を行ったことがわかる。『大般若経』全巻購入費用に加え、万福寺宝蔵院（京都府宇治市）から四王寺まで、黄檗版『大般若経』全六百巻を運ぶ費用も必要であることから、黄檗版『大般若経』購入事業の総額はかなりのものになったと推測される。「当山世代年譜」の二十六世智秀の項には「中興開山」と記されているわけであるが、黄檗版『大般若経』全六百巻を四王寺のために購入するなど、智秀が四王寺の発展のために尽くした人物であったことがうかがえる。

四王寺蔵『大般若経』の巻末にある書き込みの年号は、以下の五種類であった。

1、万延二年（一八六二）酉三月……一、八一～九〇、二八一～二八三、三一一～三二〇、五二一～五三〇の三十四巻。

2、文久元年（一八六二）辛酉水無月（六月）……四八〇の一巻。

3、文久元年　　　　　　辛酉十二月五日……四七二の一巻。

4、文久二年（一八六二）戌四月……三六六の一巻。

5、元治二年（一八六五）乙丑五月……四七五～四七八の四巻。

このほか、年号未記入のものとして、三六三、三六四、三六七～三七〇、四七一、四七三の八巻があったが、これら五種類の年号のどれかの時期に記されたものとみられる。なお、年号未記入のものは、「当村／名和藤之助」

（二八四巻の書き込み）など、名前のみ記されたものが多い。

これらの書き込みの年号の大半は万延二年酉三月から文久二年戌四月に記されたもので、ほとんどが万延二年酉三月に記されたものであることがわかる（万延二年は、途中の二月十九日から「文久」に年号が変わった。万延二年酉三月は、正確には文久元年酉三月）。万延二年酉三月の年号がある書き込みには「為大慈真光居士／万延二年酉三月／当邑施主／森木安五郎」（一巻）、「為真月浄本信士／万延二年酉三月／施主／上神代邑／桑本／和三郎」（二八一巻）、「万延二年酉三月／施主／下大野邉《部》邑／奥津定九郎」（五二二巻）、「万延二年酉三月／南北／熊二郎」（五二四巻）などと書かれている。このことから、四王寺の檀家の人たちがそれぞれの先祖を供養するために書き込みを行ったものであることがわかる。おそらく、寄付した人たちの名前を『大般若経』の巻末に書き込んだのであろう。

書き込みにみえる地名としては、「上神代邑／桑本」（二八一巻）、「下大野部村」（三一一巻）、「当邑信藤」（三一六巻）、「南北」（三二〇巻）、「青木」（三六三巻）、「青木／上中屋」（四七七巻）、「蚊家村」（三六六巻）、「蚊家村田川内」（四七六巻）、「下大野邉《部》邑」（五二二巻）、「畑木邑」（八七巻）、「八鳥邑」（九〇巻）、「大竹村」（四七二巻）、などがある。

万延二年から文久二年の四王寺住職は三十二世高冲であることから、これらの供養を行ったのは高冲であったと推定される。ただ、三十二世高冲は文久三年（一八六三）四月四日に亡くなっているため、最も年号が新しい「元治二年乙丑五月」（四七五〜四七八の四巻）の書き込みがなされた時の住職がよくわからない。三十三世勝住（高志調恵）は安政三年（一八五六）三月八日生まれであるため、「元治二年」時はわずか九歳で、まだ四王寺住職になっていない。先に、四王寺の古文書類を納めてある木箱の蓋の表書きに「慶應四年辰八月相改／諸書類入／伝医山四王寺法印／全雅代」とあることから、慶応四年（一八六八）時点に全雅という人物が住職の代理を務めていたらしいことがうかがえ、三十三世勝住が正式に四王寺住職となる前にはこの全雅という人物が住職の代理を務めていたとみられる点を述べたが、おそらくその全雅が「元治二年」の時の供養を行ったものかと思われる。

四王寺蔵『大般若経』の重複巻の問題であるが、重複巻は八一～九〇、四五一～五〇〇の各巻計六十冊であることから、安永四年（一七七五）に京都の宝蔵院から六百巻揃いを購入した後、何らかの目的で追加購入したものかと思われる。嘉永五年（一八五二）の四王寺再建と時期が近いことから、寄付を集めるために新たに『大般若経』の一部を追加購入し、巻末に先祖供養とからめて寄付者氏名の書き込みを行ったかとも推測されるが、詳細は不明である。黄檗版『大般若経』は十冊が一つの帙《ちつ》に入れられているので、八一～九〇の十冊一帙、四五一～五〇〇の五十冊五帙の計六十冊六帙を追加購入したのであろう。追加購入の時期は、安永四年以降から万延二年以前までであることは確かであるが、巻末にある書き込みが最初に行われた万延二年あたりが妥当のように思われる。

Ⅳ　四王寺の文物と末寺

四王寺の文物のうち、焼失を免れたものとしては、仁王門、仁王二体、薬師如来坐像、両界曼荼羅図《りょうがいまんだらず》二幅などがあり、これらは昭和五十三年九月十一日に旧哲西町文化財に指定された(8)。仁王像の土踏まず部には元禄十四年（一七〇一）の銘があるといわれており、本尊の薬師如来坐像は伝運慶とされている。

四王寺の両界曼荼羅図二幅は、寺伝によると元禄時代（一六八八～一七〇四）のものともいうが、未詳である。四王寺の両界曼荼羅図二幅について四王寺に所蔵されている文書類を調べたところ、四王寺蔵「明治廿八年十二月／四王寺基本財産募集帳」に記述があった。この冊子の「四王寺什器帳」の中にある「第弐項仏画之部」という項

哲多観音寺跡

目に「両界曼荼羅／弐幅／但年代筆者寄附主共未詳」とあり、その次に「両界敷万茶羅（ママ）／弐幅／但　同」とある。この冊子は三十三世勝住が明治二十八年（一八九五）十二月に四王寺の基本財産を調べた時のものとみられるわけであるが、この時点では、四王寺に「両界曼荼羅／弐幅」と「両界敷万茶羅（ママ）／弐幅」の二組の曼荼羅があったらしいことがわかる。二組の曼荼羅の項目にはともに「但年代筆者寄附主共未詳」とあるから、三十三世勝住もそれらが四王寺にもたらされた由来を聞いていなかったことがわかる。

二組の曼荼羅のうち、「両界曼荼羅／弐幅」の方は現在四王寺にある両界曼荼羅図二幅とみられるが、もう一方の「両界敷万茶羅（ママ）／弐幅」は四王寺に現存していない。明治二十八年十二月以降に所在不明になったとみられる。敷曼荼羅は密教で行う灌頂《かんじょう》の時に壇上に敷く曼荼羅である（灌頂は重要な儀式で、流派によって法式に差異がある）。明治二十八年時には四王寺に敷曼荼羅があったという記述は、伝来や利用実態の問題の点からも興味深いものがある。

現在四王寺にある両界曼荼羅図二幅について、田村隆照氏は「写真資料を送って頂いた岡山県哲西町にある、仁和寺末の四王寺の両部曼荼羅のうち、金剛界大曼荼羅は、大覚寺の曼荼羅よりさらに大きい法量（縦二〇〇センチ×横一九三センチ）であり、観想ばかりでなく、大曼荼羅供用の曼荼羅として作られたことも想定される[9]」、「彩色をはじめ画面構成は大覚寺本に近似し、その大きさはそれを越えるもので、実見していないが、恐らくこの系統の曼荼羅では最も大きいものではないかと思われる[10]」などと述べ、大覚寺蔵両部（両界）曼荼羅の系統と推定している。

なお、四王寺蔵両界曼荼羅図二幅は、経年による破損がひどかったが、近年補修を終えた。

四王寺の末寺としては、大円寺（哲西町八鳥）、安福寺（哲西町八鳥）、観音寺（哲多町南北）、湯泉寺（哲多町青木）などがあったというが、昭和の初期から中期頃までに廃寺になったという。新見市哲多町南北《なぎた》には観音寺跡が現存している。現在は無住で小さなお堂があるのみであるが、お堂の中に保存されている棟札の一つに「天長地久　郷内安全　于時享保十乙巳曆　施主南北大小家惣氏子中／奉再建立備中国哲多郡田淵村南北之郷光月山観音寺一宇成就所供養導師本願主四王寺住法印盛應大和尚位／御願圓満　請人快楽　卯月吉祥日　大工備後東城住　森川甚助幷小工等」と記されたものがあった。この棟札は、享保十年（一七二五）に光月山観音寺を再建立した時のもので、四王寺二十四世「盛應」が本願主として供養導師をつとめたことがわかる（この棟札の存在により四王寺二十四世「盛信」は「盛應」の誤りらしいことがわかったことについてはすでに述べた）。享保十年に再建立された観音寺は、その後、昭和七年に改築され、昭和三十九年に不要部分を取り壊して現在のような小さなお堂としたそうである。

観音寺での調査において、近くに居住されている方のお宅で話をうかがった際、ご先祖が四王寺に寄付した時の文書を見せてもらった。それには安政三年（一八五六）十月に銀三百匁を寄付したことが記されており、署名は四王寺三十二世高冲が書いていた。安政三年は、四王寺が火災に遭って本堂を再建した嘉永五年（一八五二）から四年後である。本堂再建事業により四王寺は財政的に逼迫していたと推定されるので、四王寺末寺観音寺のあった南北地区からも寄付がなされたとみてよいであろう。

明治維新後の混乱期に四王寺も廃絶の危機を迎えたようであるが、当時の檀家の人たちの尽力で廃寺の危機を免れたという（四王寺蔵「当山重要記録綴」）。一寺院が長期間にわたって存続するためには、災害を乗り越え、経済危機を乗り越え、社会情勢の変化による危機を乗り越えてゆく必要がある。多数の人々の援助と歴代の住職の努力により伝統が守られてゆくものであることを、四王寺の歴史を調べる中で改めて知ることができた。

結語

以上で、玄賓僧都開基伝説を持つ岡山県新見市哲西町にある四王寺の歴史や文物にまつわる問題についての筆者なりの考察を終えることとする。四王寺は備中国湯川寺を中心とする「玄賓隠遁地伝承圏」に属する寺院ととらえてよいであろう。

『類聚国史』弘仁七年（八一六）八月二十日の項に「玄賓法師住備中国哲多郡」（『新訂増補国史大系』）と記されているように、玄賓僧都は確実に備中国哲多郡に滞在していた。岡山県新見市哲西町大野部にある四王寺は、玄賓開基伝承を持つ備中国哲多郡内にある数少ない寺院の一つとして注目されるわけであるが、残念なことに何度も火災に遭っているため、旧記がほとんど伝わっていない。今回、四王寺に残っている文書類を精査したところ、興味深い点がいくつか明らかになってきた。

四王寺の歴史を考察するうえで最も参考になったのが、三十三世勝住（高志調恵）が明治期から大正期にかけてまとめた筆書きの冊子類であった。勝住は青年期に高野山で学んだ経験を持つようで、その時期に書き残したノート類が四王寺に残されている。四王寺に残された文書類から、勝住が几帳面で筆まめな人物だったことがうかがえる。勝住が大正十年（一九二一）にまとめた「当山重要記録綴」の中に「当山世代年譜」という項目があり、それに一世玄賓以降三十四世勝恵（昭和三十四年寂）までの世代年譜が寂年とともに記してあった（三十三世勝住と三十四世勝恵は後の補筆）。種々検討した結果、「当山世代年譜」の記述は、四王寺の歴史を忠実に記したものらしいことがわかってきた。

「当山世代年譜」の中で興味深い点としては、初代玄賓から十二世明照までの歴代住職の名前と寂年の記述がある点、中興開山十四世宥盛が再興するまで三百年もの中断期間があったという点、第二次世界大戦中に供出した四王寺の梵鐘に記されていたと推定される梵鐘記佚文《いつぶん》が二十八世秀山の項目に残されており寛政三年（一七九一）に鋳造されたらしいことがわかった点、嘉永五年正月二十一日に寺が炎上して同年中に本堂を再建したが三十一世顕幢は同年十一月二十一日に亡くなった点などである。

四王寺には木箱六つに入れられた『大般若経』六百巻が所蔵されている。これまでその伝来の事情が不明であったが、今回の調査で種々のことがわかってきた。経典の奥書から四王寺の『大般若経』は鉄眼版《てつげんばん》（または黄檗《おうばく》版）と呼ばれる版本とわかったこと、「大般若経購求ノ領収証写」の内容から安永四年（一七七五）十月二日に黄檗山宝蔵院から銀二貫九十四匁で購入したこと、四王寺蔵『大般若経』の巻末にある書き込みの年号は五種類あり大半は万延二年（文久元、一八六一）酉三月に記されたものであること、書き込みにみえる地名としては「上神代邑／桑本」「下大野部村」「当邑信藤」「南北」「青木」「青木／上中屋」「蚊家村」「蚊家村田川内」「下大野邉(部)邑」「畑木邑」「八鳥邑」「大竹村」などがあること、四王寺の檀家の人たちがそれぞれの先祖を供養するために寄付と書き込みを行ったものとみられることなどである。

また、四王寺に所蔵されている両界曼荼羅図二幅や四王寺の末寺観音寺（新見市哲多町南北）のことにもふれた。

玄賓僧都開基伝承を持つ古刹四王寺の歴史や文物にまつわる種々の問題を検討することで、備中国内の「玄賓隠遁地伝承圏」の問題のみならず、備中国哲多郡内の一寺院の歴史や地域とのつながりの問題など、多くのことがわかってきた。

註

(1)『阿哲郡誌　下巻』(阿哲郡教育会、一九三一年)、七三四頁。
(2)岡山県新見市哲西町にある四王寺での主な調査は、平成十四年(二〇〇二)、平成二十年(二〇〇八)、平成二十一年(二〇〇九)に行い、適宜補足調査を行った。
(3)『大日本仏教全書』第一〇一冊、二四〇頁。
(4)『類聚国史』(新訂増補国史大系)巻百八十六・仏道部十三・施物僧、三〇五頁。
(5)久代宮氏については「備後奴可郡久大記」(『比婆郡郷土軍記』比婆郡自治教育会、一九二六年)、水野勝隆については『岡山県大百科事典　下巻』(山陽新聞社、一九八〇年)「水野勝隆」・「水谷氏」の項参照。
(6)新見市御殿町センター蔵「備中国巡覧大絵図」によった。
(7)古田紹欽他監修『仏教大事典』(小学館、一九八八年)「黄檗版大蔵経」の項。
(8)『哲西の文化財』(哲西町教育委員会、一九八〇年)。
(9)田村隆照「金剛界大曼荼羅の周辺　大覚寺所蔵　観想曼荼羅をめぐって」(「宗報大覚寺々報」五〇六号、一九九九年。
(10)田村隆照「曼荼羅　表現と観想に関する提案　その後」(「高野山時報」、一九九九年七月二十一日号)。

第六章　高梁市中井町の玄賓僧都伝説

——定光寺・光林寺・柴倉神社——

はじめに

玄賓が確実に滞在していたとみられる湯川寺（岡山県新見《にいみ》市土橋寺内二二五五番地）周辺で調査すると、多数の興味深い伝説が伝承されていた。現在、湯川寺は無住の寺であり、高梁《たかはし》市中井町西方《にしかた》にある定光寺《じょうこうじ》の末寺となっている。湯川寺の南方約六キロに位置する中井町西方には、玄賓開基伝承を持つ複数の寺社があるが、湯川寺との距離の近さがこれらの寺社の成立に関係しているように思われる。

本章では、岡山県における玄賓僧都伝説のうち、高梁市中井町の伝説について検討することを目的とする[1]。

Ⅰ　西方の定光寺

岡山県高梁市中井町西方三七四番地にある巨龍山定光寺は、寺伝によれば、大同年間（八〇六〜八一〇）に玄賓が開基したとされ、嘉吉年間（一四四一〜一四四四）に夢菴宗春《むあんそうしゅん》により再興されて現在に至るという。もとは法相宗であったというが今は曹洞宗で、岡山県井原《いばら》市の永祥寺《えいしょうじ》の末寺となっている。本尊は地蔵菩薩である。

まず湯川寺とのかかわりについてみてみることにする。定光寺と湯川寺との関係は深く、定光寺七世白贇全長《びゃくおんぜんちょう》が寂れていた湯川寺を元和年間に再興したとされ、以後、今日に至るまで定光寺住職が湯川寺住職を兼務しているという。白贇全長は元和二年（一六一六）に寂していることから、[2]湯川寺再興は元和元〜二年頃のことであったと推定される。かつて湯川寺周辺での調査中、「寺の由緒を書いた巻物」が湯川寺堂内の首が抜ける仏像の中に納めてあり、それが昭和の初期頃まではあったが現在は所在不明という話を聞いた。その後、『備中誌』に「湯川寺縁起」が収載されていることに気付き、内容を検討した結果、湯川寺の「由緒書」と同一内容のものであった可能性が高いと推定するに至った。「湯川寺縁起」全文の紹介と検討結果に関しては、第四章[3]で考察したので詳細はそれにゆずるが、定光寺の問題と関係するため、簡単に「湯川寺縁起」をめぐる問題にふれておくことにする。

定光寺

「湯川寺縁起」が収載されている『備中誌』は江戸時代末期の嘉永年間（一八四八〜一八五四）に成立したと推定されている備中国の地誌である。[4]「湯川寺縁起」の中に「弘仁四年六月寂・寿八十八有余。凡星霜を考ふるに、弘仁四年より今寛文十二年に至る迄春秋八百六十年に及ふ」という記述があるわけであるが、この記述から、縁起作者が玄賓の寂年を弘仁四年（八一三）と誤認していることと、縁起成立年が寛文十二年（一六七二）であることがわかる。

現在の湯川寺の本堂の前には「僧都千年供養塔」がある。高さ一・五メートル、幅〇・九メートルの石碑で、表に「僧都千年供養塔」とあり、

「維時文化九壬申三月三日立□／導師萬崖老□施主西方熨斗屋長蔵」と彫られている（二つ目の不明字は「師」か）。このことから、この石碑は、阿賀郡西方（現在の岡山県高梁市中井町西方）の熨斗屋長蔵《のしやちょうぞう》が文化九年（一八一二）に玄賓入滅後一千年を記念して建立したものであることがわかる。長蔵は定光寺の檀家で、玄賓僧都千年供養の導師は定光寺二十三世の萬崖道関《まんがいどうかん》だったと推定される。また、「湯川寺縁起」の作者は湯川寺住職を兼務した定光寺歴代住職の一人であった可能性が高く、寛文十二年時に住職であった十世天溪恕道であったと推定される。定光寺十世天溪恕道は、楊柳寺三世をつとめるとともに、薬王寺と東林寺の開山となるなど種々活躍した人物であったようであり(5)、縁起作成者として最も可能性が高いように思われる。なお、「湯川寺縁起」作者は、「杖の大木」以外の土地の伝説は採用せず、説話集等の文献資料をつなぎ合わせて縁起を完成させている。

定光寺には古縁起がないようであるが、明治時代に作成された縁起が大正三年に刊行された『上房郡誌』に載せてあるので引用しておく。

「定光寺縁起」

大同年中玄賓僧都の草創にして、法皇山萬年堂の遺跡を桓武天皇より僧都に賜ふ。御消息平城天皇へ僧都より奉りし御歌等の台書従来当山の宝物と称し、一千六十有余年の星霜を歴ると雖も、今に秘蔵せり。其後僧都は当山の寅にあたれる幽谷に閑居せり。是を湯川寺と号して当山の末寺なり。中古当山庭前の巨松に龍灯の夜々定光たる故に巨龍山定光寺と改称し、現今二代の松と名つけて五葉の霊木庭中に繁茂せり。惜い哉、年代久遠にして伝記等分失し、中歴寺続世代等不詳と雖も、中興は気雲和尚にして明徳なり、応永の頃自筆にて大般若経六百軸を書写し、法用の什物とす、今既に五百年に及ふと雖も、当山に猶此経存せり。其頃伽藍修覆大鐘法器等施財の願主は、当村上津原道減入道なり。再興は、元槙和尚にして嘉吉の頂（頃カ）永詳（祥カ）寺夢菴和尚を請して更に開山第一世と称し、二代は元槙和尚なり。是より代々相続して第三十二世現住に至る。星霜既に四百五十年に向んとすと雖も中絶なし、右古跡の由緒に依て七世全長和尚代、慶長九年十月十五日領主より寄進田、証文、境内除地、幷に末山十二か寺分共に除地を受領せり。寛永の頃第八世雪山和尚遠近に若干の末山を開闢興隆し、四方行法を盛んに唱ふ。本堂再建は十二世古鑿和尚代文久元年三月十五日上棟創立の棟札は失却す、明和の頃十九世大虫和尚当寺松山城主板倉家の祈願所となる、御維新の際寺領除地とも奉還し、元証文地は更に寺名所有の地券証を明治十一年授与せらる。(6)

この定光寺の縁起は、本文に「第三十二世現住」と記されていることと、末尾に「地券証を明治十一年授与せらる」とあることから、定光寺三十二世大容雲山（明治十八年寂）が明治時代初期頃（明治十一～十八年の間）に草したものであることがわかる。この縁起によると、玄賓は最初にこの地に来訪して桓武天皇よりいただいた「法皇山萬年堂」を称し、その後、湯川寺の地に移ったという。「定光寺」という名は、中古、庭前の巨松に龍灯が夜々定光したので巨龍山定光寺と改称したということである。

定光寺周辺ではあまり玄賓にまつわる伝説を聞くことができなかったが、次のような話を聞くことができた。

〈事例1〉「玄賓と定光寺裏山の薬草」

その時代は、私は、玄賓僧都はお坊さんであって、お医者さんではなかったかと。それから、この一帯に、今はこの裏手の上はひからびてあんなになってますけど前は水があってしみ出て、あそこにいっぱい薬草があった。ですからこの山全体が薬草畑だったんではないかと。今は植林しまして木がいっぱいになってますけど。(7)

〈事例1〉は、昔は定光寺の裏山に薬草が多く生えていたという語りである。玄賓は桓武帝などの病平癒を祈禱して効験を示したとされるが、玄賓開基伝承を持つ寺院らしい話といえよう。

Ⅱ　柴倉の光林寺

岡山県高梁市中井町西方柴倉六八九七番地にある東高山光林寺《こうりんじ》は、寺伝によれば、玄賓が倉ヶ《くらが》市《いち》字岡寺《おかでら》に草庵を結んで開創し、大同二年（八〇七）に弘法大師が現在地に移したとされる。高野山真言宗の寺院で、本尊は如意輪《にょいりん》観音《かんのん》である。過去に何度か火災に遭ったそうで、古文書類は残っていない。現在の建物は、明治二十九年に火災に遭った翌々年の明治三十一年に再建されたものだということである。光林寺の境内に、平成元年に位牌堂が建立された際の寄進者の名を記した石碑があり、その裏側に寺の略縁起を記した「建碑之辞」と題する文が刻まれている。次に、その略縁起部分を引用しておく。

「建碑之辞」

抑も当山は今を去る事千数百年前玄敏僧都が吉備の洲巡教の砌り此の地に至り倉ヶ市字岡寺に一草庵を結ばれ其の後大同二年宗祖弘法大師中国巡化の時錫を此の地に枉げ給い僧都が結庵の芳躅を遠望影勝の当地に移され真言密教の道場として一宇の堂を建立されしが抑も当山の濫觴なり爾来千百数十年栄枯盛衰幾星霜を経て今日に至る（中略）／平成元年己巳歳三月二十六日／山主　眞澄　誌／東高山光林寺　第二十七世／住職　清水眞澄／副住職　清水秀道（後略）

「建碑之辞」にもあるように、光林寺は玄賓（玄敏と記す文献もある）が倉ヶ市字岡寺に草庵を結んで開創したとされる。最初に光林寺があったという場所は、岡山県高梁市中井町倉ヶ市（蔵が市）字岡寺にある「岡寺八幡神社」の敷地だという。岡寺八幡神社は、光林寺の北東方向にあり、倉ヶ市の岡の上にある。「岡寺」という地名は、かつてそこの岡の上に寺があったからそう呼ばれていると伝えられている。

〈事例2〉「光林寺と玄賓僧都」

うちにはその、昔の何もないんで。明治の中頃に焼けましてな。古いのは皆、ほとんどなんしてしもうたもんじゃから、詳しいことはわからんのです。まあ、このお寺がね、元からここにあった位置じゃないんですわ。このずっと、奥にね、西迫《にしざこ》いう所があるんですわ――西いう字に迫るいう字――。ここへね、玄賓僧都が、この辺《へん》を回られた時に、立ち寄って、小さなお堂のようなものをね、造ってそこへ、自ら仏さんを彫刻しられて、祀っておられたのがまあこの、光林寺の一番元になるんですよ。せえで、そこからここへなあ、景勝の地いうような具合で、こっちへ移られたらしいんですなあ。せえで、それが元で、弘法大

光林寺

岡寺八幡神社

師がその後、こっちの方の中国巡錫せられた時に、ここへその、小さい庵《いおり》のようなものをこしらえられて。そしてその、玄賓僧都のその、向こうのお堂をこっちへ移されてね、それで弘法大師が、密教の根本道場として、一番、発祥の地として、ここでしばらくの間おられて、そしてまた移られたんじゃが、それが一番ここらの元になるんで。最初は、玄賓僧都がこっちへ来られて、それをそのこっちこの西方《にしかた》の柴倉いう土地へ移されて、その光林寺いうものを建てられた。それがまあ一番元になるわけなんですが、詳しいことはあんまり、記録に残っとりませんのでね、まあ言い伝えやら、いろいろのことでなあ、そういう風に聞いとります。[8]

〈事例2〉は光林寺で聞いた話である。明治時代に火災に遭ったため古記録がないこと、玄賓が草庵を結んだ場所は別の地にあり、そこから弘法大師が現在地に移したとされていることが語られている。玄賓が最初に草庵を結んだ場所は、高梁市中井町倉ヶ市字岡寺にある「岡寺八幡神社」の敷地だとされるが、岡寺八幡で次のような話を聞くことができた。

〈事例3〉「岡寺八幡の地は光林寺跡」

岡寺八幡《おかでらはちまん》いうんやがなあ。昔なあ、今はあの、柴倉に光林寺いう、お寺さんがあるんです。それが、元はこけぇあったらしいんです。それで、柴倉町内に行かれたから、へえでこけぇ、お寺があったから、岡寺八幡いうことになっとるんです。[9]

〈事例3〉は柴倉にある光林寺は元は岡寺八幡神社のある地にあり、お寺があったから岡寺八幡といわれているという語りである。〈事例3〉の話者は岡寺八幡神社の禰宜《ねぎ》をしている人であった。今、岡寺八幡神社の禰宜は、氏子でつりクジをして決めるそうである。岡寺八幡神社周辺の家々は光林寺の檀家だそうであるが、岡寺八幡神社周辺と光林寺周辺ではあまり玄賓にまつわる伝説を聞くことができず、玄賓の名前を聞いたことがないという方が多かった。

Ⅲ　柴倉の柴倉神社

柴倉神社

岡山県高梁市中井町西方柴倉《しばくら》にある柴倉神社（旧名は柴倉高安三所大明神・柴倉三座神社）は、社伝によれば、玄賓がこの地を巡錫《じゅんしゃく》した際、森林の間から霊光が発せられたので止錫《ししゃく》して一草庵を結び、虚空蔵《こくうぞう》・弁財尊天《べんざいそんてん》・千手観世音《せんじゅかんぜおん》の三体の仏像を安置したことに始まるという。その後、大同二年（八〇七）に弘法大師が光林寺を倉ヶ市字岡寺から柴倉に移した時に、光林寺の鎮守として社殿を築造したとされる。柴倉神社は光林寺の西方向の山上にある。次に、「明治廿八年六月十四日写ス」と記されている「柴倉三座神社略史記」を引用しておく。

「柴倉三座神社略史記」

岡山県備中国阿賀郡中井村大字西方　柴倉高安三座神社

祭神　大山祇尊　天児屋根尊　木華開耶姫尊

開扉を禁じ本尊は虚空蔵、脇立は弁財尊天、千手観世音の三体を本地とし、垂跡は前記三座神に奉祀せしなり。社詞（祠カ）の起源は土地の口碑に徴すれば、古代の名僧玄敏僧都の地方巡化の時に霊光の自から森林の間から発して奇異の趣きあれば一つの草庵を結びて止錫の時に、一小詞(祠カ)を設けて本地仏を安置せしが、桓武天皇の渇仰ましまし勅使を以って召還の欽命を受けられしも、和歌を以って聖意を固辞し奉られたることありしが、大同二年の頃弘法大師帰朝巡教の時に、東光(高)山光林寺を開き、寺門の鎮守として社詞(祠カ)の築造したまいたり。故に寺門と共に社詞(祠カ)の盛栄の基を開きしは実に大同二年にして、社殿の起原は其の以前に属し、距今一千二百有余年の往昔本地仏を本尊虚空蔵、脇立を弁財天、千手観世音の三体とし号して三座大明神と称したり。然るに人皇八十代高倉帝の御宇なる承安元辛卯年、柴倉対馬守なる豪傑地方に突起し光林寺住持順教法印に計りて大いに社殿を造営し、柴原山頭に一新面を開きたり。於是柴倉の字を冠し、高倉帝の高の字に年号の承安の安の字を執り高安とし、柴倉高安三座大明神とし、本地を秘仏とし開扉を厳禁し、三仏の垂跡と大山祇尊、天児屋根尊、木華開耶姫尊と奉名したり。然るに人皇百三代後土御門帝の朝、応仁の乱に於て山名宗全及細川勝元中国に乱入し、寺門も侵逼し財宝を掠奪し、寺門社殿その兵焚に罹りて、旧記十宝の遺るはなく烏有に帰せしも、秘仏の三尊は不思議にも火災を逃れ給わりと雖ども、旧体其の影はなし。為に寺門の旧記見るべきはなし、然れども天正六戊寅年九月宮殿再建をなし、其の時の地頭黄江中務大輔春良は、代官左馬之助及び名主佐内与三郎に命じて工事を奉行せしめ、大願主光林寺主快順法師外八人、其他物氏子中也。遷宮式導師光林寺法印快順[10]。

明治二十八年に筆写された「柴倉三座神社略史記」には、この他に二種の略記が記されているが、この二種の略記には玄賓の名は記されていない（それぞれを「略記一」「略記二」「略記三」と略す）。本文を引用した「略記一」によると、玄賓が霊光の発せられたこの地に草庵を結んで三体の仏像を安置し、弘法大師が光林寺の鎮守として社殿を築造して以来「三座大明神」と称していたが、承安元年（一一七一）に柴倉対馬守が光林寺順教と計って社殿を造営して「柴倉高安三座大明神」と改称したという。ところが、応仁の乱の際に寺門と社殿が兵火に遭い、旧記十宝が焼失した。しかし、天正六年（一五七八）九月にその時の地頭が代官と名主に命じて工事を行わせ、光林寺主快順を大願主として宮殿の再建がなされたという。また、「略記二」と「略記三」によると、承安元年以来「柴倉高安三所大明神」（三座ではなく三所とある）と称していた社名を明治の神仏分離の際に「柴倉三座神社」と改称したということである。明治以降さらに改称したとみられ、現在は「柴倉神社」と称されている。

「略記二」には承安元年から天保九年（一八三八）頃までのことが記されており、末尾に「柴倉高安三所大明神ノ由来ヲ記ス　天保九年」とあることから江戸時代末期の天保九年に作成されたものとみられる。「略記三」には「文禄二《（元カ）》年壬辰」（壬辰は文禄元年〈一五九二〉であるから「文禄元年壬辰」の誤記とみられる）から明治二十八年頃までのことが記されており、明治時代に作成されたものとみられる。本文を引用した「略記一」には大同二年以前の玄賓来訪時から天正六年までのことが記されているわけであるが、「略記二」に天保九年に作成されたと記されていることから、おそらく同時期の江戸時代末期頃に本文が作成され、明治期に冒頭の「岡山県備中国阿賀郡中井村大字西方」という部分が追加されたものと推定される。

この「柴倉三座神社略史記」の存在は、高梁市中井町の郷土史等の研究を長年続けてこられた田井章夫氏のご教授により知ることができた。この「略記」を筆写した冊子を所持していたという方に関して調査したところ、現在すでに亡くなられて親族の方も土地におられないということがわかり、その由来を聞くことができなかった。柴倉神社は光林寺の鎮守であり、明治の神仏分離政策までは両者のつながりが強かったことから、「柴倉三座神社略史記」の原本か写しが光林寺にもあったとみてよいと思われる。ところが、光林寺ではこの「略記」の存在を聞くことができなかった。光林寺は明治二十九年に火災に遭ったということであるから、おそらくその時にこの「略記」

を含め光林寺に所蔵されていた関係書類が焼失してしまったものと推定される。ところが、この「略記」が筆写されたのは光林寺が火災に遭う前年の明治二十八年のことであったため、幸運にも焼失以前に筆写されたものが残されたかとも推測されるが、詳細は不明である。なお、柴倉神社は、昭和三十年頃までは川面町《かわもちょう》の神官三村氏が神主をつとめていたという(11)。

玄賓をめぐる光林寺と柴倉神社の開創伝説は、光林寺の鎮守としての柴倉神社の位置付けの問題とともに、非常に興味深いものがある。この「柴倉三座神社略史記」で最も注目されるのは「土地の口碑に徴すれば、古代の名僧玄敏僧都の地方巡化の時に霊光の自から森林の間から発して奇異の趣きあれば一つの草庵を結びて止錫の時に、一小詞（祠カ）を設けて本地仏を安置せし」という部分である。玄敏（賓）僧都がこの地に来た時に森林の間から霊光が発したので一草庵を結んで止錫して一小祠を設けて本地仏を安置したという。「土地の口碑に徴すれば」とあることから、柴倉神社周辺地では、玄賓僧都が霊光を感じて一小祠を設けて本地仏を安置したという話がかつては伝承されていたのであろう。しかし、現在、柴倉神社周辺地を調査しても、この話を知る人はいなかった。

柴倉神社は光林寺の西方向の山上にあり、光林寺の山門を出て真正面を見ると、谷を挟んで柴倉神社がある山を見通すことができる。「略記一」に天正六年九月に宮殿再建をした時の大願主および遷宮式導師が光林寺法印快順であったと記されているように、光林寺と鎮守としての柴倉神社との関係は深いものであった。明治の神仏分離以前は神事は多く仏法をもって執行していたが、神仏分離の際、柴倉高安三所大明神を柴倉三座神社と改称し、神事は神官が執行するようになった（「略記二」「略記三」）。

次に、柴倉神社周辺地で採取した事例を示す。

〈事例４〉「柴倉神社の社殿と御神体」

あっこの、ここを上がっちゃったら、広い草が生えた境内があって、それに岩がある所にありましょう、上へ、社《やしろ》がな。あれ。わしらにゃあどうもその、そういう昔の歴史じゃなんかようわからんけどな。一回来ちゃってどこの先生じゃったかな、工学関係の人がようちゃった。「こりゃあ、どえらい古りいもんで。中井でも、そがあにこなぁなぁあっこへもこけぇもゆうてはなあ、ない。岡山だけじゃあ中井だけじゃあねぇ北房《ほくぼう》にせよ県でも、そうようけぇない」言うちゃった。「そりゃあ大事にしんさい」言うてな。「今ここ板はずれたけぇここだけ板打って直す、そがぁなことしたらもう、元も子もないようなる」言うてなぁ。

御神体が三つおってんじゃ。三座大明神、最初はなあ。へえからなあ、柴倉神社いうことにしてなあ。それはまあ、僕らが子どもの時分よりゃあ前じゃ思うんですら。へじゃけぇわしらのおじいさん時代じゃあないか思うんですら。いつしたかわからん、柴倉神社いうてなぁ。ただ古りぃものはそういうだけじゃいうてなあ。へでまあ天正時代の、天正の早い時代の、ものじゃいうてなあ。建てたもんじゃいうて。天正時代いうたら、戦国時代かなあ、じゃいうことだけぐらいじゃなあ。

神さん、御神体かな、そりゃあ、わしらは見たことも触ったこともないですけどなあ。(12)

〈事例４〉では、柴倉神社の社殿はかなり古いものであること、御神体が三つあるので三座大明神と称したが近年柴倉神社と変更されたこと、天正の早い時代に現在の神殿が建てられたこと、御神体は見たことも触ったこともないことが語られている。「略記一」に本尊は虚空蔵、脇立は弁財尊天、千手観世音の三体で、それぞれ大山祇尊、天児屋根尊、木華開耶姫尊を本地とすること、開扉を禁じること、応仁の乱で寺門社殿が焼失したが天正六年九月に宮殿再建をしたことが記されているが、その内容と〈事例４〉の語りの内容は合致している。なお、柴倉神社の三体の仏像は焼けて現存しないそうで、玄賓が光を見た所が柴倉神社のある岩屋の元であるという（柴倉神社社殿の横に巨岩がある）。現在の柴倉神社の社殿は天正六年九月に再建された時のままだそうで、古く珍しいものだそうである。〈事例4〉の話者は柴倉神社の氏子の方であったが、玄賓の名前は聞いたことがないということであった。柴倉神社周辺地では玄賓僧都伝説が忘れられていることがうかがえる。

Ⅳ　大草の如意輪観音堂

岡山県高梁市中井町西方大草《おおくさ》にある如意輪観音堂《にょいりんかんのんどう》は、土地の伝承によれば、玄賓が柴倉より先に大草に来て草庵を結び、如意輪観音を祀ったことに始まるとされる。大草には観音堂が二つある。一つは西家の畑の中にあり如意輪観音を祀るこのお堂で、もう一つは大草の上がり口の辻にあり馬頭観音《ばとうかんのん》を祀るお堂である。大草の如意輪観音堂は、代々西家の方々が祀ってこられたということで、西家でその由来を聞くことができた。

〈事例5〉「玄賓と大草の観音堂」

玄賓和尚が、柴倉より先い、ここの大草いう所へ来て、そして、この大草の土地を開いて、ここへお堂を建てられたんじゃ、いうことを聞いている。それだけぐらい、聞いとることは。柴倉より先へ、大草いうとこへ、来られて、そうして大草を、人が住むようにしられたんじゃいうことは、その人がようられた。死んだ、ここへ仕事に上がりょうた本家のお爺さんが話して、「それでこのお堂が建てられたんじゃ」、いうことはようられた。それだけのことで。へで、「玄賓和尚は今、近似《ちかのり》の方にもお堂が、何やらあるんじゃ。玄賓僧都とか何とかいうてあるんじゃ」

いうことはようられた。「玄賓和尚は偉い人じゃったんじゃ」、いうてなあ。「あちこち、歩いて、修行して偉い人じゃったんじゃ」、いうことは話しょうられた。(13)

この〈事例5〉は、玄賓が柴倉より先に大草へ来て土地を開いて人が住むようにし、ここのお堂を建てたという話である。ここの「本家のお爺さん」とは、明治時代に観音堂を建てた西菊蔵さんの養子の寛一郎さんのことだそうで、話者の西さんは昭和時代初期頃の子ども時代にこの話を聞いたという。

現在の観音堂は、明治時代に建てられたものが老朽化したので、昭和三十五年頃に建て替えたものだそうである。なお、明治時代に建てられた時の棟札が現在も残っており、それには「明治四十三年　導師光林寺／奉再建立聖如意輪観世音菩薩堂一宇　堂内静謐祈候／十月一日　大願主西菊蔵 大工中村平作 左官沢山新吉」とあり、大願主として西菊蔵さんが明治四十三年にお堂を再建立し、その時の導師を光林寺より招いたことがわかる。また、本尊には「宝暦拾年／辰三月十一日」と記されていることから、このお堂は少なくとも宝暦十年庚辰（一七六〇）頃から存在していたらしいことがわかる。如意輪観音堂のお祭りはないそうである。

大草の観音堂

大草の観音堂と柴倉の光林寺は、ともに玄賓の開創伝説を持つことに加え、本尊がともに如意輪観音であることと、明治四十三年にお堂を再建立した時の導師が光林寺より招かれたと棟札に記されてあることなどから、両者の間には深い関係があることがうかがえる。

〈事例6〉「玄賓僧都の足跡」

草間《くさま》のね、湯川《ゆかわ》という所があります。あの湯川寺《とうせんじ》が、玄賓僧都の本拠地です、こちらの。その湯川寺を根城にして、だいたいあの、定光寺から湯川寺の方へ行く道が、まあ昔の、街道筋、まああたりますわ。だから、あの、まあ道が今ついてますけどねえ。今の、ここの道はだいたい、あの豊永《とよなが》行く道は新しい道ですから。昭和二年の、伯《はく》備《び》線がついた時にこの道が新しい道ができたんです、今の道は。だから昔は定光寺の下を通る道が、本筋なんです。で、これがあの、高梁・新見の、主要街道なんです。だから、高梁から出て川面《かわも》へ上がって、八石《はちこく》を通って、秋葉《あきば》山《さん》の麓《ふもと》を通って、市場《いちば》の小学校の所の裏を通って、定光寺を通って、山を越して向こうへ行って、今度は草間へ上がって行ったんです、元は。それはまあ、こういろいろ枝を分かれて行くと、今の湯川寺の方へも行くわけなんです。あの湯川という所ね。それで、玄賓僧都はそこを根拠として出てこられると、やっぱり、定光寺が足場になり、ちょっと足を止めたり。それからあの、こっちのあの、今ここにも、これ大明神という山なんですけど、ここに今お宮があるんです。で、このお宮もですね、明治の頃までは、神主は、おらないわけなんです。これはなぜかいうたら、仏さん祀ってあったんです。だから光林寺さんが、ここの、祭主なんです。で、昔は神仏混淆ですからね、だからその場合は、お宮じゃないわけです。早く言えば。まあ、そういうことですね。玄賓僧都の足跡というのはいろいろあるわけなんですが[14]。

〈事例5〉は、昔は定光寺の下を通る道が本筋で、これが高梁・新見の主要街道であったという語りである。高梁から新見へ行く場合、昔は、高梁から出て川面へ上がり、八石を通って、秋葉山の麓を通り、市場の小学校の所の裏を通り、定光寺を通り、山を越して向こうへ行き、草間へ上がって今の湯川寺の方へ行ったという。高梁市中井町西方に多数の玄賓開基伝承を持つ寺社があるのは、この地が新見から高梁へ至る主要街道沿いにあたることと関係があると推定される。玄賓の各地の伝承について考察する場合には、昔の街道がどうであったかを常に参照しながら考察を加える必要があるといえよう。

結語

以上で岡山県高梁市中井町にある諸寺社に伝承されている玄賓僧都伝説についての筆者なりの考察を終えることとする。高梁市中井町においては、西方《にしかた》の定光寺、柴倉の光林寺、柴倉神社、大草の如意輪観音堂などに玄賓開基伝承がある。高梁市中井町は新見から高梁へ至る昔の主要街道沿いにあたり、新見市土橋寺内《つちはしてらうち》にある湯川寺の南方約六キロに位置していることも、玄賓開基伝承を持つ寺社が複数あることと無関係ではないと推定される。高梁市中井町にある玄賓開基伝承を持つ寺社群は湯川寺を中心とする「玄賓隠遁地伝承圏」に属すると考えてよいであろう。

玄賓が湯川寺で入滅したという説もあるようだが[15]、新見市土橋の寺内集落や湯川集落では、玄賓はこの地では入滅せず、土地の人たちに惜しまれながら旅立って行ったと伝承されている。では、湯川寺を去った後、玄賓はいったいどこへ行ったのであろうか。『備中略史』は、湯川寺に隠遁し、「後ち川上郡近似村に草菴を結び詠歌し以て歳月を送る」[16]とし、湯川寺から川上郡近似村（現在の高梁市落合町近似）に行ったという立場をとっている。ところが、『阿哲郡誌下巻』「湯川寺」の項は「高梁の対岸なる玄賓谷に来りて小庵を結ばれけるも、其の後又も身を逃れて、湯川の里に来り当寺を開基せられたり」[17]とし、高梁の玄賓谷から湯川寺に行ったと全く逆の立場をとっている。また、本章でみた定光寺の伝承では、玄賓は最初に定光寺の地に来て、その後湯川寺へ行ったとされていた。結局、備中国での玄賓の足取りを記した古文献がない以上、玄賓の足取りを特定することは不可能と言わざるをえない。

註

（1）岡山県高梁市中井町周辺地域での主な調査は、平成八年（一九九六）、平成十四年（二〇〇二）に行い、適宜補足調査を行った。
（2）『曹洞宗岡山県寺院歴住世代名鑑』（曹洞宗岡山県宗務所、一九九八年）、「定光寺」の項。
（3）本書備中国編第四章「湯川寺縁起と玄賓僧都伝説」参照。
（4）『備中誌』は明治三十五～三十七年（一九〇二～一九〇四）に岡山県によって活字翻刻本が出版されたが、岡山県版の底本とされた堀家本が現在行方不明のため、『備中誌』の内容は活字化された岡山県版を参照するしか方法がない。『備中誌』所収の「湯川寺縁起」は『備中誌　下編』（日本文教出版、一九七二年復刻）、一四六二～一四六八頁。
（5）註（2）の『曹洞宗岡山県寺院歴住世代名鑑』「定光寺」の項。
（6）『上房郡誌』（名著出版、一九七二年。私立上房郡教育会、一九一三年版の複製）、一〇六八～一〇六九頁。
（7）話者は岡山県高梁市中井町西方の照田豊子さん（昭和十一年生まれ）。平成八年（一九九六）九月八日・原田調査、採集稿。
（8）話者は岡山県高梁市中井町西方の清水真澄さん（大正六年生まれ）。平成十四年（二〇〇二）八月二十五日・原田調査、採集稿。
（9）話者は岡山県高梁市中井町西方の男性（昭和三年生まれ）。平成十四年（二〇〇二）九月一日・原田調査、採集稿。
（10）（11）田井章夫『中井町の神社』（私家版、一九九四年）参照。「柴倉三座神社略史記」一・二・三のもとの冊子は田井章夫さんの父上の教え子だった人（その人は柴倉に住んでいたらしい）が所持していたそうで、それを田井章夫さんが転写したものが『中井町の神社』所収本文であるということであった。原本は所在不明。

（12）話者は岡山県高梁市中井町西方の男性（大正十年生まれ）。平成十四年（二〇〇二）九月一日・原田調査、採集稿。
（13）話者は岡山県高梁市中井町西方大草の西久子さん（大正十二年生まれ）。平成十四年（二〇〇二）九月三日・原田調査、採集稿。
（14）話者は岡山県高梁市中井町西方の田井章夫さん（大正四年生まれ）。平成十四年（二〇〇二）九月一日・原田調査、採集稿。
（15）続豊永村誌編纂委員会編『続豊永村誌』（豊永開発振興会、一九九六年）、三九一頁。
（16）奥田楽淡『備中略史』（『新編吉備叢書（一）』歴史図書社、一九七六年）、一二七頁。
（17）『阿哲郡誌　下巻』（阿哲郡教育会、一九三一年）の「湯川寺」の項、七四二頁。

第七章　備中国における玄賓僧都伝説の諸相

――「哲多郡」の意味するもの――

はじめに

備中国と玄賓の関係を考察するうえで、検討しておく必要のある大きな問題がある。それは「哲多郡」の意味である。通常、玄賓は備中国「哲多郡」湯川寺に隠遁したと説明される場合が多い。しかし、実際には、湯川寺は備中国「英賀郡」（近世以降「阿賀」と表記）にある。なぜこのような説明がされるようになったのであろうか。

本章は、備中国各地に複数存在する玄賓僧都伝承のうち、高梁《たかはし》市の松林寺《しょうりんじ》周辺や吉備《きび》中央《ちゅうおう》町上竹《かみたけ》周辺に伝承されてきた伝説等を検討するとともに、備中国の玄賓僧都伝承における「哲多郡」の意味するものについて考究することを目的とする。

Ⅰ　高梁の松林寺と深耕寺

岡山県高梁市落合町近似《ちかのり》一〇八一番地にある千光山《せんこうざん》松林寺は、伝承によれば、玄賓が草庵を結んで滞在したことがある地であったそうで、周辺部は「玄賓谷」と称されている（ただし、江戸期の文献では「玄賓谷」と記されているが、土地の人々は単に「玄賓」とだけ呼ぶことが多いそうである）。曹洞宗瑞源山深耕寺《ずいげんざんしんこうじ》（岡山県高梁市落合町原田二〇七番地）末で、本尊は観音菩薩である。延徳二年（一四九〇）に深耕寺二世密山章厳《みっさんしょうごん》が創立したという。[1] 松林寺の入口には「玄賓旧跡地」と刻まれた石碑が立っている。裏に「大正十四年八月建立／（中略）／奥組中」とあることから、近似の奥集落の中組の人々が大正十四年（一九二五）に建てたものであることがわかる。かつては「松林寺縁起」があったということなので調べてみたが、所在不明である（過去に何度か火災に遭ったとかで深耕寺にも松林寺にも伝わっていないということであった）。

江戸時代末期の嘉永七年（一八五四）に版行された「備中国巡覧大絵図」には、土橋の「湯川寺」の所に「玄賓僧都遺跡」と記してあるほか、「近似」の所に「僧玄賓遺跡アリ／今玄賓谷ト云　山ノ井ノ歌アリ」と記してある。また、この「備中国巡覧大絵図」の右上に枠で囲んである「古刹」の項には「湯川寺　同（英賀郡）／土橋村」とあり、左下に枠で囲んである「名蹟」の項には「玄賓谷　川上郡近似村」とある。[2] この「備中国巡覧大絵図」で、明確に玄賓に関するものとわかる記述はこれだけである。このことから、江戸時代末期には「湯川寺」とともに「近似」の「玄賓谷」と「山ノ井ノ歌」が特によく知られていたらしいことがうかがえる。

江戸時代末期の嘉永年間（一八四八〜一八五四）以降に編纂されたと推定されている『備中誌』の「川上郡近似」の項に「玄賓谷　此等に昔し玄賓僧都住給ふと云々／枯木堂千光山松林寺　本尊観音　境内観音堂有／（中略）／山の井／名勝考ニ云近似村ハ玄賓のしばらく住る所にて今猶其処を言伝へて玄賓谷といふ／次につたへたる八国人の伝へたる歌にておのれいまだ出たる書を見ず山家集の別本に有といふ説を聞たれどおのがもてる本ニハなし其うへ西行の口つきにあらずおもほゆれバしばらく爰に記すもし玄賓の歌にあらぬ事を知給ふ人あらば示し給へけづりすてん／山ノ井／浅くとも外にまた汲人ハあらし我に事たる山の井の水」[3] と記されている。この記述から、「備中

深耕寺

松林寺

松林寺の玄賓像

国巡覧大絵図」にある「山ノ井ノ歌」とは、『備中誌』が引用している「浅くとも外にまた汲人ハあらし我に事たる山の井の水」のことで、江戸時代末期には近似の「玄賓谷」は「山ノ井ノ歌」が詠まれた「名蹟」として知られていたことがわかる。

大正三年（一九一四）に刊行された『上房郡誌』の「玄賓僧都」の項の末に「沼田頼輔氏曰く、／高梁より河を渡り南に入ること十数町、川上郡近似村に玄賓渓と称する処あり、相伝ふ高僧玄賓の世の避けて棲遅せる所なりと。庵寺あり松林寺といふ。一尼之を監す、軒檐漸く頽れ、纔に膝を容るるに足る。堂に玄賓僧都の木像を安んず、甚だ古雅なり、只虫蝕鼠噬、賓公の片耳

一指既に欠く。屋後に石泉あり、即ち玄賓が自ら鑿り、飲み且つ和歌を題せる処にして、所謂山の井の水と称するもの是なり樹木既に伐り、泉も亦将に枯涸せんとす傖文《(父カ)》の古跡を重んせざる往々此の如し。（中略）平城天皇も亦賓を高しとなし対に授くるに僧官を以てせんとす。賓逃れて此処に来り、澗飲草衣、篙師と為りて渡舟を操ること

数年、弘仁帝其の操行を重んじ毎季白布を賜ひ又所在の郡に勅して租税を免ぜしむ。弘仁九年寂す、年八十九、松林寺其の隠棲の庵なり。（元厚《（亨カ）》釈書、拙斎遺稿東国高僧伝）西山拙斎の詩歌あり、左に録す。／玄賓渓／（後略）[4]」という記述がある。

この部分から、明治時代末期から大正時代初期頃の松林寺の状態がうかがえる。すなわち、大正時代初期頃の松林寺は古びて狭い庵寺で一人の尼さんが住していたこと、お堂に玄賓僧都の木像が安置されていたが虫や鼠にやられて木像の片耳と一指が既に欠けていたこと、玄賓が自らうがって水を飲み和歌を詠んだという山の井の水と称する泉も涸《か》れかけていること、まわりの樹木が伐採されていたこと、この文を記した沼田頼輔氏（一八六七～一九三四）がその寂れた様子を嘆いていること、などである。やがて大正時代の末になって松林寺は復興されたとみられ、大正十四年八月建立と記されている松林寺の入口の「玄賓旧跡地」と刻まれた石碑は、復興の記念として建てられたものと推定される。

この文章で特に興味深いのは、玄賓がこの地に来て船頭（篙師）として数年間渡し舟を操ったという後半部分の記述である。これは、玄賓が渡し守をしたという有名な説話（『古事談』や『発心集』等に所収）がこの地で取り込まれて成立した伝説だと推定される。また、『上房郡誌』のこの文章の続きに、「西山拙斎の詩歌あり、左に録す」として、備中国浅口《あさくち》郡鴨方《かもがた》村に生まれた江戸中期の儒学者西山拙斎《にしやませっさい》（一七三五～一七九八）の詩歌が数編引用してある。「玄賓渓」と題する漢詩、「山の井の水」や「山田の僧都」を詠み込んだ和歌、「渡口―昔玄賓所棹舟処也―」と題する漢詩などである。このことから、西山拙斎も、玄賓がこの地に来て高梁川で船頭として数年間渡し舟を操ったと認識していたことがうかがえ、玄賓高梁川渡し守伝説は、少なくとも今から二百年以上前には成立していたことがわかり注目される。

次に、土地で採集した事例を示す。

〈事例1〉「玄賓と松林寺開山」

いつの時代かね、玄賓僧都のそういう形があって、そしてあの、庵があると。そういう話を、今ここに、深耕寺の、さっき申し上げました、開山《かいさん》になってから、その方のお弟子さん、二世さんですね。深耕寺の第二世さんですけれど。その二世さんがですね、

「そういういわれのある庵《いおり》なら、ひとつお寺として、これからも先々を、曹洞宗《そうとうしゅう》として、深耕寺の末寺として、それを盛り立てていけばいいじゃなかろうか」ということで、地域の人に話し掛けて、

「あなたたちがしっかり頑張ってもらいたい」というようなことで、結局その頃から深耕寺の末寺になったんですよ。

ですから、まあ、あそこの松林寺という正式な名前が付き、そしてこれ曹洞宗という形の中で、出てくるのは、今から六百年足らず前ですね。深耕寺の第二世、二代さんですね。二代さんの、まあ功績なわけですからね。(5)

〈事例1〉は松林寺開山の由来についての語りである。この地に玄賓が庵を結んで滞在したという伝承があり、深耕寺第二世密山章厳（延徳二年寂）が延徳二年（一四九〇）に松林寺を開創したという。松林寺は深耕寺の末寺であるが、檀家は一軒もないそうである。

〈事例2〉「玄賓谷」

あそこはね、まあ結局、近似《ちかのり》なんですよ。近似なんですけれど、特に、あそこには、玄賓さんがおられた所とい

うイメージが非常に強いですからね。ですから、あの、「玄賓」いうたら、あそこの庵寺《あんでら》のことじゃっという頭がみんなあるんです。ですから、

「近似の、何の何丁目じゃ」ことの、あるいは「何という地点じゃったか」言うよりも、「玄賓のとこじゃがな」言うたら、「ああそうか」って。みんなそれよくわかるさぁな。へえからもう、一般的には「玄賓」「玄賓」ですわね。

玄賓谷いうのは恐らくね、あれは、バスの停留所の名前のようなね。だからあそこはね、「玄賓」という本当の地名じゃないと思う。（高梁）市の方のなんには、番地としては玄賓谷というのはないと思う。「玄賓」「玄賓」言うてます。

だからね、この頃ではもう、「松林寺いうたらどこなら」言うて、「玄賓じゃ」言うたら、「おうそうか」言うて。(6)

〈事例2〉は松林寺のことを土地では「玄賓」と呼称しているという語りである。先に引用した『備中誌』に「玄賓谷」という呼称が紹介されていることから、「玄賓谷」と呼ばれた時期があったようであるが、現在では「玄賓」と呼ばれているという。筆者も、周辺地で調査中、「高梁市落合町近似の松林寺」と言ってもよくわからないと言われた際、「落合町近似の玄賓」と言い換えるとすぐ理解してもらったことが何度かある。また、松林寺の近くに「玄賓谷」というバス停があるが、周辺地で聞いてみても「玄賓谷」という呼称はあまり知られていなかった。

〈事例3〉「玄賓土仏（伝玄賓自作）」

あそこに、戦前ですけれどね、前から、あそこに、こういう石がね、ちっちゃい石、ちょっと変わった石なんですけれどね。それでその、仏様を、仏像を簡単に彫ったような、ものがね、あの周りにずうっと出てくるんですよ。

それがね、玄賓僧都が、その、石像を、仏像的な石像を、ちっちゃいのを彫ってはね、あっちこっちこう、埋めていって、万人の、安楽修行の、幸福幸せを願いながら、彫っていかれたものなんだと、いうような、話が残っています。だんだんそういう、石が出てきてるんですね。それは高梁の、考古館か美術館かにも、何個かあるはずなんですけどね。そういうような方であり、長らくそこで、玄賓、がですね、庵寺で、そういう生活をしながら、一般大衆の、民にささげた。(7)

〈事例3〉は、松林寺周辺地で出土する小さい石仏は、玄賓が万人の幸福を願いながら彫ってあちこちに埋めたものだと伝えられているという語りである。〈事例3〉では小さな石仏と語られているが、高梁市では通常「玄賓土仏」と称されている。近似地区で調査中、子どもの頃三センチくらいの土仏を拾ったという昭和十八年生まれの男性に会った。『高梁市史』はこの「玄賓土仏」について「この土仏は、僧都隠棲の地、草庵のあった玄賓谷と称するこの辺りから出土していたもので、八〇年ばかり前から土地の人々が争って発掘し、祭祀仏として所有している。伝説によると、後世僧都の遺徳を偲び、草庵に十三仏の土仏をつくり供養したとか、または玄賓僧都が近似在庵当時、付近一帯に疫病が流行し、その退散祈禱のため造仏したともいわれている。(中略)作製年代は四〇〇年ないし五〇〇年前頃と推定される(8)」と述べている。現在では、この土仏は四、五百年前に、十三仏信仰が流行した頃に造られたものと推定されているようである。

〈事例4〉「玄賓僧都木像(伝玄賓自作)」

まあ、これも伝承でしょうけれどね。あれは、玄賓僧都が、池の水に、天水の水にね、自分の姿を映しながら、自画像を刻まれたんだと。そして、この像は、玄賓さん自作の像であるという伝えが、残っているんです。(9)

〈事例４〉は、松林寺に所蔵されている玄賓僧都木像は、玄賓が池の水に自身の姿を映しながら刻んだ自作の像と伝えられているという語りである。この木像は、先に引用した『上房郡誌』で沼田頼輔氏が、お堂に玄賓僧都の木像が安置されていたが虫や鼠にやられて木像の片耳と一指が既に欠けていた（「堂に玄賓僧都の木像を安んず、甚だ古雅なり、只虫蝕鼠噬、賓公の片耳一指既に欠く」）と報告したものである。『高梁市史』はこの木像について、「松林寺に祀る玄賓僧都の彫像は檜材の座像で、全面布貼《ぬのばり》で胡粉を施して彩色してある。頭部と両手首は差しこみとなり、指先が一部欠落、右袖と膝前のわずかの部分が剝落して布貼が見えている。像高七五センチメートル、面長二一センチメートル、肩張三六センチメートル、膝張五六センチメートル、眼は玉眼をはめ込み、唇は暗赤色をほどこしていると思われる。襟は白色二重、衣は黒色、袈裟《けさ》は褐色で、手に印を結び、椅子の上に結跏趺坐《けっかふざ》している」(10)と記している。現在も同様な状態で、松林寺に所蔵されている。

〈事例５〉「玄賓の湯」

この近似へ、来られたのが、実際いつ頃なんか、ちょっとはっきりわかりませんが、あそこに庵を造ってね、そうして、なにかそこの、出てくる水を見てね、

「普通の水とは違うようだな」ということですから。その水を、いろいろなめて、こう、飲んでみられて、あるいは、そのにおいを、いうものをやってみると、どうもこれは普通の水とは違って、いろんな、成分を含んだ、いわゆる、温泉の素の水だと、いうようなことを考えたんでしょう。そこで、その水をですね、とって、風呂場を造られた。そうして、その地域の人たちに、健康のために、あるいは身体が弱っている、人たちに、「ここへ来て、ここへつかれ」と、いうようなことを、言われた(11)。

〈事例6〉「玄賓の湯について」

本堂兼庫裏《くり》になってるんですあそこはね。それで、一番こちらから、上がって行く、正面からでなしに横から、車が上がって行くところがある。上がりがけの所にね、だいたいこう、昔から、小さい、池があったんです。その池の、そばにね、池の、端っこに、浴室が、要するに風呂場が建ててあったんです。それが「玄賓の湯」っていう。だから、冷泉ですね。今から、本堂の正面に入って行く、左っ側ですから。要するに本堂に並んだ所ですね、入りがけの。池ゆうのは、そのお風呂場の、そばにね、池を造って、その、温泉の湯につかりながら、池の蓮を眺めるとかね、そういうような、形だった。それは私子どもの時から知ってますからね。今はどうしてるかなあ。（中略）昔言いましてもね、戦後も、かなり。最近ね、あっちこっち、いわゆる温泉ていうのがあちこちできたじゃない。ほとんどそういう所へみな行きますけれどね。当時はね、もうこの田舎ではみな、車のまだない時代ですからね。みんな身体の調子が悪いとか脚が痛うなったというたらね、玄賓の湯へ行って、自分たちで、風呂をわかして。ただで、もちろん。お入んなさいいうことで。ずいぶんと利用者があったんです。

「よう効きますよ」言うてから。年寄りはね、ちょこちょこ行ってからね、「脚が痛うなった、すね（脛）が痛いんじゃ」とか、「腰が痛い」いうたらあそこへ行って。

（わき水はまだ）出てると思う。まあ今水道が全部通ってますからね、ほとんど。もう、必要ないでしょう。ただね、洗濯物なんかは特殊な色が付きますから。そういうこともあったりして、飲むこともちょっと、どうかという感じがします。やっぱり、白いものを洗うわけにもいかないし。ただ、いわゆる温泉の成分を、持った水ということ(12)。

〈事例5〉は玄賓が松林寺のある地に草庵を結び、そこに湧く健康に良い水を利用して風呂場を造り地域の人たちに入らせたという語りである。この湧き水は、江戸時代末期から知られていた「山の井の水」のことのようで、戦後しばらくまで、この「玄賓の湯」に入るために人々がやってきていたということであった。〈事例6〉は大正十五年生まれの話者が子どもの頃（昭和初期頃）には、身体の調子が悪い人たちが玄賓の湯へ行って、自分たちで風呂を沸かして無料で入浴していたという実見談である。温泉の成分を持った水であるが、茶色の水なので、タオルをつけると茶色になり、洗濯物や飲み水には適さない感じがするということであった。この玄賓の湯について、先に引用した『上房郡誌』で沼田頼輔氏は、建物の後ろに玄賓が自らうがって水を飲み和歌を詠んだという山の井の水と称する泉があるが、まわりの樹木は伐採され、泉の水も涸れかけている（「屋後に石泉あり、即ち玄賓が自ら鑿り、飲み且つ和歌を題せる処にして、所謂山の井の水と称するもの是なり樹木既に伐り、泉も亦将に枯涸せんとす」）と報告している。大正十五年に松林寺から刊行された宮田正悦『偉僧玄賓僧都』の「玄賓の霊泉」の項には「僧都の歌に、「浅くともよもやまた汲む人もあらじ、我れにことたる山之井の水」この井戸は僧都が水の行をせられる為めに掘られたものであるといふ、独りの用水には十分である、古来之れを玄賓の霊泉といふ、この霊泉の水をいたゞくと病気が治るとて、近隣或は五里も十里も遠方から水をいたゞきに来る者もある。実際治るといふから不思議である」[13]と記されている。大正十五年生まれの〈事例6〉の話者より前の世代の人たちは、この水を霊泉の水として飲んでいたことがわかり、興味深い。宮田正悦によると、これらの他に近似の玄賓谷における玄賓の伝説として、「御自作地蔵尊台」（地蔵菩薩木像。伝玄賓自作）、「玄賓行の岩」（玄賓が行をした大岩で霊泉の側にあったが現在なし）、「灯明の松」（玄賓ゆかりの松で現在なし）などがあったという[14]。

備中国における玄賓の伝説を考える際、近似の玄賓谷の伝説群は、湯川寺周辺の伝説群とともに、重要な問題を多く含んでいるといえよう。

Ⅱ　吉備中央町の袈裟掛岩と僧都川

岡山県加賀郡吉備中央町上竹《かみたけ》には玄賓僧都に関する二つの地名由来伝説が伝えられている。一つは地名「袈裟《けさ》掛《かけ》」、もう一つは地名「僧都」である。

まず、地名「袈裟掛」について検討してみることにする（なお、袈裟掛の表記には「袈裟掛」と「袈裟懸」の二つがあるが、土地では通常「袈裟掛」を使うので、本章でも原則として「袈裟掛」という表記を使うこととした）。

大正四年に刊行された『上竹荘村誌』第二十章古蹟の「三、袈裟懸」の項には「延暦中高僧玄賓此ノ地ニ来リ袈裟ト《（ヲカ）》脱ギテ大石ニカケ暫シ旅労ヲ慰ス即チ名ノ残ル所以也其石、堂ノ側ニ今尚存セリ石面ニ条痕アリ」[15]と記されている。つまり、この「袈裟懸」の項では、延暦年中（七八二～八〇六）に高僧玄賓がこの地に来て袈裟を脱いで大石に掛け少しの間休んで旅の疲れをなぐさめたことから「袈裟懸《（掛）》」の地名が残ったことと、堂の側に今もその大石が残っており、その表面にすじがあることを述べているわけである。現在も吉備中央町上竹に袈裟掛という小字があり、[16]その地区には袈裟掛岩と称される大石が残っている。次に土地で採集した事例を示す。

〈事例7〉「玄賓僧都の袈裟掛岩」

これは玄賓僧都さんが、あっこらへんを通過したんかよそから来ちゃったんかようわからんのですが、休んだ休み石かなんかがあるとこで、お坊さんですから袈裟持っとったんでしょうそれは。そこらへ置いて休んだとか、どうとか、ゆうようなことで、袈裟掛の岩かなんかあるんでしょう。私は見たことないんです。[17]

〈事例7〉は上竹で採集した話で、玄賓僧都が袈裟を掛けて休んだ石があると聞いているが、その石を自分は見たことがないという語りである（この話者は袈裟掛地区より少し離れた地区に居住）。袈裟掛岩の話は上竹地区ではよく知られており、〈事例7〉の話者のようにその石を見たことがない人でも、だいたい語ってくれる。

〈事例8〉「玄賓の袈裟掛岩と足跡石」

その方が、ずっとこう通られた時に、ここで休まれたと。せでそのまああの、袈裟を掛けてそこで休まれたいうしるしで、その岩があるんですがな。それで、この辺が、その流れを受けて、袈裟掛いう。玄賓。玄賓さん。せえで、私が子どもの時分じゃったかなぁ、昔、山伏みたもんがようおりました。へで、「何で袈裟掛いう、ここは言うんですや」言うたら、

「そりゃこういうあの、昔の、弘法大師じゃないけぇど、それぞれのそりゃ、玄賓いうのが、ここで休まれて、袈裟、掛けられた岩

上竹の袈裟掛岩

上竹の僧都川（石井良夫氏提供）

があるんじゃ」と。

「ほんならその岩見せてください」言うて、そこでこうお経あげて拝みょうりましたら、「ああわかりましたわかりました。こけぇ掛けられたんです」いうその形が、袈裟掛。袈裟掛けた形があって言よんですけど、「ああこれです、これがそうです」言うて。

へぇから、ちょうどここから、七、八〇〇メートルほど、高梁へ出る昔の旧道の、道のほとりにねぇ、このぐらいな岩がありまして、その坊さんが通ったあとの、足跡じゃいうてちょうど二つほどこう足跡が、この型があった岩があったんです。その岩ぁ今みえんですけどなぁ。私は子ども時分に「ああこの石じゃ。そういやぁ、ちょうどこの、足型の跡が二つこうある」。型がちい[付]とって、このぐらいの深さ（五センチぐらい）のね、穴があいとったんです。あぁこの岩じゃなぁいうてから、見たことあるんですけぇど、はい[18]。

〈事例8〉は上竹の小字袈裟掛で採集した話で、玄賓が袈裟を掛けて休んだという岩があることと、袈裟掛岩から少し離れた所に玄賓の足跡石があったということを語っている。大正十五年生まれの〈事例8〉の話者が十歳ぐらいの頃（昭和初期頃か）、話者の家に山伏が泊まったことがあり、その山伏と十歳ぐらいだった話者が袈裟掛岩をめぐって会話をしたといい、その時の記憶が強く残っているようであった。その山伏が、玄賓が袈裟を掛けた跡（「形」）がこれのようだと岩を示しながら述べたようである。先に引用した『上竹荘村誌』「袈裟懸」の項に「石面ニ条痕アリ」と記されているが、この記述も、玄賓が袈裟を掛けた跡（条痕、すじめ）が残っているようだという意味で記されたものとみられる。現在の袈裟掛岩の表面にも、刻まれたような線が残っているので、そのことだと思われる。

〈事例8〉の後半には玄賓僧都の足跡石があったことが語られている。〈事例8〉の話者によると、袈裟掛岩から西南方向に七、八〇〇メートルほど離れた、高梁へ出る昔の旧道（三尺〈約九〇センチ〉ぐらいの道幅だったという）の道のほとりに、幅一メートル、高さ五〇センチぐらいの普通の岩（石灰岩ではなかったという）があり、その岩に深さ五センチぐらいの足跡のような穴が二つあいていたそうである。(19)

足跡石は、神・英雄・貴人などの足跡がついてくぼんでいるという石の伝説で、全国に多数分布しているが、(20)玄賓僧都の足跡石の伝説は珍しく、興味深いものがある。〈事例8〉の話者は子どもの頃その足跡石を見たということであったが、残念なことに、現在は無くなっているのではないかということであった。

次に、地名「僧都」について検討してみることにする。『上竹荘村誌』第二十章古蹟の「四十三、僧都」の項に「田中ニアリ、玄賓僧都ノ一時留マリ給ヒシ地ニテ字ヲ僧都トイヒ飲用川アリ、僧都川トイフ蓋シ近辺稀ニ見ル清浄水ナリ、抑モ玄賓ハ天平元年備中上房郡上水田村小殿ニ生ルトイフ後、奈良興福寺ノ僧ニツキ業ヲ受ケ其薀奥ヲ極ム遂ニ僧都トナル、（中略）三輪山ノ麓ニ小庵ヲ結ヒテ住メリ、（中略）諸国ヲ行脚シテ終ニ伯州、西伯郡法勝寺ニ止ル（中略）阿哲郡草間村法皇山湯川寺ニ遁ル、（中略）後川上郡近似村ニ草庵ヲ結ビテ閑居セシガ其時竹荘ニ遊ハレ此地ニ暫シ留マラセ給ヘルナリ、弘仁九年九月寂年八十九」(21)と記されている。

つまり、この「僧都」の項では、田中という所にあり、玄賓僧都が一時留まられた地で字名を僧都といい、清浄な水の出る僧都川があると述べ、そもそも玄賓は備中上房郡上水田村小殿の生まれといい、興福寺の僧について学んで僧都となり、三輪山の麓に小庵を結んで住んだり、諸国行脚して伯耆国西伯郡法勝寺に滞在したり、阿哲郡草間村法皇山湯川寺に遁世したりし、川上郡近似村に草庵を結んで閑居した時にこの竹荘の地にしばらく留まられたが、弘仁九年九月に亡くなったと述べていることがわかる。

次に、土地で採集した事例を示す。

〈事例9〉「僧都の地名由来」

僧都ゆうのは、僧都ゆうお坊さんかなんかおったんじゃないか。玄賓僧都。一時ちょっとおったことがあるというように聞いとんです。いつ頃の時代か知らないんですけど。で、まあ、有名な、高名な方ゆうんですか、と言われてたという話です。大昔の話ですからわかりませんが、全部まあ伝えに聞いたんが、私らまで。今の若いもんなんかほとんど、知っとるもん少のうなっとるんじゃないか思うんですけどね。（僧都のことは子どもの頃から）聞いとります。偉いお坊さんが来て、ちょっと生活したとか、皆さんに、昔のことですから、薬草かなんかようわからんすが医療的な、施術ゆんですか、教えてたとかゆうようなことはまあ。偉い坊さんで、ここらにはもったいないお坊さんがおったそうなゆうぐらいな話で。(22)

〈事例9〉は僧都という地名は玄賓僧都がこの地に一時滞在していたことから付いたもので、薬草などの医療的な知識を教えてくれたらしいという話を聞いたという語りである。

〈事例10〉「僧都川」

（僧都川と言っていたか）それは小さい時から言うてましたね。ここらへんの数戸は、何軒ぐらいになりますかな、まあ私は一部、三軒か四戸ぐらい、飲料水に使ってました。専用ではあっこに今一軒ありますけど。あっこへわいとるんですね地下水が裏の山かどっかの地下水があっこへわき出とるわけです。

上の堀が、二つ水がたまっとるとこが小さいんですけどある。真ん中が通路みたいになってまして、その通路のような下はもう、水が石の間をすべて、北の小さい分から下に、こっちから行きましたら右ゆんですか南の方の。その北の方が源泉のようです。南はためとるとこで、以前私らが使わせてもらよったのは、大きい方で洗い物をする。野菜などを洗うたり、食べ物をまあ主に洗ってた。へえから、北側の小さい分は、別の、ひしゃくいうんですかね、ひしゃくで、水をそこのくんで飲んだり、桶《おけ》へ入れてくんで帰ったり、というような使い方でした。[23]

〈事例10〉は僧都川または僧都と称されている湧き水についての語りである。この僧都川の周辺地に僧都という字地がある。[24]土地では、玄賓僧都がこの僧都という字地に草庵を結んで一時滞在された時にここの水を飲まれたので僧都川というと伝えられているそうである。水道を使うようになる前は、僧都川周辺の数軒が共同で水を使っていたそうで、泥をすくうなどして常にきれいに掃除していたという。僧都川は北側の小さいたまりと南側の大きいたまりがあり、源泉の北の小さいたまりは飲用に使い、その水をためた南のたまりでは野菜などを洗ったりトマトやスイカを冷やして食べたりしていたそうである。現在、北の小さいたまりにはポンプが設置されている。

〈事例11〉「近似から来た玄賓」

あのねぇ、あのぅ、僕らが話に聞いた時分に、これは高梁から《（で）》聞いたんですけぇど、こっから、高梁の玄賓荘《げんぴんそう》いうとこがあって、そこでなんか四、五年滞在されとったんじゃないかというて、お寺を建ってそこへおられたいうのは聞いたことがある。ここから、あそこへ行ってな、へで、ちょうど、高梁の方谷橋《ほうこくばし》いう橋から、なんぼ、七、八百メートル、五百。（高梁）中学校がありますが、あのちょうど上のところへんぐらいに、お寺があります。玄賓荘言うて昔は。落合です。へえから東からこっち東から、東の方からこっち来られたということを聞いとります。袈裟掛岩、袈裟掛岩いうて。[25]

〈事例11〉は高梁市落合町近似の玄賓荘に玄賓が四、五年滞在していた頃、そこから袈裟掛岩のあるこの地に来られたということを聞いたという語りである。先にみた『上竹荘村誌』「僧都」の項に「川上郡近似村ニ草庵ヲ結ビテ閑居セシガ其時竹荘ニ遊ハレ此地ニ暫シ留マラセ給ヘルナリ」と記されていたが、その記述と〈事例11〉の語りの内容が共通していることがわかる。

〈事例11〉の話者は、落合町近似《ちかのり》にある寺を上竹の人たちは一般的に玄賓荘と呼ぶと語ってくれた。川上郡近似村（高梁市落合町近似）に玄賓が草庵を結んだ所に松林寺が建てられたと伝えられているわけであるが、本章前節〈事例2〉でみたように、松林寺のことを周辺地では「玄賓」と呼称している。「玄賓荘」という呼称について落合町近似地区の古老に聞いたところ、かつて松林寺の近くで「玄賓荘」という宴会場が経営されていたことがあったそうで、その宴会場の名称の影響によるものらしいことがわかってきた。吉備中央町上竹で大正十五年に生まれた〈事例11〉の話者も、上竹で昭和十一年に生まれた〈事例9〉の話者も、松林寺のことを「玄賓荘」と呼び松林寺の名を知らなかったことから、高梁市の近隣地では松林寺のことを「玄賓荘」と呼んでいたことがあったらしいことがうかがえ、文化史的にも興味深い。

Ⅲ　玄賓僧都伝承の広がり

備中国の玄賓僧都伝承は、寺院開基伝承や滞在地伝説のほかに、文物に関係するものにまで広がっていることがうかがえる。

岡山県高梁市巨瀬町《こせちょう》家親七二九九番地にある福滝山山王院千柱寺《せんちゅうじ》は、寺伝によれば、推古天皇の御代（在位五九二～六二八）に聖徳太子が開基した後、弘仁年間（八一〇～八二四）に空海が再興し、火災後の元亀年間（一五七〇～一五七三）に山頂から現在地に移転したという。真言宗御室派に属し、本尊は観音大士《かんのんだいし》（観世音菩薩）である。玄賓とのかかわりは、後代に寄付されたという伝玄賓自筆の大般若経《だいはんにゃきょう》九十三巻があるという点である。玄賓と直接的な関係はないが、間接的にはかかわりがあるため、本章で取り上げた。

この伝玄賓自筆の大般若経に関しては、大正二年に刊行された『上房郡誌』に記述があるので、引用しておく。

『上房郡誌』「千柱寺」の項

> 什宝／大般若写経九十三巻／当山縁起書に弘仁の頃、玄賓僧都巡錫の際、該経全部六百巻書写し備中呰部の地頭藤原知定の家に永く伝はり、后当山に寄付せり、而るに文録（禄カ）年中の火災に罹り、六百軸の内僅かに九十三巻焼残れりと云ふ。然して其経を見るに玄賓僧都の写名は見えずして、経の奥書に建保五年三月二日書写畢ぬ願主呰部地主藤原朝臣知定結縁者備中国同庄内湯川寺慶順、或は単に知定謹写等混交せり、尤も該経破損の箇所修覆模様より見れば右両人は破損修覆の補写ならんかと思はる、兎に角当寺には口碑と縁起書とに依り宝物として保存せり。(26)

この『上房郡誌』の記述によれば、弘仁の頃玄賓が大般若経全六百巻を書写したものが備中呰部《あざえ》の地頭藤原知定の家に永く伝わっていたが、後に千柱寺に寄付された。しかし、文禄年中（一五九二～一五九六）の火災によって六百巻の大半が焼け、焼け残った九十三巻が今に伝わっているということである。

興味深いのは、この文章を記した人物が焼け残った大般若写経九十三巻を調べたところ、玄賓の名は見えず、経の奥書に「建保五年三月二日書写畢ぬ願主呰部地主藤原朝臣知定結縁者備中国同庄内湯川寺慶順」、「知定謹写」等と記してあったという部分である。この奥書から、呰部地主藤原朝臣知定を願主とし、備中国同庄内（呰部庄内カ）湯川寺《とうせんじ》慶順を結縁者とした大般若経の書写作業（または修復補写作業）が建保五年（一二一七）三月二日に終わったらしいことがわかる。また、「知定謹写」という記述から、知定も書写作業（作業量は不明）に加わったらしいことがうかがえる。現物を閲覧していないため、この奥書が書写作業時のものか、修復補写作業時のものかは不明であるが、奥書の記し方からみれば書写作業時のものである可能性が高いように思われる。奥書が書写作業時のものであった場合でも、玄賓が確実に隠遁した「湯川寺」の慶順という人物が結縁者となっていることから、建保五年の大般若経書写作業は、湯川寺の玄賓伝承と何らかの関係があったものと推定される。

さらに興味深いのが、「呰部」の地主の家に永く伝玄賓自筆大般若経が伝えられていたという伝承である。『岡山県の地名』によると「呰部郷・呰部庄」は真庭《まにわ》市（旧北房《ほくぼう》町）上呰部・下呰部付近一帯に比定されている(27)。この呰部は玄賓生誕地伝説のある旧北房町上水田《かみみずた》小殿《おどの》の近所であり、呰部に住む有力者の家に永く伝玄賓自筆大般若経が伝えられていたという伝承があっても全く不自然ではない。上水田小殿周辺でみられた玄賓僧都伝説の広がりの一端を示す事例として注目される。

伝玄賓自筆の大般若経九十三巻があるという程度のかかわりであるため、予想していた通りであったが、千柱寺周辺では玄賓にまつわる伝説を聞くことができなかった。

岡山県真庭市（旧北房町）宮地《みやじ》四八三番地にある光明山遍照寺《へんじょうじ》は、寺伝によれば、千柱寺と同様に、推古天皇の御代に聖徳太子が開基した後、弘仁年間に空海が再興したという。建久九年（一一九八）に源頼朝の命により梶原景時が堂宇を建立したというが、その後、幾度も火災に遭っては再建されたという。真言宗御室派に属し、本尊は千手観音である。玄賓とのかかわりは、伝玄賓作の「聖徳太子幼稚像立像」があるという点である(28)。玄賓開基伝説のある寺院ではないが、間接的にはかかわりがあるため、本章で取り上げた。

江戸時代末期の嘉永七年（一八五四）に版行された「備中国巡覧大絵図」には、「水田」の所に「光明山遍照寺／鎌倉右大将建立／梶原景時奉行」と記してあり、絵図の右上に枠で囲んである「古刹」の項（三十か寺の名がある）にも「遍照寺　同（英賀郡）水田」とある。[29] このことから、江戸時代末期には遍照寺は湯川寺や四王寺《しおうじ》とともに数少ない「古刹」の一つと認識されていたことがわかる。

『北房町史　通史編上』には「「遍照寺縁起」によると玄賓が備中に隠棲していたころ、空海は英賀郡西方村の定光寺、同郡草間土橋の湯川寺に玄賓を尋ねた。英賀郡水田（現北房町水田）の遍照寺で空海は本尊千手観音立像と不動明王座像を彫り、玄賓は聖徳太子立像を彫るという親密の間であったという[30]」と記されている。遍照寺周辺の玄賓にまつわる伝説としては、「玄賓と聖徳太子立像」（玄賓が像を彫った）、「玄賓と京見が谷」（玄賓が新田付近の谷を通った時、遊ぶ子の頭を支えて「京が見えたか」と高く上げたことにより京見が谷という地名となった）などがある。[31]

遍照寺に空海と玄賓の交流伝説が生じたのは、空海再興伝説があることに加え、「英賀郡水田（真庭市宮地）」という遍照寺の位置が、玄賓が隠遁した湯川寺（新見市土橋寺内）と距離的に近いという点が関係しているものと考えられる。さらに、遍照寺は、玄賓生誕地伝説のある旧北房町上水田小殿や、玄賓の母がへその緒（臍帯）を寺に納めたという高梁市有漢町《うかんちよう》の臍帯寺《ほそおじ》や、地主の家に永く伝玄賓自筆大般若経が伝えられていたという伝承のある旧北房町（真庭市）呰部の近所にある。遍照寺にまつわる玄賓の伝承は、旧北房町上水田小殿周辺を中心とする玄賓生誕地伝承圏に属するとみてよいように思われる。

Ⅳ　「哲多郡」の意味するもの

玄賓が備中国湯川寺《とうせんじ》に隠遁したことはよく知られている。湯川寺（現在は新見市土橋）は備中国のどこにあったのであろうか。

平安時代以降、湯川寺の所在地は一般的に「哲多郡」と考えられていたようである。煩雑になるが、根拠となる文献を引用すると次のようになる（傍線・波線を付加した）。

A 『類聚国史《るいじゆこくし》』（八九二年成立）弘仁七年の条……「弘仁七年八月癸丑。勅。玄賓法師。住二備中国哲多郡一。苦行日久。利益可レ称。宜下法師存生之時間。彼郡庸者停レ米進レ鉄。以省中民費上」（『新訂増補国史大系』）。

『類聚国史』の記述からは弘仁七年（八一六）に玄賓が「備中国哲多郡」に住んでいたことがわかる。しかも、玄賓が生存している間、哲多郡の税金を軽減するようにとの勅許が出されていることから、哲多郡での玄賓の活躍の度合いはかなり大きなものであったと推定される。しかし、寺名は不明である。

B 興福寺本『僧綱補任《そうごうぶにん》』（平安時代成立か）弘仁五年の大僧都玄賓の項……「遁去住二備中国湯川山寺一」（『大日本仏教全書一二三』）。

興福寺本『僧綱補任』の記述から弘仁五年（八一四）に玄賓が大僧都職を辞して「備中国湯川山寺」に隠遁したことがわかる。しかし、この記述からは、湯川寺が備中国の何郡にあったのかは不明である。

C 興福寺本『僧綱補任』巻一裏書（裏書記入時期不明）……「玄賓辞二退両職一。去二本寺一。籠二居備中国哲多郡湯川山寺一」（『大日本仏教全書』一二三）(32)。

興福寺本『僧綱補任』巻一裏書には「備中国哲多郡湯川山寺」とあり、裏書記入者が湯川寺は備中国哲多郡にあったと認識していたことがわかる。

D 『南都《なんと》高僧伝《こうそうでん》』（十三世紀頃成立）玄賓の項……「（略）遁去。所在備中国湯川山寺。云々。弘仁五年甲午今年辞レ職籠二居本寺備中国誓（哲）多山寺一」（『大日本仏教全書一〇一』）。

『南都高僧伝』は「備中国湯川山寺」「本寺備中国誓（哲）多山寺」と記していることから、湯川寺は備中国誓（哲）多郡にあったと認識していたらしいことがうかがえる。

E　『元亨釈書《げんこうしゃくしょ》』（一三二二年成立）玄賓の項……「大同帝詔返二輩下一。聞二僧官勅下一潜遁去往二備中州湯川寺一」（『大日本仏教全書一〇一』）。

『元亨釈書』では「備中州湯川寺」に隠遁したとしているが、この記述からは湯川寺が備中国の何郡にあったのかは不明である。

F　『本朝高僧伝《ほんちょうこうそうでん》』（一七〇二年成立）玄賓の項……「（略）遁去。往二備中湯川寺一。（中略）又勅二誓（哲）多郡一。賓之在世免レ租貢レ鐵（鉄）」（『大日本仏教全書一〇二』）。

『本朝高僧伝』は「備中湯川寺」「勅二誓（哲）多郡一。賓之在世免レ租貢レ鐵（鉄）」と記していることから、湯川寺は備中国哲多郡にあったと認識していたらしいことがうかがえる。

つまり、文献にみえる備中国内の玄賓にかかわる寺院名は「備中国湯川山寺」「備中国哲多郡湯川山寺」「備中国誓（哲）多山寺（湯川寺をさしているとみられる）」「備中州湯川寺」「備中湯川寺」で、文献上確認できる郡名と寺院名は「哲多郡」と「湯川寺」のみということになる。特に興福寺本『僧綱補任』巻一裏書に「備中国哲多郡湯川山寺」とあることから、備中国にある湯川寺は「哲多郡」にあったと考えられてきたことがわかる。

これらの記述を根拠として、これまで、玄賓は備中国哲多郡湯川寺に隠遁したと説明されてきた。例えば、『日本仏教史辞典』「玄賓」の項には「律師さらに大僧都に任命されたが、これを辞退して、備中国哲多《てた》郡の湯川寺に隠遁した[33]」と記され、『朝日　日本歴史人物事典』「玄賓」の項には「大僧都に任じられたが辞職し、備中国哲多郡（岡山県阿哲郡）の湯川山寺に移り住む[34]」と記されている。

ところが、実際には、備中国湯川寺は備中国「英賀《あが》郡」（近世以降「阿賀」と表記）にある。これは何を意味しているのであろうか。

これまでの筆者の調査では、岡山県内（旧国名は美作《みまさか》国・備前《びぜん》国・備中国）で玄賓の伝説がある地はすべて備中国の範囲内にあり、大きく「玄賓生誕地伝承圏」「玄賓隠遁地伝承圏」「玄賓終焉地伝承圏」の三つの伝承圏に分類することができることがわかってきた。古代の備中国は都宇《つう》・窪屋《くぼや》・賀夜《かや》（陽）・下道《しもつみち》・浅口《あさくち》・小田《おだ》・後月《しつき》・哲多・英賀の九郡からなっていた。[35] 備中国内における玄賓関係の三つの伝承圏と、関係寺社が所在する古代の郡名をまとめると、以下のようになる。

a「玄賓生誕地伝承圏」の関連寺社は臍帯寺・郡神社《こおりじんじゃ》等で、英賀郡内に位置する。

b「玄賓隠遁地伝承圏」の関連寺社等は湯川寺（哲多郡か英賀郡）、大椿寺《だいちんじ》・四王寺《しおうじ》（哲多郡）、定光寺《じょうこうじ》・光林寺《こうりんじ》・柴倉神社《しばくらじんじゃ》・松林寺《しょうりんじ》（下道郡）、袈裟掛岩・僧都川は賀夜郡内に位置する。

c「玄賓終焉地伝承圏」の関連寺社は大通寺《だいつうじ》・山野《やまの》神社《じんじゃ》等で小田郡内に位置する。

やはり一番大きな問題は、湯川寺は哲多郡にあったのか英賀郡にあったのかという点であろう。備中国内では、古くから湯川寺は英賀郡にあったと認識されてきた。古くからの伝承があることに加え、勝手に途中から伝承地を変更することは困難であることから、備中国湯川寺の位置は備中国「英賀郡」にあったとみて問題ないと判断しておきたい（もし途中から位置を変更した場合、必ず何らかの記録が残るはずである）。

しかし、先にみた『類聚国史』弘仁七年の条にあるように、玄賓は弘仁七年には確実に「備中国哲多郡」に住んでいたことがわかる。

問題となる「哲多郡」の意味であるが、『類聚国史』の記述は、玄賓は備中国湯川寺（「英賀郡」にあった）のほかに「哲多郡」でも寺院を建立していたことを意味していると推定しておきたい（筆者の調査では、哲多郡には玄賓開基伝承を持つ大椿寺と四王寺という二寺院が存在している）。

結語

以上で、備中国における玄賓僧都伝説の諸相および「哲多郡」の意味についての筆者なりの考察を終えることとしたい。

高梁市落合町近似《ちかのり》には玄賓が草庵を結んで滞在したという伝承があり、その地には松林寺という寺院が建立されている。土地では「玄賓と松林寺開山」「玄賓谷」「玄賓土仏」「玄賓僧都木像」「玄賓の湯」などの伝説を採集することができた。

加賀郡吉備中央町上竹《かみたけ》では「玄賓僧都の袈裟《けさ》掛岩《かけいわ》」「玄賓の袈裟掛岩と足跡石」の伝説や、「僧都の地名由来」と「僧都川」の伝説が伝えられている。

その他、備中国の玄賓僧都伝承は、「寺院開基伝承」や「滞在地伝説」のほかに、文物に関係するものにまで広がっていることがうかがえた。

玄賓は備中国湯川寺に隠遁したことが知られているが、実際には、湯川寺は旧「英賀郡」にあった（現在の新見市土橋）。『類聚国史』によると、弘仁七年に嵯峨天皇は玄賓が住んでいる「備中国哲多郡」の庸は米を免除して鉄を代わりとし、民費を軽減させるようにとの勅許を出している。つまり弘仁七年時点には玄賓は哲多郡に住んでいたことになるが、文献で確認できる備中国にある玄賓開基の寺は湯川寺だけであるから、単純に湯川寺は「哲多郡」にあったと考えられてきた。ところが、湯川寺は実際には英賀郡にあり、では「哲多郡」の寺はどこかということになる。その「哲多郡」の寺であった可能性を持つのが大椿寺・四王寺ということになり、注目される。古い文献に記載が無い以上、可能性を指摘するしかないが、旧哲多郡にある大椿寺・四王寺をめぐる伝承の存在は、極めて重大な意味を持つ可能性を含んでおり、さらなる研究の深化が期待される。

註

（1）『曹洞宗岡山県寺院歴住世代名鑑』（曹洞宗岡山県宗務所、一九九八年）「松林寺」「深耕寺」の項。
（2）新見市御殿町センター蔵「備中国巡覧大絵図」によった。
（3）『備中誌』（日本文教出版、一九七二年復刻）、一一七七頁、一一八〇～一一八一頁。
（4）『上房郡誌』（名著出版、一九七二年。私立上房郡教育会、一九一三年版の複製）、一一九六頁。
（5）（6）（7）話者は岡山県高梁市落合町原田の若林正憲さん（大正十五年生まれ）。平成十四年（二〇〇二）七月二十六日・原田調査、採集稿。若林正憲さんは深耕寺三十三世住職。
（8）『高梁市史』（高梁市、一九七九年）、一一二四頁。
（9）話者・調査日は註(5)と同じ。
（10）註(8)の『高梁市史』、一一二四頁。
（11）（12）話者・調査日は註(5)と同じ。
（13）（14）宮田正悦『偉僧玄賓僧都』（松林寺、一九二六年）。
（15）『上竹荘村誌』（仁熊助右衛門、一九一五年。上竹荘村誌復刻編集委員会、二〇〇一年）、一四四頁。なお、『上竹荘村誌』所収「上竹荘村図」には「袈裟掛」と記されている。
（16）仁熊八郎『賀陽町の地名と歴史』（私家版、一九九一年）の「付　賀陽町の歴史的地名」の「上竹」項に「ケサカケ（三〇九〇）」とある。また、草地恒太『吉備中央町の地名小字集』（私家版、二〇一四年）に「袈裟掛・ケサカケ：２０９７・３０９０・（略）・３８１７」（二一四頁）とある。

(17) 話者は岡山県加賀郡吉備中央町上竹の男性（昭和十一年生まれ）。平成二十九年（二〇一七）十一月二十三日・原田調査、採集稿。

(18) 話者は岡山県加賀郡吉備中央町上竹の男性（大正十五年生まれ）。平成二十九年（二〇一七）六月十八日・原田調査、採集稿。

(19) 『岡山「へその町」の民話――岡山県吉備中央町の採訪記録』（吉備中央町教育委員会・吉備人出版、二〇一七年）、一〇〇～一〇二頁に玄賓僧都関係の伝説（袈裟掛岩、足形跡）が数話所収されている。

(20) 『〔縮刷版〕日本昔話事典』（弘文堂、一九九四年）、「足跡石」の項。

(21) 註(15)の『上竹荘村誌』、一五五～一五七頁。

(22)(23) 話者・調査日は註(17)と同じ。

(24) 註(16)の『賀陽町の地名と歴史』「付　賀陽町の歴史的地名」の「上竹」項に「ソウズ（一八三八）」とある。また、『吉備中央町の地名小字集』に「ソウズ・ソフズ・ショウズ：1782・1785・1839－1841・1855・2322・2326・2338・2340」（二一二頁）とある。

(25) 話者・調査日は註(18)と同じ。

(26) 註(4)の『上房郡誌』、一〇五一頁。

(27) 日本歴史地名大系『岡山県の地名』（平凡社）、「呰部郷・呰部庄」の項。

(28) 註(4)の『上房郡誌』「光明山遍照寺」の項、一〇六四頁。

(29) 註(2)の「備中国巡覧大絵図」。

(30)(31) 『北房町史　通史編上』（北房町、一九九二年）、三一八頁。

(32) 興福寺所蔵『僧綱補任』巻一裏書（奈良文化財研究所撮影カラー写真によった）には「玄賓辞退両職。去本寺。籠居備中国哲多郡湯川山寺。律師辞退歌云。三輪川ノ清キ流ニ洗テシ衣ノ袂ハ更ニ不穢シ。大僧都辞退歌云。外国ハ山水清シ事多キ君カ都ハ不住スマサレリ」と記されている。

(33) 大野達之助編『日本仏教史辞典』（東京堂出版、一九七九年）「玄賓」の項。

(34) 『朝日　日本歴史人物事典』（朝日新聞社、一九九四年）「玄賓」の項（岡野浩二執筆）。

(35) 註(27)の『岡山県の地名』「備中国」の項。

第八章　備中国における玄賓終焉地伝説

――大通寺・山野神社――

はじめに

関連資料があまりないため、玄賓の生涯を詳細にたどることは難しい。没年に関しては、『日本紀略《にほんきりやく》』『僧綱補任《そうごうぶにん》』など、複数の確実な資料に弘仁九年（八一八）六月十七日に玄賓が亡くなった旨の記述があることから、確定して問題はないであろう。

玄賓は、桓武天皇・平城天皇・嵯峨天皇という三代の天皇から厚い信頼を得ていた。玄賓への厚い信頼の表れは、天皇から玄賓にしばしば贈られた品々の多さからも確認することができる。特に弘仁年間（八一〇〜八二四）には、嵯峨天皇から毎年のように玄賓に対して書や綿布が下賜されている（『日本後紀』『類聚国史』）。弘仁九年六月十七日に玄賓が亡くなったことを知った嵯峨天皇は、「哭賓和尚（賓和尚を哭す）」と題する漢詩を作製し、玄賓の死を嘆いている（弘仁九年成立『文華秀麗集』所収）。このような、度重なる下賜の事実や死を嘆く御製「哭賓和尚」の存在から、嵯峨天皇が、晩年から死に至るまでの玄賓の動静を確実に把握していたことがわかる。不思議なのは、複数の確実な資料に弘仁九年六月十七日に玄賓が亡くなった旨の記述があるにもかかわらず、玄賓がどこで亡くなったかが、どの資料にも記されていない点である。玄賓はどこで亡くなったのであろうか。先に述べたように、玄賓が最晩年に備中国に隠遁した事実はよく知られている。このことから、玄賓が備中国で亡くなった蓋然性は高いようにも思われる。しかし、文献資料が残されていないため、事実関係は不詳である。

興味深いことに、岡山県各地には、玄賓僧都に関する伝説が複数伝承されている。(1) これは、玄賓が「備中国」に隠遁したことに起因するものと推定される。筆者の調査によると、備中国において一か所のみ、玄賓終焉地伝説のある場所がある。それが玄賓の墓とされる五輪塔がある小田郡《おだ》矢掛町小林《やかげちょうおばやし》の玄賓庵跡周辺地域である。

本章は、できるかぎり事例を提示するよう努めながら、これまで存在が知られていなかった備中国の玄賓終焉地伝説について、その全体像を紹介し考察を加えることを目的とする。

Ⅰ　地名「僧都」と玄賓の墓

備中国において玄賓が亡くなった場所という説がある地としては、哲多郡の湯川寺（岡山県新見市土橋寺内）と矢掛村小林の玄賓庵跡などがある。(2) 筆者の調査では、湯川寺周辺には玄賓がここで亡くなったという伝承はなかった。湯川寺で隠遁生活を送った玄賓は、土地の人たちに惜しまれながらこの地を去って行ったという。湯川寺周辺には、玄賓がこの地を去る時地面に立てていった白檀《びゃくだん》の杖がやがて大木になって明治の初め頃まで枯れずに立っていたという「杖白檀」の伝説が伝承されている。(3)

では、湯川寺を去った後、玄賓はどこへ行ったのであろうか。明治十一年（一八七八）成立の『備中略史』は、湯川寺に隠遁し、湯川寺から川上郡近似村《ちかのり》（岡山県高梁市落合町近似）に行ったという立場をとっている。(4) ところが、『阿哲郡誌　下巻』「湯川寺」の項は、高梁の玄賓谷から湯川寺に行ったと全く逆の立場をとっている。(5) 実のところ、湯川寺を去った後、玄賓がどこへ行ったのかは不明である。なお、川上郡近似村の「玄賓谷」は、玄賓が草庵を結んで滞在したことがある地であったそうで、現在はその地に松林寺《しょうりんじ》（曹洞宗深耕寺《しんこうじ》末）がある。備中国においては、湯川寺とともに近似の玄賓谷はよく知られているが、玄賓が近似の玄賓谷で亡くなったという伝承はない。

玄賓の墓と伝えられる五輪塔

僧都地区

一方の矢掛村小林の玄賓庵跡周辺では、真偽は不明ながら、玄賓がここで亡くなったという伝承とともに、玄賓の墓とされる五輪塔が存在している。その、玄賓終焉地伝説が伝承されている小田郡矢掛町小林には「僧都《そうず》」という地名がある。

土地の伝承によれば、玄賓僧都がかつてこの地に草庵を結んだ後、この地で亡くなったことから「僧都」という地名になったという。

矢掛町小林の僧都地区と市場地区の間を流れている美山川《みやまがわ》には「僧都橋」が架けられており、僧都橋を渡って西側が僧都という地名のある地域である。なお、現在の僧都橋は鉄筋コンクリート製であるが（平成十一年二月竣工）、かつては木の橋で土井橋《どいばし》と呼ばれていたということであった。僧都地区中央部の山裾に玄賓の墓と伝えられている五輪塔がある。その五輪塔の前に、矢掛町教育委員会による説明板が設置されている。次に「玄賓塚」と題されたその説明文を引用しておく。

「玄賓塚」

平安時代の高僧玄賓僧都は奈良興福寺に於いて得度、修業（行）の功あって難病平癒の奇蹟を現わし、僧都に昇任し、更に大僧都の恩命を受けましたが固辞して受けず、西国を歴遊して山中に入り修行を重ねて備中の国に致（到カ）り、里人に農耕を勧め、水田を拓き倉見池を築造して水利を豊かにし、又筧《かけひ》の工法や、案山子《かかし》の利用も教えたと伝えられています。／晩年この地に草庵を結び里人の信仰を受け地名も僧都と呼ぶようになりました。／弘仁九年（八一八）六月、八十余歳で示寂《じじゃく》せられたので皆その高徳を慕い草庵跡に五輪塔を建立して供養を怠らず遺徳の顕彰に努めて参りました。／これが玄賓塚の由来と伝承されております。／矢掛町教育委員会

この説明文ではこの五輪塔を「玄賓塚」と称しているように記してあるが、僧都周辺での筆者の調査では、この五輪塔を「玄賓塚」と呼ぶ話者には出会えなかった。土地では「僧都の墓」「玄賓の墓」「玄賓庵跡」などと称され、「僧都の墓」と呼ばれる場合が最も多かった。次に筆者が土地で採集した事例を紹介する。

〈事例1〉「僧都の地名由来と墓」

まあな、知っとるゆうたゆうて、あっこへもう、参りょうたん、私。家がそばでしょう。線香立ったり、へえか

ら、大垣立ってな。昔から私の主人から、その前の、お爺さんお婆さんもな、参りょうちゃった。誰いうてあの、お坊様（の墓）じゃないですか。何か、僧都と。へで、あっこを僧都に付けたいうて。その、何（玄賓僧都の名）を取ってな、僧都の部落（の名前にした）。(6)

この〈事例1〉には、玄賓僧都の名から「僧都」を取って地名にしたという地名由来と、玄賓の墓とされる五輪塔に家族でよくお参りしたということが語られている。明治四十三年（一九一〇）生まれのこの〈事例1〉の話者は、僧都の五輪塔の近所の家に嫁に来て長く住んでいた方で（最近近所に転居）、ご主人もその前のお爺さんもお婆さんも皆、玄賓僧都の墓とされる五輪塔に線香を立てるなどしてお参りしていたということであった。このことから、少なくとも江戸時代末期には僧都地区にある五輪塔が玄賓僧都の墓と伝承されていたらしいことがわかる。

〈事例2〉「玄賓終焉地の五輪塔と玄賓庵」

何かこう、あそこ（僧都）へ住んどってね、お寺を造っとったんじゃ、いうような。あそこでそれで亡くなったいう話が。それから、あそこで火葬をしたんじゃないかいうて。まあ、そりゃあまあ遠くへ持っていくわけにもいきませんでしょうしねえ。そういうことで、何か供養塔のようなものを、造った。ゆうふうなことで、五輪塔があるんじゃないかというような話を聞きました。五輪塔はだいぶん後の話ですけどねえ、そりゃあ。玄賓庵いうのがあったいうのは確からしいですねえ。(7)

〈事例2〉は、玄賓が僧都地区の玄賓庵に住んでいたが、亡くなった後にそこに五輪塔を造って供養したらしいという語りである。土地の伝承によると、現在五輪塔のある場所に玄賓が草庵を造ったのでそこを玄賓庵と称し、寂後《じゃくご》草庵跡に五輪塔を建立して埋葬したとも、玄賓庵は五輪塔のすぐ上の山中にあり、寂後山裾の現在地に五輪塔を建立して埋葬したともいわれている。玄賓庵が僧都地区の五輪塔周辺にあったらしいことは確かなようであるが、実際にどこにあったのかは、伝承の薄れた現在ではわからなくなっているようである。

〈事例3〉「玄賓と農具」

池とか案山子《かかし》とか、樋《ひ》いうんかな、まあ水路じゃろうと思うんですけど、こがぁな格好で。けだものがおったんじゃろうなぁ。それからもう一つ案山子の考え方が違うかもわからんけど、でも案山子じゃと思う。鳴子《なるこ》いうんかなあ。そういうの案山子いうんか鳴子いうんか。ものを、追ういうんかなあ。音を出して追うたんじゃろうと思うがなあ。鳴子いうんかな。そういった、おどしを、やっぱり猛獣の、被害防止に、したんじゃろうと思うけどなあ。へで、池からこう降りる、水路じゃなあ、水路を、樋じゃなあ。あの、木をくりぬいて、何か、水道がわりに使ったんじゃろうと。竹垣を渡してじゃなあ、同じような堅さん（堅さの）ところへ水をするような、そうしたんじゃな。まあ水路をつくるのが面倒なけえそういうことしたのかもわからんし。樋じゃな。(8)

〈事例3〉は、玄賓が人々のために案山子や鳴子や樋などの農具を考案したという語りである。このほか、玄賓が池を造ったり田を開墾したという言い伝えもあるそうである。玄賓の先輩にあたる法相宗の行基《ぎょうき》（六六八～七四九）が橋梁架設・池堤設置等の社会事業を行い、行基菩薩と称されたことはよく知られている。玄賓が人々のために案山子や鳴子や樋を考案したり田を開墾したという伝承は、行基の菩薩行に通ずるものがあり、興味深い。

〈事例4〉「玄賓と薬草」

月見《つきみ》草《そう》ゆうん、このほうの名は。へぇじゃけぇ昔からそうようたんでしょうなぁ。この原でもわりにありませんで、月見草は。胃薬でしょうなぁ、何か薬草いうんじゃけぇ。昔は胃ぐらいなもんでしょうじゃねぇんか。（そこに薬草が）あるから言うて、それを、まあみんなに、広めよう思うたら死んじゃった。広めんまに。ここで死なれたいう。そういうてなぁ、そこのお婆さんが言ょうちゃった。そこの、墓の下の家の。（生きていたら）百なんぼですけえなあ。私らよう遊びに行きょうたら言ょうちゃった。(9)

〈事例4〉は、玄賓が薬草を広めようとしたが、広めようと思っているうちに亡くなってしまったという話。僧都在住で大正十年（一九二一）生まれの〈事例4〉の話者は、子どもの頃、五輪塔の近くの家によく遊びに行き、今生きていたら百幾つになるというそこのお婆さんから、この話を聞いたという。この話者によると、玄賓が広めようとした薬草は月見草で、僧都橋の近くの土手に生えているということであった。そこに案内してもらって実物を見せてもらったところ、それは月見草ではなく「待宵草《まつよいぐさ》」の可能性が高いということがわかった。待宵草は南アメリカのチリ原産で、嘉永四年（一八五一）頃日本に移入され観賞用に栽培されていたものが、大正時代以後、北海道を除く暖帯地方の各地に野生化したものであるという。(10)おそらく、僧都地区において玄賓の薬草伝説と待宵草が結びついて伝承されるようになったのは、待宵草が南アメリカから渡来して野生化した明治・大正時代以降のことと推定される。ただし、僧都地区の玄賓薬草伝説は待宵草渡来以前からあった可能性がある。事物が入れ替わって伝承されることは伝説ではよくあることから、待宵草渡来以前には別の草と結びついて玄賓薬草伝説が伝承されていたとも推定される。玄賓が隠遁していた湯川寺周辺には、玄賓が近隣の鍾乳洞（秘坂鐘乳穴《ひめさかかなちあな》）で採集した鍾乳石を薬石としたという伝承がある。(11)このことと考え合わせても、僧都地区における玄賓薬草伝説の存在は非常に興味深く、注目される伝承だといえよう。

Ⅱ　大通寺と玄賓庵

玄賓が晩年に草庵を結んだという伝説のある玄賓庵は、僧都《そうず》地区の北方にある高峰山大通寺《だいつうじ》の末寺の一つであった時代があったようである。矢掛町小林岡本谷一八一五番地にある大通寺は、元禄十二年（一六九九）成立の『高峰山大通寺由来記録』（大通寺蔵）によれば、天平十五年（七四三）に「承天《しょうてん》大和尚」が高峰山頂に行基作不空羂索《ふくうけんじゃく》観音《かんのん》を安置して開山したという。その後、元暦元年（一一八四）後鳥羽院の勅願寺となり高峰山麓の現在地に移転したということである。現在は曹洞宗に属し、本尊は釈迦牟尼仏《しゃかむにぶつ》である。近年、大通寺の伝行基作不空羂索観音像に平安時代後期の年号「康和元年（一〇九九）」の銘があることが発見され[12]、平成十三年（二〇〇一）三月に岡山県重要文化財に指定された。また、大通寺開山とされる「承天」は八世紀に東大寺の三綱《さんごう》として活躍した僧侶であったとみられ[13]、伝行基作不空羂索観音像の存在とともに、大通寺と南都（奈良）との間には、かつて何らかのつながりがあったように思われる。

大通寺に蔵されている『寺社御改帳《じしゃおんあらためちょう》』（成立年不詳。江戸時代成立か）に「玄賓庵」に関する記述があるので、次に引用しておく。

大通寺蔵『寺社御改帳』の「玄賓庵」の項

小林村之内字僧都と唱
此処ニ玄賓僧都居住之古跡有
備中七名人之中也

玄賓庵(14)

これは大通寺の末寺の一つとして、小林村字僧都に玄賓僧都居住の古跡「玄賓庵」があるという記述である。この玄賓庵跡は、現在玄賓の墓と伝えられている五輪塔がある場所あたりと推定されている。

また、大通寺蔵『寺社御改帳』の「玄賓庵」の項の直前には「性蓮寺」に関する記述があり、「是者寺屋敷而已《のみ》有之幡岡山　小林村下分　性蓮寺」（十三丁裏）と記されている。大通寺の末寺の一つであったこの性蓮寺は、玄賓の五輪塔のすぐ上の山（幡岡山《はたおかやま》）の中にあった寺で、玄賓庵がその場所にあったという異伝がある。

矢掛の大通寺

〈事例5〉「性蓮寺跡について」

（性蓮寺があったという話）それを、お婆ちゃんからな（聞いた）。姑のひい婆ちゃんから。ここが、屋敷じゃいうてお婆ちゃんが言うなあ言うて聞かしょうてしたがな。私の家の敷地じゃない。山のちょっと入った所。奥。（家の奥にある）小さい（祠《ほこら》）、あれは、丹下家のな、摩利支天《まりしてん》様いうてどこにもな。（中略）（性蓮寺があった地は摩利支天の祠より）もっと奥。あの上の古いお墓があろう。あの下にあったたん。私が（嫁に）来た時にゃあ、これがいうて、地形石《じぎょういし》じゃいうてなあ、あったんじゃ。けえどそのとこを、畑にしてなあ。(15)

〈事例5〉は、性蓮寺があった地に最も近い所に住んでいた人による語りである。明治四十四年（一九一一）生まれのこの話者が昭和初期に嫁に来た時にはもう寺はなく、ただ寺跡に寺の地形石（礎石）があっただけであったという。その後、寺の礎石を撤去して畑にしたということで、現在は寺のあった痕跡はないそうである。先に見たように、大通寺蔵『寺社御改帳』の「性蓮寺」の項に「是者寺屋敷而已」と記されていることから、江戸時代にはすでに無住となっていたらしいことがわかる。古老によれば、玄賓の墓と伝えられている僧都地区の五輪塔がある場所から性蓮寺跡までは細い抜け道があったそうであるが、現在は木々に覆われてその道はなくなっている。土地で聞くと、玄賓の五輪塔のすぐ上の山（幡岡山）では、石仏などがよく土中から出てくるということであった。性蓮寺跡から玄賓の五輪塔にかけての一帯は、玄賓僧都ゆかりの地として栄えた時代があったものと推定される。

大通寺開山とされる「承天」が八世紀に東大寺の三綱として活躍した「承天」と同一人物であったならば、承天が南都東大寺にいた同時期に玄賓も南都興福寺で学んでいたことになり、互いに顔見知りであった可能性も出てくる。その場合、矢掛村小林に玄賓が草庵を造って居住したのは、近くに南都東大寺承天ゆかりの大通寺があったこととも関係する可能性さえ出てくるが、関連資料がないため推測の域を出ない。しかし、大通寺文書『寺社御改帳』に玄賓庵の存在が記されていることから、少なくとも江戸時代頃には矢掛村小林に玄賓僧都の伝説が確実に存在していたことがわかる。

Ⅲ　倉見池と山野神社

岡山県小田郡矢《や》掛《がけ》町宇《う》角《ずみ》一四九八番地にある八幡神社の本殿の奥に祀られている末社の「山野《やまの》神社《じんじゃ》」は「山神社」とも「山神《やまのかみ》」とも称され、祭神は大山祇命《おおやまつみのみこと》と倉見《くらみ》池《いけ》の築造者であるという。[16] 倉見池は宇角地区の背後の山中にある大きな池で、昔から宇角地区の人々は倉見池からの豊富な水の恩恵を受けて稲作を行ってきた。高妻山《たかつまやま》森林公園野鳥の森の北側に位置する倉見池は、今では池の端に野鳥観察小屋も設けられて奇麗に整備され、人々の憩いの場となっている。『矢掛町史蹟名勝天然記念物民俗史料名物案内記』の「宇角の倉見池」の項に「倉見池は寛政十年代官早川八郎が、大修築をした記録あり、宇角の渓谷を登り詰めた山中にある。此池は、平安朝時代に大僧都玄賓が土民を指揮して築造したと伝へ、爾来宇角は旱魃を免かれたと云う。住民は其徳を称えて、今に至るも毎年玄賓祭を催し、其徳を慕うと云う(17)」とあるように、矢掛町には倉見池は玄賓が築造したという伝承がある。

〈事例6〉「玄賓と倉見池」

池は、こっちの奥の方じゃな。倉見池というんです。これは、宇角になるんですな。(玄賓は)そこらもやっぱり動いとるな、宇角地区は。多分まあ、池を造って。死んだのが、僧都で、途中は転々としとるようなけれど。でも宇角の方におったんが早いじゃろうな(18)。

この〈事例6〉は、筆者が矢掛町小林で採集したもので、玄賓は宇角の倉見池を造った後に僧都地区に来て亡くなったらしいという伝説を語ったものである。次に、倉見池のある宇角地区で採集した事例を提示する。

〈事例7〉「倉見池と山野神社」

まあこの人らが、神様として、この地区が、ここまでなったいうことは、その人のおかげで、田んぼができて食うてこられたわけじゃ、みんながな、ここの土地に住んどる人が。へえでその人を祭る。何いするために、池があるために、その人がまあ杖を引っ張って歩いたどうかいうんじゃけど。大きな池じゃ、倉見池はな。へえじゃけど、あっこからここまでいうたら、こう畝もある谷もあるして、そりゃあ地図あったらええけど、そりゃあ、といい（遠い）です。そりゃあといい（遠い）もんで。

山野神社いうのはそういうことらしいけど、どうもそっから先の、書いたもんがないでのお。その人が、そうして。結局、今日あるのもその人の、おかげじゃいうことで、霜月の祭りに神楽して祭りしょうたんです。神楽をな、夜通し。夜通しの神楽すら、ちょっとな。せえで、毎年霜月のお祭りということをしてな、氏子がみんな参りょうりますわ。[19]

宇角の倉見池

宇角の山野神社

宇角地区

〈事例8〉「倉見池の溝の由来」

私はそれは知らんのんじゃ。どの人が（倉見池を）造ったかいうことは知らんのじゃけど。何か杖を持ってこうずうっとお坊様が引っ張って歩いたとおりをこう池水をこしらえてあるいう話は聞いた。へでそこのずうっと上のほうにこう池水ゆうて溝をこうずうっとしてあるんです。その溝をずうっとこの谷谷へ降ろいて田ぁ造りょうる。何かそがぁんこと言うちゃった。私もよう知らんのよ。（杖を）ずうっと引っ張ってこう、そのとおりをこう溝をしとったいう話は聞いたんです。(20)

〈事例7〉は、山野神社は倉見池を造った人を神として祀っており、昔は霜月《しもつき》の祭りに夜通し神楽《かぐら》を奉納したという語りである。次の〈事例8〉は、倉見池を造った後、その人が杖を引っ張って歩くと長い溝ができ、その杖跡の溝が倉見池から宇角地区までの水路になったという語りである。現在も使用されているその水路は、人がやっと歩けるほどの狭さで、宇角地区の人々が今でも交代で水路の掃除をしているということであった。霜月の祭りは旧暦十一月巳午《みうま》の日に行われ、かつては夜通し神楽を奉納していたというが、昭和五十年頃から神楽は行われなくなったという。先に引用した『矢掛町史蹟名勝天然記念物民俗史料名物案内記』の「宇角の倉見池」の項に「住民は其徳を称えて、今に至るも毎年玄賓祭を催し、其徳を慕う」と記されていたわけであるが、宇角地区には「玄賓祭」という名前の祭りは伝承されていなかった。おそらく、それは旧暦十一月巳午の日に行われてきた霜月の祭りのことだと思われる。

宇角地区で調査を行って不思議に思ったことは、倉見池の築造者の名前を現在では誰も知らないという点である。八幡神社の総代をしていた複数の古老に聞いてみたが、築造者の名前は知らないということであった。念のため玄賓という名について聞いてみたが、聞いたことがないという返答であった。『矢掛町史　民俗編』の「玄賓僧都」の項には「宇角地域の水不足を補うために倉見池を築造し、その用水路をつくられたと伝えている。宇角では玄賓僧都の徳を仰ぎ氏神様の八幡神社の境内に山野神社としてまつり、高恩に感謝している[21]」とあるが、同書の「八幡神社（宇角）」の項には「水田に導入する溝は築造した某（弘法大師であるともいう）が杖を引いて歩いた跡が溝になったものといい、そのとき杖をもらって祭ったのが山神であるともいう[22]」とある。このことから、倉見池築造者の名前についての伝承は現在ではゆれがあり、「玄賓僧都」とも「弘法大師」とも「不明」であるともいわれていることがわかる。

さらに興味深いのが、八幡神社に伝わっている「関係古記録抜抄写」（八幡神社蔵）に明治三年の「小田郡宇角村神社書上帳」の写しがあり、その中の「山ノ神社」の項に「旧祭神　葦《アシ》屋道満トアリ」と記されている点である。矢掛町には陰陽師《おんみょうじ》安倍晴明《あべのせいめい》や蘆屋道満《あしやどうまん》の伝説が伝承されているが[23]、山野神社の旧祭神として安倍晴明と法力を争ったと伝えられる蘆屋道満の名が記されているのは、矢掛町における安倍晴明関係伝説が、かつては宇角地区にまで広がっていたことを示していると推定される。倉見池築造者の名前は、時代の推移とともに「玄賓僧都」とも「弘法大師」とも「蘆屋道満」ともいわれ、伝承が衰微するとともに、ついには宇角地区では固有の名前さえ忘れられてしまったと推定される。

結　語

以上で、これまで存在が知られていなかった備中国の玄賓終焉地伝説についての筆者なりの考察を終えることとする。矢掛《やかげ》町小林僧都《おばやしそうず》周辺および矢掛町宇角《うずみ》周辺における玄賓の伝説としては、「僧都の地名由来と墓」「玄賓終焉地の五輪塔と玄賓庵」「玄賓と農具」「玄賓と薬草」「玄賓と倉見池」「倉見池と山野神社」「倉見池の溝の由来」などがある。注意を要するのは、『日本紀略《にほんきりやく》』『僧綱補任《そうごうぶにん》』などの史料にも、『元亨釈書《げんこうしゃくしょ》』『東国高僧伝《とうごくこうそうでん》』『南都《なんと》高僧伝』『扶桑隠逸伝《ふそういんいつでん》』『本朝《ほんちょう》高僧伝』などの伝記類にも、備中国矢掛村小林の玄賓庵の記述は全くない点である。あくまでも伝承のうえでの玄賓終焉地伝説の紹介と考察を試みた。

管見によれば、岡山県において玄賓終焉地伝説のある場所は小田郡矢掛町小林一か所のみである。「湯川寺《とうせんじ》」で亡くなったという説もあるが、新見市湯川寺周辺での筆者の調査では、玄賓は湯川寺を去っていったと伝承されており、墓も存在していない。玄賓終焉地伝説のある矢掛町小林には「僧都《そうず》」という地名と、玄賓が葬られたとされる五輪塔がある。矢掛町小林僧都の五輪塔周辺部にはかつて玄賓が草庵を結んだという伝承が存在し、その地にあったという「玄賓庵」は矢掛町小林岡本谷にある大通寺《だいつうじ》の末寺であった。天平十五年（七四三）に南都東大寺の承天《しょうてん》が高峰山頂に行基《ぎょうき》作不空羂索観音《ふくうけんじやくかんのん》を安置して開山したという大通寺は、南都との間にかつて何らかのつながりがあったと推定される古刹である。また、矢掛町宇角地区の背後の山中にある「倉見池」には玄賓築造伝説があり、同じ宇角地区にある八幡神社の末社「山野神社」の祭神は大山祇命と倉見池の築造者（玄賓僧都）であるとされる。

矢掛町に玄賓終焉地伝説が生じた原因の一つとして、南都仏教との関係の深さが考えられる。矢掛町横谷《よこだに》三七九六番地にある舟木山洞松寺《とうしょうじ》は、「由緒書」（洞松寺蔵）によれば、天智天皇の御代（在位六六八～六七一）に南都興福寺の光照《こうしょう》菩薩を請来して堂宇を建立し、法相宗洞松司院と称したのが草創であるとされ、後に洞松寺と改称し、さらに応永十九年（一四一二）曹洞宗として再興されたという（本尊は釈迦牟尼仏）。この、洞松寺の草創が「南都興福寺」の光照菩薩であったという点に注目したい。玄賓も南都興福寺の学問僧であったことを考えると、矢掛町には南都との深い関係があり、それが玄賓伝説に何らかの影響を与えたものと推定される。また、矢掛町が吉備真備《きびのまきび》の一族と関係が深い地域であることも、矢掛町と南都との関係に何らかの影響を及ぼしていた可能性があるように思われる。もし玄賓が古刹の多いこの地で亡くなったなら、即座に天皇のもとに知らせが届いたことであろう。資料が残っていないため詳細は不明であるが、この地に玄賓終焉地伝説が生じた必然性は少なからずあることがわかり、注目される。

矢掛町と南都との関係でもう一つ注目されるのが、矢掛町には南都法相宗の僧侶であった行基の開基伝承を持つ寺院が多いという点である。現在矢掛町にある寺院は三十一か寺あるが、そのうち七か寺（観音寺・極楽寺・長泉寺・西明院・西方院・大光院・小田寺）が行基開基伝承を持ち、一か寺（洞松寺）が南都法相宗興福寺の光照菩薩開基伝承を持ち、一か寺（大通寺）が伝行基作の不空羂索観音像を蔵している。(24)

玄賓は南都「法相宗」興福寺の高僧であった。玄賓が活躍した平安時代初期は天台宗や真言宗はまだ草創期で、南都六宗（三論《さんろん》・法相・華厳《けごん》・律《りつ》・成実《じょうじつ》・倶舎《くしゃ》）が日本仏教の主流の時代であった。岡山県には、法相宗の行基ゆかりの寺が四十一か寺ある。(25)この数は、中国地方の他県と比較して極端に多い（鳥取県八、島根県九、広島県九、山口県十）。(26)行基が近畿地方を出ることなく生涯を終えたことは近年の研究により明らかにされているが、行基伝承を持つ寺は全国で千四百か寺にのぼる。(27)各地方ごとに、行基伝承が生じた原因は異なるとみられるが、筆者は岡山県に行基伝承を持つ寺が非常に多い原因の一つとして、平安時代初期に法相宗の玄賓が来訪した事実が深く関与していると推定している。

註

（1）本書備中国編各章参照。
（2）続豊永村誌編纂委員会編『続豊永村誌』（豊永開発振興会、一九九六年）、三九一頁。
（3）本書備中国編第二章「備中国湯川寺における玄賓僧都伝説」〈事例15〉参照。
（4）奥田楽淡『備中略史』（『新編吉備叢書（一）』歴史図書社、一九七六年）、一二七頁。
（5）『阿哲郡誌　下巻』（阿哲郡教育会、一九三一年）「湯川寺」の項、七四二頁。
（6）話者は岡山県小田郡矢掛町小林の鳥越絹子さん（明治四十三年生まれ）。平成十四年（二〇〇二）九月五日・原田調査、採集稿。
（7）話者は岡山県小田郡矢掛町小林岡本谷の柴口成浩さん（昭和十五年生まれ）。平成十四年（二〇〇二）九月八日・原田調査、採集稿。柴口成浩さんは大通寺三十三世住職。
（8）話者は岡山県小田郡矢掛町小林の鳥越文次さん（昭和六年生まれ）。平成十四年（二〇〇二）九月五日・原田調査、採集稿。
（9）話者は岡山県小田郡矢掛町小林の三宅亀子さん（大正十年生まれ）。平成十四年（二〇〇二）九月三十日・原田調査、採集稿。
（10）『世界大百科事典　第2版（DVD-ROM）』（日立デジタル平凡社、一九九八年）「マツヨイグサ」の項。
（11）本書備中国編第二章「備中国湯川寺における玄賓僧都伝説」〈事例11〉参照。
（12）浅井和春「岡山・大通寺の不空羂索観音菩薩坐像」（『仏教芸術』二四六号、毎日新聞社、一九九九年）。
（13）註(12)の浅井和春「岡山・大通寺の不空羂索観音菩薩坐像」、七一頁。『日本古代氏族人名辞典』（吉川弘文館、一九九〇年）「承天」の項。
（14）大通寺蔵『寺社御改帳』（成立年不詳。江戸時代成立か）、十四丁表。
（15）話者は岡山県小田郡矢掛町東川面の丹下要さん（明治四十四年生まれ）。平成十四年（二〇〇二）九月五日・原田調査、採集稿。
（16）『矢掛町史　民俗編』（矢掛町、一九八〇年）「八幡神社（宇角）」の項、三二六〜三二七頁。

(17)『矢掛町史蹟名勝天然記念物民俗史料名物案内記』(矢掛町文化協会、一九七四年)、一六頁。
(18)話者・調査日は註(8)に同じ。
(19)話者は岡山県小田郡矢掛町宇角の林弘さん(大正十四年生まれ)。平成十四年(二〇〇二)九月九日・原田調査、採集稿。
(20)話者は岡山県小田郡矢掛町宇角の林富子さん(大正十四年生まれ)。平成十四年(二〇〇二)九月九日・原田調査、採集稿。
(21)註(16)の『矢掛町史　民俗編』、五二四〜五二五頁。
(22)註(16)の『矢掛町史　民俗編』、三二七頁。
(23)註(17)の『矢掛町史蹟名勝天然記念物民俗史料名物案内記』「安倍晴明と阿部山」の項、二〇〜二一頁。
(24)『矢掛町史本編』(矢掛町、一九八二年)、第五章第九節「寺社と宗教」の項。
(25)井上薫編『行基事典』(国書刊行会、一九九七年)「行基伝承寺院分布地図」、「岡山県」の項、五二二頁。筆者原田の調査では、岡山県の行基伝承寺院の数は『行基事典』の調査より多いが、ここでは同一基準による中国地方五県の行基伝承寺院数として、『行基事典』に従った。
(26)註(25)の『行基事典』「行基伝承寺院分布地図」、五二二〜五二三頁。
(27)国書刊行会編集部編『行基事典　特別付録　行基ゆかりの寺院』(国書刊行会、一九九七年)、七頁。

大和国（奈良県）・伯耆国（鳥取県）編

第一章　大和国三輪の玄賓僧都伝説

——大神神社・玄賓庵——

はじめに

大和国三輪《みわ》（現在の奈良県桜井市）には、玄賓が一時隠棲《いんせい》していたと伝承されている玄賓庵《げんぴあん》という寺院がある。『発心集《ほっしんしゅう》』や『古事談《こじだん》』等の説話集には玄賓が三輪に隠棲していたことが記され、謡曲「三輪」には玄賓と三輪明神とのやりとりが描かれている。また、三輪の玄賓庵には成立年次未詳の「玄賓庵略記《りゃっき》」という縁起が伝わっている。

本章は、謡曲「三輪」や「玄賓庵略記」などの関連資料を参考にしながら、大和国三輪の玄賓僧都伝説をめぐる諸問題について考察することを目的とする。(1)

Ⅰ　三輪と玄賓

玄賓が三輪に隠棲していたという伝承は、いつ頃成立したのであろうか。玄賓と三輪との関係を記した確実な記録は伝えられていないようであるが、古いものとしては、大江匡房《おおえのまさふさ》（一〇四一～一一一一）の談話を藤原実兼《さねかね》（一〇八五～一一一一）が筆録したとされる『江談抄《ごうだんしょう》』がある。

古本系『江談抄』に「弘仁五年玄賓初任二律師一。辞退歌云。三輪川清キ流ニ洗天シ衣袖ハ更不レ穢云々(2)」という記述がある。ここに記されている歌が玄賓と三輪の関係を広める大きな役割を果たしてきたように思われる。『江談抄』では弘仁五年（八一四）に玄賓が初めて律師に任じられた時に辞退して歌ったものが「三輪川」の歌だと記されている。しかし、弘仁五年は大僧都の玄賓が備中国湯川寺《とうせんじ》に隠遁したとされる年であり(3)、年代が混乱していることがわかる。『江談抄』は「十二世紀の初め、匡房の薨去後あまり遠くない時期に成立した(4)」と推定されているから、少なくとも玄賓が亡くなって約三百年後の平安時代末期頃には玄賓と三輪をめぐる伝承が成立していたらしいことがうかがえる。

この「三輪川」の歌は寛弘九年（一〇一二）頃の成立とされる藤原公任《きんとう》（九六六～一〇四一）撰『和漢朗詠集《わかんろうえいしゅう》』下に収載されていることから、十一世紀初めには知られていたことがわかる。ただし、『和漢朗詠集』下では「みわがはのきよきながれにすゝぎてしわがなをさらにまたやけがさん」と下の句に異同があり、「玄賓」の名が記されていない諸本が多い(5)。

また、保元三年（一一五八）頃の成立とされる藤原清輔《きよすけ》（一一〇四～一一七七）著『袋草紙《ふくろぞうし》』に「玄賓僧都、三輪川のきよき流れにすすぎてしわが名をさらにまたはけがさじ(6)」とあることから、少なくとも『江談抄』以降、この「三輪川」の歌は玄賓の歌として知られるようになったらしいことがうかがえる。

玄賓と三輪との関係を記した説話としては、建保四年（一二一六）以前成立と推定されている鴨長明《かものちょうめい》（一一五五～一二一六）著『発心集《ほっしんしゅう》』第一―一「玄敏僧都、遁世逐電の事」が知られており、前半に次のような部分がある。

昔、玄敏僧都と云ふ人有りけり。山階寺のやむごとなき智者なりけれど、世を厭ふ心深くして、更に寺の交はりを好まず。三輪河のほとりに、僅かなる草の庵を結びてなむ思ひつつ住みけり。

桓武の御門の御時、此の事聞こしめして、あながちに召し出だしければ、遁るべき方なくて、なまじひに参りにけり。

されども、なほ本意ならず思ひけるにや、奈良の御門の御世に、大僧都になし給ひけるを辞し申すとて詠める。

三輪川のきよき流れにすすぎてし
衣の袖をまたはけがさじ

とてなむ、奉りける。

かかる程に、弟子にも使はる人にも知られずして、いづちともなく失せにけり。さるべき所に尋ね求むれど、さらになし。云ふかひ無くて日比へにけれど、彼のあたりの人は云はず、すべて、世の嘆きにてぞありける[7]。


この部分に、山階寺（興福寺）の学僧であった玄敏（通常は玄賓と表記）僧都が三輪川のほとりに草庵を結んで隠棲していたこと、桓武天皇から無理に呼び出されて仕方なく参上したこと、大僧都に任命されたが「三輪川のきよき流れにすすぎてし衣の袖をまたはけがさじ」という和歌を詠んで辞退してどこかへ姿を消してしまったことなどが記されている。なお、これと同文の説話が建暦二年（一二一二）～建保三年（一二一五）頃の成立とされる源顕《あき》兼《かね》（一一六〇～一二一五）編『古事談』巻三に収載されているが、『発心集』と『古事談』の先後関係についての学説はまだ確定していない。仮に『発心集』（もしくは『古事談』）が先行していたとした場合、作者（編者）はどのようにして玄賓の三輪隠棲説話を知ったのであろうか。現在残っている資料類から単純に考えると、『江談抄』に記載されている「三輪川」の歌をめぐる簡略な説話がもととなり、それに少し肉付けをして成立したのが『発心集』

（もしくは『古事談』）所収の玄賓三輪隠棲説話である可能性が高いように思われる。

なお、『発心集』や『古事談』には、三輪隠棲説話以外の玄賓関連説話が所収されている。『発心集』では、第一―一「玄敏僧都、遁世逐電の事」の後半に越《こし》の国で玄賓が渡し守をしていたという説話があり、第一―二「同人、伊賀の国郡司に仕はれ給ふ事」に玄賓が伊賀の国で馬飼をしていたという説話、第四―六「玄賓、念を亜相《あしよう》の室に係くる事　不浄観の事」に玄賓が不浄観により煩悩《ぼんのう》を退けたという説話が、それぞれ所収されている。『古事談』では、『発心集』の不浄観説話は所収されていないが、それ以外の三輪隠棲説話、越の国渡し守説話、伊賀の国馬飼説話が同文で所収されている。これらの説話の登場により、隠遁ひじりとしての玄賓の位置づけはますます強くなっていったようである。

Ⅱ　謡曲「三輪」と大神神社

三輪と玄賓にかかわるものとして現在最もよく知られているのは、謡曲「三輪」であろう。謡曲「三輪」には、大和国三輪の山のふもとに住む玄賓と三輪明神とのやりとりが描かれている。謡曲「三輪」の作者は未詳であるが、『能本作者註文』等に世阿弥（一三六三？～一四四三？）作とあり、寛正六年（一四六五）の演能記事があることから、[8]『発心集』や『古事談』に玄賓三輪隠棲説話が収載されてから約二百年後に謡曲「三輪」が作成されたらしいことがわかる。

謡曲「三輪」の登場人物は、ワキ・玄賓僧都、シテ・女、アイ・所の者、後シテ・三輪明神である。[9]以下、謡曲「三輪」のあらすじを簡単に述べることにする。最初にワキの玄賓僧都が登場し、次のような名ノリを述べる。

これは和州三輪の山蔭に住まひする、玄賓と申す者にて候。さてもこの程樒閼伽の水を汲みてこの僧に与ふる者の候。今日も来りて候はば、いかなる者ぞと名を尋ねばやと思ひ候。

この最初の名ノリの部分で、玄賓が大和国三輪の山のふもとに住んでいること、自分のところに樒《しきみ》を摘み閼伽《あか》の水を汲んで持ってくる者がいるので玄賓は名を尋ねたいと思っていることが語られる。その後、「三輪の里」に住んでいるという女（シテ）が登場し、「檜原《ひばら》の奥」の玄賓をたずねる。玄賓が「山田守る僧都の身こそ悲しけれ、秋果てぬれば、訪う人もなし」と歌を詠んでいると、女が来て案内を請う。女は、尊い人である玄賓僧都にいつも樒を摘み閼伽の水を汲んで差し上げていることを述べ、自分の罪業を助けてほしいと願い、玄賓に衣を乞う。玄賓は自分の衣を女に与える。

その後、三輪の大明神に参った所の者（アイ）が、御神木の杉の木に玄賓の衣が掛かっているのを見つけ、玄賓に知らせる。それを聞いた玄賓が、樒を摘み閼伽の水を汲んで来てくれる女に自分の衣を与えたことを述べると、所の者が、それは疑いなく三輪大明神で、玄賓僧都が尊いので末世の衆生済《しゆじようさ》

大神神社

大神神社「衣掛杉」の株

度《いど》のために女の姿となって毎日榁を摘み閼伽の水を汲んで差し上げ、御衣を御所望になったのであろうと述べる。

玄賓が三輪明神のもとに行くと、自分の衣が杉の木に掛かっており、衣の褄《つま》に金色の文字で「三つの輪は、清く清きぞ唐衣《からころも》、くると思ふな取ると思はじ」と書いてある。そして玄賓と三輪明神が会話を交わす。三輪明神は、神道では衆生済度の方便として神が人の身となることもあること、神代の昔物語は末代の衆生を済度するために方便として語られるものであること、三輪の神婚説話（苧環型《おだまき》）のこと、天の岩戸での舞いが神楽《かぐら》の起源であること、伊勢と三輪の神はもともと一体分神であることなどが語られる。そして最後に、「かくありがたき夢の告げ、覚むるや名残なるらん、覚むるや名残なるらん」と、三輪明神とのやりとりが玄賓の夢の中のお告げであることを述べて終わっている。

謡曲「三輪」では、玄賓が「山田守る僧都の身こそ悲しけれ、秋果てぬれば、訪う人もなし」という歌を詠む様子が描かれているが、これは、文永二年（一二六五）撰進『続古今和歌集』巻十七雑歌上に「備中国湯川といふ寺にて　僧都玄賓／山田もるそほづの身こそあはれなれ秋はてぬれば問ふ人もなし」として収められている歌である(10)。「悲しけれ」「あはれなれ」と一部が異なっているが、謡曲「三輪」作者は玄賓らしさを出すために、意図的にこの歌を利用したものと推定される。

また、玄賓が三輪明神のもとに行き、杉の木に掛かっていた自分の衣の褄に金色の文字で歌が書いてある場面があるが、衣の褄に書いてあった「三つの輪は、清く清きぞ唐衣、くると思ふな取ると思はじ」という歌は、『江談抄』巻一に記されている「三輪川ノ渚ソ清キ唐衣クルト思ナエツトヲモハシ」という歌をふまえたものとみられる(11)。『江談抄』では（都を去って他国に赴く時に）玄賓が道で行き会った女に衣をもらった際に詠んだ歌とされているが、謡曲「三輪」では、逆に、女が玄賓に衣をもらったとされ、さらにこの歌は三輪明神が詠んだことになっている。

これらのことから、謡曲「三輪」の作者は、玄賓と三輪明神との関係を演出するために、当時知られていた玄賓関係の説話や歌を最大限に利用して創作したらしいことがうかがえる。

この謡曲「三輪」の内容から、『発心集』や『古事談』に収載された玄賓三輪隠棲説話が時代とともに増補改変されていった様子がうかがえる。十三世紀に作成された『発心集』では「三輪河のほとり」と漠然と記されていた隠棲地が、十五世紀に作成された謡曲「三輪」では、三輪の里の「檜原の奥」に住んでいたと範囲が狭められている（現在ある玄賓庵は「檜原谷」にある）。また、奈良県桜井市三輪の大神神社《おおみわじんじゃ》には、謡曲「三輪」で玄賓が三輪明神の化身の女に与えた衣が掛かっていたとされる「衣掛杉《ころもがけのすぎ》」がある（現在は枯れているため株だけが境内に保存されている）。

本地垂迹説《ほんじすいじゃくせつ》や三輪流神道説をからませて作成された謡曲「三輪」の内容は、十五世紀における玄賓三輪隠棲伝説の発展という面でも興味深いものとなっている。謡曲「三輪」成立後、玄賓三輪隠棲伝説は新たな段階に入り、謡曲「三輪」の内容が核となってさらに詳細なものへと発展してゆくことになったと推定される。

Ⅲ　玄賓庵と「玄賓庵略記」

中世に謡曲「三輪」が作成された後、近世に入ると地誌類に三輪での玄賓隠棲地についての具体的な記述がみえるようになる。

林宗甫《はやしそうほ》著『大和名所記』（内題『和州旧跡幽考』）は、延宝九年（一六八一）に刊行された大和国の地誌であるが、巻十三・城上郡《しきのかみ》「玄敏谷」の項に「当世其跡とてあり。／玄賓僧都は発心集玄敏姓は弓削氏、河内ノ国の人なり。釈書

三輪玄賓庵

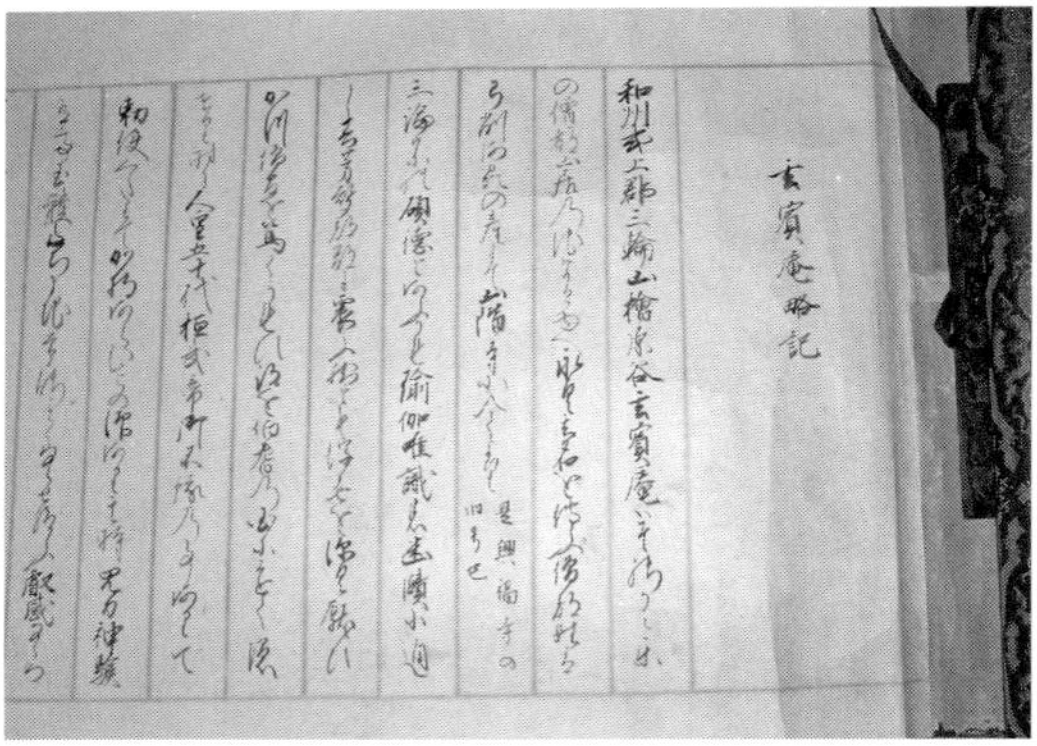
玄賓庵略記

玄賓庵略記

（後略）」と記されている(12)。後略部分には、先にみた『発心集』第一―一の三輪川説話の本文をそのまま引用し（「山階寺の山事なき智者也けれど（中略）又はけがさじ」まで）、続けて玄賓渡し守説話を簡略に記した後、最後に「発心集」と出典を示す割註を付している。

次に秋里籬《あきざとり》島《とう》著『大和名所図《ず》会《え》』巻四「玄賓庵の旧趾」の項の前半部分を引用する。

玄賓庵の旧趾は三輪山の北、檜原谷にあり一名玄賓谷といふ。本社より十町ばかりにして、日原社より一町東にあり。庵の跡下樋の水こゝにあり。山空うして常に松子落ち、谷幽にして人跡稀なり。嘗て玄賓僧都こゝに隠れて、白雲を枕にし、風は月と共に清うして、世の塵埃に染る事をさけ、解脱の空門にいましけり(13)。

『大和名所図会』は、寛政三年（一七九一）に刊行された大和国の地誌である。引用部分には、玄賓庵は三輪山の北に位置する檜原谷《ひばらだに》（一名玄賓谷）にあること、三輪社より十町・日原社《ひばら》より一町東にあり、樋《ひ》の水が流れ、人跡稀な地であること、かつて玄賓僧都がここに隠棲したことなどが記されている。引用を省略した後半部分には、玄賓は弓削《ゆげ》氏で河内国の人であること、三輪川のほとりに隠棲していたこと、桓武帝に無理に呼ばれて仕方なく参上したこと、越《こし》の国で渡し守をしていたことなどを『元亨釈書《げんこうしやくしよ》』や『発心集』を引用しながら記している（『釈書』「発心集」と割註を付している）。また、川のほとりの草庵で玄賓らしき老僧がくつろいでいる様子を描いた「玄賓庵」の絵が収載されている。(14) さらに、同巻「三輪社」の項には「衣掛椙《ころもかけすぎ》」の条があり、「右の方に大木の杉あり。玄賓僧都の衣をかけ給ふ所なりといふ」(15)と記されている。そして、「三輪社」の絵の中にも「衣掛杉」の名称と杉の木の絵が描き込まれている。(16)

この十八世紀の『大和名所図会』巻四の記述から、十五世紀に作成された謡曲「三輪」の内容が着実に浸透し、「玄賓庵」や「衣掛杉」が三輪の名所として紹介されている様子がうかがえる。一方、『大和名所図会』に記された「玄賓庵」という名称や「衣掛杉」の名称と逸話が、十七世紀の『大和名所記』には記されていない点も注目される。

現在、三輪には玄賓庵《げんぴあん》（奈良県桜井市大字茅原三七三）と称される寺院がある。玄賓庵には「玄賓庵略記《げんぴあんりやつき》」という縁起が伝えられている。

次に、「玄賓庵略記」（玄賓庵所蔵本）の全文を引用する。(17) 旧字体・異体字等は原則として通行の字体に改め、句読点・濁点を付した（なお、考察の都合上、便宜的に記号A～Fを付した。傍線・丸括弧内の註記も原田が付した）。

「玄賓庵略記」

A　和州式上郡三輪山檜原谷玄賓庵は、そのかみかの僧都山居の地なるがゆへ、永く其名を伝ふ。僧都姓は弓削、河州の産にて、山階寺に入てより是興福寺の旧号也、三論宗（法相カ）の碩徳とあふかれ、瑜伽唯識の幽賾に通じ、其芳声都鄙に震ふ。然ども浮世を深く厭ひかつ僧官を篤くうれひ、跡を伯耆の国に遠く隠せり。時に人皇五十代桓武帝御不豫の事ありて、勅使くだりて加持あらむとの仰あり。其時呪力神験有て玉体たちまち常のごとくならせ給ふ。叡感ななめならず、給賞他にことなるを拝辞し、すみやかに居をさけ此檜原の奥に膝をいるるの草廬を結び、朝夕怠なくただ苦修練行、としをつみ給ふ。

B そののち五十一代平城天皇の勅有て宮中に招請し給ふ時、

　みは河の清き流にすすぎてし衣の袖をまたやけがさむ

との高詠叡信ます〳〵浅からず、大僧都に任じらるべきとありければ、

　とつ国は水原きよし事しげき都のうちはすまぬまされり

如此朗吟して此檜原をもすみ捨、越路のかたにのがれくだりて、一河のわたし守となりて月日を送り晦跡をあまなひ給ふとき、一人の徒弟はからずこの物色をひそかに見とめけるをとみに察し、又他郷にけすがごとく身をかくさる。

C さきに檜原の幽居をしめ給ふ時神女来りてあかつきことに下樋の水をくみて閼伽に供す。有ときかの女僧都の故衣を乞ふ。求めに応じ一領施與あるとてかく、

　三の輪の清き渡にから衣とるとおもふなやるとおもはじ

此とき神女よろこび眉宇にみつ。僧都すみところをとふに、

　恋しくは訪ひ来ませ我宿はみわの山もと杉たてる門

かくこたへおはりて所在を失す。翌日明神へ詣せらるゝとき社前の老杉の枝にかの衣かかりて僧都の一詠金字あざやかに書せり。奇なるかな、明神師の徳をしたひ給ひて現形有けるなるべし。此一株に今に枯朽せずして衣掛の杉と号す。

D　又有時僧都社参のあした路辺の田中にて菜をつむ美婦あり。試に正路をとひ給ふとて、

うつせみのもぬけのからに物とへばしらぬ山地もおしへざりけり

と吟唱したまへばかの婦人、

をしゆへとも真の道はよもゆかし我をみてたにまよふその身は

かく返詠を呈して後の在所をみず。神のかりに現し出で僧都と法縁をむすびたまへるものならむか。玄菜をつみけるところは則一の鳥居の右のかたの茶店の旧地なりとぞ。

E　僧都のちには備中国沼多（哲多カ）郡の山中に一廬を営み、道体をやしなふ。秋にいたれば、里人やま田のあれなむをうれひ僧都を労して猿鳥をおどろかしむ。

山田もるそうつの身こそ悲しけれ秋はてぬればとふひともなし

此一首はかの山中にての歎詠なりとぞ。この歌『続古今集』にいれり。五十二代弘仁帝篤く師の道風を貴み給ひ、毎歳恭くも宸翰を染させ給ひて法資たくひあらず。そののち弘仁九年六月己巳の日寿算八十有余にして庵前の地に檜木の枝を倒にさし入、一笠をかけ迭鞋一双を脱をきその去所をしらずといふ。思ふに是現身都率に生天し給ふなるべしと、諸人拝信の頭をかたむけゝるとなり。其後貴賤遺跡を仰ぎ故庵を失はず、一寺を締構し号して湯川寺といふ。僧都の行状かの寺の縁起にも委く記せるとぞ。彼倒にしられたる枝、今にゐた葉繁茂して一千年の星霜を経ぬる迄、天地とともに永く存せり。

F　此地衣かけの老杉山海西来千里地こと也といへども、信べし、其妙瑞符節を合せたるごときをや。行賀僧都も師の旧蹤をしたひて、此地に棲遅し給へりとなむ。人寰たたりかかる岑寂の深谷たりといへども、有信探勝の道俗時々尋来りて、僧都の成跡をとひけるゆへ、旧記にのこれることども、かつ日ごろ聞およぶ説々、やや

心に記せる所ばかりそこはかとなく此略記一篇をかひつけ侍る。文義のつたなきは我よくすべきにあらず。ひとへに後人の添削をまつのみ。

正二位前権大納言　尹希（朱印）　基衡之印（朱印）

A部分は、元亨二年（一三二二）に成立した虎関師錬《こかんしれん》『元亨釈書』巻第九「釈玄賓」の項(18)や、『発心集』第一―一「玄敏僧都、遁世逐電の事」を利用して作成された可能性が高い。ただし、同文的な引用をしていないので、「玄賓庵略記」作者が直接『元亨釈書』や『発心集』を見たかどうかは不明である。また、傍線部「三論宗《さんろんしゅう》の碩徳」とある部分の「三論宗」は明らかに「法相宗《ほっそうしゅう》」の誤記である。玄賓は三論宗ではなく法相宗（唯識宗《ゆいしきしゅう》）の僧である。一方、応永十四年（一四〇七）から文安三年（一四四六）頃成立とされる『三国伝記《さんごくでんき》』巻四―六「玄賓僧都遁世ノ事」に「山階寺ノ玄賓僧都ハ三論宗ノ碩徳也(19)」という記述があることから、傍線部は『三国伝記』の誤記をそのまま利用して記された可能性がある。

B部分は『発心集』第一―一を利用して作成されたと推定される。B部分で不明なのが「とつ国」の歌の出典で、『江談抄』「外国ハ山水清シ事多キ君カ都ハ不住サリケリ」、興福寺本『僧綱補任《そうごうぶにん》』裏書「外国ハ山水清シ事多キ君カ都ハ不住スマサレリ」、『閑居友《かんきよのとも》』「とつ国は山水清しこと繁き君が御代には住まぬまされり」、『古今著聞集《ここんちょもんじゅう》』「外つ国は水草きよしことしげきあめのしたにはすまぬまされり」のどれとも合致しない(20)。B部分では、玄賓は大僧都に任じられた際に「とつ国」の歌を詠み、三輪檜原の地を出て越路に隠遁して渡し守になり、さらにそこから他郷に身を隠したと独自の記述をしている。

C部分は謡曲「三輪」を利用して作成された可能性が高い。C部分で注目されるのが大神神社境内にある「衣《ころも》掛杉《がけのすぎ》」が今も枯れずにあると記されている点である（傍線部）。この「衣掛杉」は安政四年（一八五七）七月二十四日落雷によって折れたということであるから、[21]「玄賓庵略記」の成立は安政四年以前ということがわかる。

D部分では田中で菜を摘む美婦（神の化身）と玄賓との歌のやりとりの伝説が記されている。大神神社の一の鳥居の右側にあった茶店の旧地が、かつて女が菜を摘んだ所だという（傍線部）。かつては大神神社に「衣掛杉伝説」のほかに「神女菜摘み伝説」があったことがうかがえ、注目される。この伝説は謡曲「三輪」成立後、大神神社周辺で新たに成立したものと推定される。

E部分は備中国湯川寺での玄賓の逸話を記している。備中国には「沼多郡」はなく、玄賓は「哲多郡」に隠棲したとされているので、「沼多郡」は「哲多郡」の誤記とみられる。「庵前の地に檜木の枝を倒にさし入、一笠をかけ迭鞋一双を脱をきその去所をしらずといふ」という部分のうち、現在の湯川寺周辺では、玄賓がさした枝が大木になったという伝承はあるが、笠をかけ迭《たがいに》草鞋《わらじ》一双を脱ぎ置いたという伝承は伝わっていない。E部分では玄賓がさしたのは「檜木」とあるが、湯川寺周辺の伝承では「白檀《びゃくだん》の木」とされ、この木が枯れたのは明治初年と伝えられている。[22]「彼の寺の縁起」とは「湯川寺縁起」をさすとみられるが、寛文十二年（一六七二）成立の「湯川寺縁起」には「白檀木」のことが記されているので、[23]「玄賓庵略記」作者は「湯川寺縁起」の存在は知っていたが実物は見ていなかったと推定される。E部分で特に注目されるのが、玄賓がさした木が繁って「一千年の星霜を経ぬる迄、天地とともに永く存せり」と記されている傍線部の記述である。現在の岡山県新見市土橋寺内に位置している湯川寺の本堂の前には文化九年（一八一二）に玄賓入滅後一千年を記念して建立された「僧都千年供養塔」と彫られた石碑がある（「湯川寺縁起」は弘仁九年〈八一八〉の玄賓寂年を弘仁四年〈八一三〉と誤認している）。[24]「今にゐた葉繁茂して」と記した「玄賓庵略記」作者は、湯川寺にある玄賓由来の「木」がまだ枯れずに存在していることを知っていた可能性が高いように思われる。また、「一千年の星霜を経ぬる迄」と記されていることから、「玄賓庵略記」は少なくとも玄賓寂後「一千年」となる文政元年（一八一八）に近い頃の成立であることがわかる。

F部分は縁起作者が執筆した部分と推定される。末尾の「正二位前権大納言」は、前権大納言であった藤原基衡《もとひら》（寛延三年基望《もともち》より改名、一七二二～一七九四）とみられる。『公卿補任《くぎょうぶにん》』によれば、藤原基衡は前権大納言藤原基香の男子で、桜町天皇の延享元年（一七四四）に参議となり、光格天皇の天明六年（一七八六）に出家（法名澄観・前権大納言正二位）後、寛政六年（一七九四）五月十日に七十四歳で薨じている[25]。玄賓庵蔵「玄賓庵略記」が納めてある文箱上蓋の表書きには「玄賓庵略記　正二位薗大納言基衡卿御筆」と記されている。基衡は藤原氏の「園氏」の系譜に連なる人物なので「薗大納言基衡卿」と記されたことがわかる。これらのことから、「玄賓庵略記」の作者は藤原基衡（基望）で、玄賓庵蔵本は基衡自筆本である可能性が高いように思われる。基衡が作者だとすると、出家以降の晩年の作かと推定される。

結語

以上で、大和国三輪の玄賓僧都伝説についての筆者なりの考察を終えることとする。

本章での検討により、十二世紀初めの『江談抄』で玄賓と三輪との関係についてふれられて以降、十三世紀初めの『発心集』『古事談』では玄賓三輪隠棲説話がより具体的に記され、十五世紀の謡曲「三輪」では三輪流神道説を背景に玄賓と三輪明神とのやりとりが描かれ、十八世紀の『大和名所図会』では「衣掛杉」が名所の一つとされていることが確認され、十八世紀末の「玄賓庵略記」では「衣掛杉伝説」に加えて「神女菜摘み伝説」が成立していたらしいことがうかがえた。時代とともに、三輪隠棲伝説はより詳細なものへと発展していったようである。

三輪の玄賓庵について、大正四年に刊行された『磯城郡誌《しきぐんし》』の「玄賓庵」の項に「小字、ゲンピン谷にあり、真言宗古義派高野山金剛峯寺の所轄明王院の末寺なり。古は三輪山の北檜原谷にあり、其地山深く谷幽かに人跡至る罕なり弘仁中僧玄賓草庵をここに結ひて隠遁す、因て玄賓谷と名く、後ち其遺蹟に大日如来を安置し之を玄賓庵と称す、中ころ荒廃せしか寛文七年比丘宴光中興す、後維新の初め神仏混淆の禁止によりここに移せり。（中略）此地は元大神神社の境内なりしか、維新の際神地に仏堂の存在を禁せられしに依り、明治元年今の地に移転し、境内三百十七坪、本堂は寛文七年の建立、庵に玄賓僧都の木像・正二位園大納言基衡卿の筆に成る玄賓僧都縁起等を蔵す」と記されている。この記述から、荒廃していた玄賓庵を寛文七年（一六六七）に宴光《えんこう》が中興して本堂を建立したが、明治の廃仏毀釈の際に今の地に移されたことがわかる。玄賓庵の沿革によれば、廃仏毀釈時に旧跡より十四間（約二五メートル）下った地に移したという。また、「基衡卿御筆」とされる玄賓庵蔵「玄賓庵略記」の存在から、江戸時代末期における玄賓庵の格の高さがうかがわれ、注目される。(26)

註

（1）奈良県桜井市での調査は、平成二十四年（二〇一二）六月に行った。
（2）『古本系江談抄注解』（武蔵野書院、一九七八年）、二七一頁。
（3）興福寺本『僧綱補任』弘仁五年の項に、大僧都の玄賓が「遁去住〓備中国湯川山寺〓」（『大日本仏教全書』第一二三冊、七七頁）とある。
（4）篠原昭二項目執筆「江談抄」（『日本短篇物語集事典』東京美術、改訂新版一九八四年）。
（5）堀部正二編著・片桐洋一補『校異和漢朗詠集』（大学堂書店、一九八一年）、二一四頁の「玄賓」部分の校異に「粘・近・伊・寂・雲・田ナシ」とある。

(6) 新日本古典文学大系『袋草紙』(岩波書店、一九九五年)、一五四頁。
(7) 三木紀人校注『方丈記　発心集』(新潮社、一九七六年)、四六～四七頁。
(8) 『日本古典文学大辞典』(岩波書店、簡約版一九八六年)、「三輪」の項。
(9) 謡曲「三輪」の引用は、日本古典文学全集『謡曲集一』(小学館、一九七三年)によった。
(10) 中山泰昌編『校註国歌大系　第五巻』(誠文堂新光社、一九三三年)所収の『続古今和歌集』によった。
(11) 註(2)の『古本系江談抄注解』(武蔵野書院、一九七八年)、二七二頁。
(12) 奈良県史料刊行会編『大和名所記』(豊住書店、一九七七年)、三〇〇～三〇一頁。
(13) 『大和名所図会』(歴史図書社、一九七一年)、三四八～三四九頁。
(14) 註(13)の『大和名所図会』、三四四～三四五頁。
(15) 註(13)の『大和名所図会』、三四一頁。
(16) 註(13)の『大和名所図会』、三三四頁。
(17) 「玄賓庵略記」の翻刻としては、『三輪叢書』(大神神社社務所、一九二八年)所収本文、『大神神社史料第二巻』(大神神社史料編修委員会、一九七四年)所収本文、『大神神社史料第六巻』(大神神社史料編修委員会、一九七九年)所収本文があるが、誤植が多い。『三輪叢書』所収翻刻文および『大神神社史料第六巻』所収翻刻文は玄賓庵所蔵本の転写本を翻刻したものと推定され、末尾に「正二位前権大納言(黒印)／(右一巻巻物仕立水晶軸、全長一丈二尺縦一尺)／(黒印)」と記されている。『大神神社史料第二巻』所収翻刻文は玄賓庵所蔵本からの翻刻とみられるが、末尾に「(右一巻巻物仕立水晶軸、全長一丈二尺縦一尺)」とあることから『三輪叢書』所収翻刻文も参照していることがわかる。
(18) 『大日本仏教全書』第一〇一冊、二四〇頁。
(19) 池上洵一校注『三国伝記(上)』(三弥井書店、一九七六年)、二〇九頁。
(20) 『江談抄』は註(2)の『古本系江談抄注解』二七二頁、『僧綱補任』裏書は奈良文化財研究所撮影興福寺蔵本写真版(『大日本仏教全書』第一一一冊、五七頁)、『閑居友』は新日本古典文学大系『宝物集　閑居友　比良山古人霊託』(岩波書店、一九九三年)三六五頁、『古今著聞集』は日本古典文学大系『古今著聞集』(岩波書店、一九六六年）一四〇頁。
(21)　中山和敬『大神神社〈改訂新版〉』（学生社、一九九九年）、一六七頁。
(22)　本書備中国編第二章「備中国湯川寺における玄賓僧都伝説」参照。
(23)(24)　本書備中国編第四章「湯川寺縁起と玄賓僧都伝説」参照。
(25)　新訂増補国史大系『公卿補任　第四篇』（吉川弘文館、一九八二年）、三六四、三九六、四〇二、四〇六、四一〇、四一六、五二三、五六〇、五六七頁。新訂増補国史大系『公卿補任　第五篇』（吉川弘文館、一九八二年）、四一頁参照。
(26)　『磯城郡誌』（奈良県磯城郡役所、一九一五年）、三一四～三一六頁。

第二章　伯耆国の玄賓僧都伝説と阿弥陀寺

はじめに

南都法相宗興福寺の高僧であった玄賓は、都から遠く離れた地で隠遁《いんとん》生活を送りながらも、隠遁した地で寺院を建立していたことが知られている。確実な文献資料に記されたものとしては、備中国《びっちゅうのくに》（現在の岡山県）の湯川寺《とうせんじ》と伯耆国《ほうきのくに》（現在の鳥取県）の阿弥陀寺《あみだじ》がある。

備中国に関するものでは、興福寺本『僧綱補任《そうごうぶにん》』弘仁五年の項に大僧都の玄賓が「遁去して備中国湯川山寺に住む」などとあることから、玄賓が備中国で湯川寺を建立したことがわかる(1)。

伯耆国に関するものでは、『日本三代実録』貞観七年（八六五）八月二十四日の条に「昔弘仁の末、沙門玄賓、伯耆国会見郡に於いて阿弥陀寺を建立す。是に至りて勅して永く寺田十二町九段四十歩の租を免ず。本国内の百姓の施入する所也(2)」とあることから、玄賓が会見《あいみ》郡で阿弥陀寺を建立したことがわかる。

貞観七年は清和天皇時代の年号で、玄賓が亡くなってから四十七年後にあたる。玄賓滅後半世紀の頃にも阿弥陀寺は伯耆国会見郡に存在しており税金免除の恩恵を受けていることから、玄賓がいかに尊敬されていたかがうかがえる。また、山間地の寺田十二町九段四十歩というのは相当な面積であることから、当時の阿弥陀寺はかなりの寺勢を有していたことがわかる。

玄賓が建立した寺院の数は不詳であるが、少なくとも備中国湯川寺と伯耆国阿弥陀寺の二寺院を建立したことは確認できる。隠遁生活を志向したこともあり、玄賓の動静はよくわからないが、これまでの筆者の研究により、事実かどうかは不明ながら、備中国における玄賓伝承の実態はかなりわかってきた[3]。しかし、伯耆国における玄賓の動静はいまだによくわかっておらず、玄賓が建立した阿弥陀寺がどこにあったのかさえ未確定の状態にある。

本章では、玄賓が確実に伯耆国会見郡に建立した阿弥陀寺の場所について、これまでの説を検討して比定地の確定を目指すとともに、伯耆国における玄賓伝説の実態を明らかにすることを目的とする。

Ⅰ　阿弥陀寺伯耆大山建立説

玄賓が伯耆国会見郡に建立した阿弥陀寺の場所については、これまでに二つの説が提示されてきた。一つ目は阿弥陀寺伯耆大山《ほうきだいせん》建立説、二つ目は阿弥陀寺伯耆賀祥《ほうきかしょう》建立説である。

『鳥取県の地名』「会見郡」の項に「『三代実録』貞観七年八月二四日条によれば、弘仁（八一〇―八二四）末、沙門玄賓により伯耆国会見郡内に阿弥陀寺が建立されていた。貞観七年朝廷は勅により以前同国の百姓が施入していた同寺の寺田一二町九反四〇歩の租を永く免じた。阿弥陀寺の所在地については大山の阿弥陀堂とする説、現西伯町下中谷《しもなかだに》の賀祥《かしょう》に比定する説など諸説があって、確定しがたい[4]」と記されているように、現在でも、阿弥陀寺の所在地は確定していない。

阿弥陀寺の場所に関する二説のうち、最初に、阿弥陀寺伯耆大山建立説について検討してみることとする。

伯耆大山に阿弥陀寺があったという説が説かれるようになったのは、大山に有名な阿弥陀堂（国指定重要文化財）があったためであろうと推定される。

大山の阿弥陀堂と玄賓について昭和七年刊行の『鳥取県郷土史』は、「玄賓の居つた「伯耆の山」とは、大山を指称するものであらうといはれ、更にその大山に於ては、古来最も世に尊重される阿弥陀堂が存し、また大山より流れ出る川を阿弥陀川といふなどのことに思ひ至ると、玄賓創建の所謂阿弥陀寺は、大山の阿弥陀堂ではないかといふ感を深くする。（中略）三代実録に「弘仁の末」とあるのは、或は「光仁」の誤記ではなからうか。光仁天皇の末、すなはち奈良時代の末期に、その建立の年代があるかと思はれる[5]」と述べている。しかし、この大山の阿弥陀堂説について『鳥取県史』は、「『鳥取県郷土史』は、「弘仁の末」というのは全く誤りであると断じ、また、阿弥陀寺は大山の阿弥陀堂ではないかと記しているが、いずれも根拠は全くない。（中略）寺の所在は、会見郡内であること以上は不明で、寺名だけから、これを大山の阿弥陀堂に当てることは無理である[6]」と否定している。『鳥取県史』が否定しているように、阿弥陀寺は大山の阿弥陀堂ではないかという『鳥取県郷土史』の説には全く根拠がない。

では、伯耆大山の阿弥陀堂はいつ建立されたのであろうか。沼田頼輔氏はその創建時期について、「其の創建は寺伝の如く、果して貞観年間の作に係るものなるか、未だこれを徴証するに由なきも、少くとも、この建造物が、藤原の末期か、鎌倉初代の建築に係るものなりといふに至りては、何人もこれを疑ふものあらざるべし[7]」と述べている。今日においても、貞観年間の作との徴証はなく藤原時代末期か鎌倉時代初期の建築とする沼田氏の説は支持されており、『鳥取県の地名』「阿弥陀堂」の項も「阿弥陀堂創建の年代は確定しがたいが、天承元年（一一三一）三月一四日などの胎内銘をもつ本尊阿弥陀如来像が存在しているから、遅くとも平安末期と推定される。通説によると阿弥陀堂はもと南光院《なんこういん》川（佐陀川）左岸のジョウゴ谷とよばれる地にあったといい、ジョウゴは常行堂のなまりとされる。この常行堂は享禄二年（一五二九）の大洪水で破損・流失し、天文六年（一五三七）新しい地を選び、同二一年再建されたのが現存する阿弥陀堂である（阿弥陀堂棟札銘）[8]」と述べている。

天承元年などの胎内銘を持つ本尊阿弥陀如来像が存在しているから「遅くとも平安末期」と推定されるということであるが、平安時代末期をさかのぼる確実な史料が存在しないため、成立の起源を特定することは難しいことがわかる[9]。残された現在の史料等から、大山の阿弥陀堂の成立を弘仁の末（玄賓は弘仁九年〈八一八〉寂）までさかのぼらせるのは難しいといえよう。

伯耆大山（岡山側より撮影）

そもそも大山寺はいつ頃開基されたのであろうか。沼田頼輔氏は「「大山寺縁起」といへる俗書には、智積上人の開基に係るといへども、是恐らくは修験道に於ける大山の開祖にして、仏道に於ける大山寺の開祖にあらざるべし。「伊呂波字類抄」には、行基菩薩のこれを創めたることを記せども、寺伝に伝はらず、其の他史籍にも見る所なければ信じ難しとす。／寺伝にもこれを伝へ、また史籍にも見えて、慥《たし》かに当山の開祖と見るべきは金蓮上人なるべきか。上人は養老の頃の人なり。寺伝には、出雲国玉造の人なりといふ。俗名を俊方といふ。事によりて発心して僧となり、家を堂に作りて地蔵を祀りしとぞ。これを有名なる大山寺の起源となす[10]」と記している。下村章雄氏は『山陰の古寺』で「養老開基説はやゝ疑わしい[11]」と述べて沼田氏の養老開基説に疑問を呈しているが、成立時期については、

『大山雑考』の補註で「私は、奈良朝に、大山に「地主神」的な神格はいつきまつられ、それが、大山神に発展し、神仏習合の基礎となつたものだろうと推定している」(12)と述べている。

沼田頼輔氏が「俗書」と記した「大山寺縁起」について、下村章雄氏は「この縁起には、相当に史実的のことも見えておつて、寛治の僧兵上洛など「中右記」のような史料で確証のあがるのもある。沼田氏が全く俗書として、一顧もしておられぬのは、いさゝか酷であろう。史料の乏しい大山史では、これも貴重であろう」(13)と記している。鎌倉時代末期には成立していたとされる洞明院本「大山寺縁起」には、宝浄《ほうじよう》世界の智積菩薩《ちしやくぼさつ》が来たこと、孝霊《こうれい》天皇第六年丙子御門臨幸《みかどりんこう》のこと、天武十二年（六八四）役《えん》ノ優婆塞《うばそく》が来て修行したこと、聖武天皇神亀五年（七二八）行基《ぎようき》菩薩が来て岩をうがって水を出したこと、依道《よりみち》という猟師が地蔵菩薩を感得して出家し金連聖人《こんれんしようにん》として南光院・西明院《さいみよういん》を興したこと、慈覚《じかく》大師が唐から帰朝した時に大山の麓の汗入《あせり》郡稲光《いなみつ》ノ里を通って権現を礼拝したこと等々、多様な内容が記されている。(14)縁起類は史実と虚構と伝承が混在しているため、扱いが難しい。「大山寺縁起」についても、記述の背景を考慮しながら利用する必要があろう。

沼田氏が大山の開祖とみている金蓮上人（俗名俊方《としかた》）は、「大山寺縁起」では依道という猟師であったと記されている。また、十三世紀中頃成立と推定されている説話集『撰集抄《せんじゆうしよう》』巻七第十二話「大智明神　伯耆太山（大）」に「俊方」という弓取《ゆみとり》が大山で地蔵菩薩を感得して出家し、称徳天皇（在位七六四〜七七〇）の時に大智の明神（本地は地蔵菩薩）の社が建立された話がある。(15)

平安時代末期成立と推定されている『今昔物語集《こんじやくものがたりしゆう》』巻第十七「依地蔵示従愛宕護移伯耆大山僧語《ちぞうのしめしによりてあたごよりははきのだいせんにうつるそうのこと》第十五」に、愛宕山に住む蔵算《ぞうさん》という貧しい僧が夢のお告げで伯耆国大山に詣で、大智明《だいちみよう》菩薩（地蔵菩薩の垂迹《ずいじやく》）に帰依《きえ》して六年修行して京に帰ってきたところ人々から敬われて豊かになったという話がある。(16)本文に、蔵算は平救《びようぐ》阿闍梨《あじやり》

（長元九年〈一〇三六〉東寺阿闍梨となる）の弟子とあるから、この話は十二世紀初頭頃のものと推定される。伯耆大山における地蔵信仰の面から注目される説話である。

「大山寺縁起」にみえる、宝浄世界の智積菩薩、孝霊天皇、役ノ優婆塞、行基菩薩に関しては、大山寺にこのような伝承があったことの意味について、それぞれ検討してゆく必要がある。なお、慈覚大師円仁《えんにん》『入唐求法巡礼行《にっとうぐほうじゅんれいこう》記《き》』承和十四年（八四七）十一月二十八日の条に「於大山寺。始入唐時所祈金剛般若五仟巻」とある「大山寺」は、近年の研究で筑前国大山寺（竈門《かまど》山寺《さんじ》、有智山寺、内山寺とも）であることが明らかにされている。[17] 慈覚大師円仁と伯耆国大山寺の関係についても、今後のさらなる研究の進展が期待される。

ここで確認しておく必要があるのは、玄賓創建の阿弥陀寺が大山寺の阿弥陀堂であった場合、大山寺関係の文献に記されたはずであるが、玄賓に関する記述が全く見当たらない点である。また、貞観七年（八六五）に、玄賓が建立した阿弥陀寺に対して永く寺田十二町九段四十歩の租を免ずとの勅許が下されたことさえ大山寺関係文献にみえないことも注目される。天皇より租を免ずとの勅許が下されたことは大変名誉なことなので、もし阿弥陀堂が玄賓建立の阿弥陀寺であった場合、必ず記載されたはずである。

特に、大山寺関連事項を伝承を含めて詳細に記述し、「行基」（玄賓と同じ「法相宗」の僧）が来たとさえ記している「大山寺縁起」に、玄賓が阿弥陀寺を建立したという記述がなく、永く寺田の租を免ずとの勅許が下されたことの記述もないということは、阿弥陀寺は大山寺に建立されておらず、租を免じられた寺田も大山寺の土地ではなかったと考えてよいのではあるまいか。

もう一つ問題となるのが、『日本三代実録』に玄賓が伯耆国「会見郡」に阿弥陀寺を建立した（「沙門玄賓於伯耆国会見郡。建立阿弥陀寺」）と記されている点である。そもそも、玄賓の時代の伯耆大山は会見郡に属していたのであろうか。

『国史大辞典』「汗入郡」の項に「伯耆富士として知られる大山（一七一三メートル）は本郡の南部にあり、平安時代から多くの寺領荘園をもつ大山寺がその中腹にあり、山岳仏教の霊地として栄えた。郡内の荘園としては、鎌倉時代の八条院領御厨、（中略）室町時代の国延保（醍醐蓮蔵院領）・稲光保（伯耆大山寺領）などがあった。（中略）江戸時代初期の村数は六十九ヵ村、石高約二万一千石、幕末には六十八ヵ村、石高二万五千石余に増加している。このほか郡内九ヵ村は慶長十九年（一六一四）から大山寺領の中に入れられ、藩政とは別個に大山寺の支配をうけ、明治維新に及んだ(18)」とあり、『鳥取県の地名』「汗入郡〔古代〕」の項に「「出雲国風土記」に「大神嶽」とみえる大山は奈良時代に山岳修行の聖地として開かれ、平安時代中期までに地蔵信仰を中心とする天台宗寺院としての体制が整えられた。平安末期には阿弥陀信仰の盛況に伴い阿弥陀堂も建立された(19)」とあるように、通常大山は伯耆国汗入郡にあったとされる。

しかし、『延喜式』巻十神祇十神名下の、伯耆国の「会見郡二座」の項に「大神山《オホムワノ》神社(20)」の名が記されていることで、種々の論争があった。明治の神仏分離以前の「大神山神社」は大智明権現（大山智明権現・大山権現）を祀る社であったため、「大山」「大神山神社」「会見郡」をめぐる問題が生じたわけである。

下村章雄氏は、『延喜式』に大神山神社が会見郡にあると記されている点について、大神山神社は大山とは別の会見郡内の場所にあったという説、境界変動説、誤記説などがあることを述べ、「境界変動や誤記はあり易いと軽くあしらうと、玄賓が阿弥陀堂を会見郡に建てたのも、大山であろうかと臆測するのにも便利であるが、しかし、そのように簡単にいくかどうかは問題である(21)」と記している。

伯耆大山は会見郡にあるとも汗入郡にあるとも記されるのは、このような問題が背景にあるためで、結局、玄賓の時代の大山が会見郡に属していたのか汗入郡に属していたのかは、残された史料が少ないため、現在でも不詳とせざるをえないことがわかる。大山が会見郡に属していなかった場合、もちろん阿弥陀寺伯耆大山建立説は成立しないことになる（会見郡に属していた場合でも、伯耆大山建立説は成立しにくいことはすでに述べた）。

では、大山寺に玄賓の伝承は伝えられてきたのであろうか。下村章雄氏は玄賓について「大山寺にはその伝説はないようである(22)」と述べている。現在の伝承はどういう状況なのか、筆者も伯耆大山周辺で聞き取り調査をしてみたが、伝承の痕跡を見つけることはできず、玄賓の名前さえ知られていなかった。

以上のことから、大山寺阿弥陀堂と玄賓が建立した阿弥陀寺とは全く関係がなく、阿弥陀寺伯耆大山建立説は成立しないと判断してよいと思われる。

Ⅱ　『伯耆民諺記』の玄賓伝承

では、伯耆国において玄賓はどのように認識されてきたのであろうか。伯耆国の地誌類を参考にして検討してみることにしたい。

伯耆国における玄賓の伝承としては、地誌『伯耆《ほうき》民諺記《みんげんき》』にみえる記述が最も古いと推定される。荻原直正氏が「伯耆民諺記を第一原稿、白亀民談を第二原稿、伯耆民談記を第三原稿と呼ぶことも出来そうである(23)」と述べているように、寛保二年（一七四二）に鳥取藩士松岡布政《まつおかのぶまさ》が『伯耆民諺記』を執筆した後、安永九年（一七八〇）に鵜《う》殿長綱《どのながつな》が『白亀《はっき》民談《みんだん》』に補筆するなど、『伯耆民談記』（別称に伯陽民談記などがある）に至るまで後人の手が入っているようである。松岡布政の第一原稿とみられている『伯耆民諺記』にも複数の写本があり数本確認したが、それぞれ本文に異同がみられ、書写者によって加除がなされたように見受けられた。

『伯耆民諺記』巻之六の「大山」の項の末に「釈之玄賓僧都山居之沙汰幷護国山法寧寺之事」という項がある。この部分を引用する（便宜的にA・B部分に分け、句読点と傍線・波線を付した）。

A　玄賓僧都居住之沙汰／当山ノ麓ニ釈ノ玄賓僧都居住ス。桓武天皇ヨリ賜シ物共有ト云。『釈書』僧都ノ伝ニ云、「疾族人道鏡媚称徳帝。潜入伯州之山。桓武帝有病。遠詔山中。乞冥助。至化難遁。乃負鉢嚢而入都。上疾愈。辞而帰山」云々。／居処数百年ノ歳月延フ事ナルニ依リ、今其跡ヲ知人モナク何レノ処トモナク僧都此山ノ麓ニ住セルト而已《のみ》口碑ニ伝来ス。

B　会見郡ニ護国山保寧寺ト云寺跡有テ今纔《わずか》ニ草堂ヲ結ヒ観音ヲ安置ス。古ヘハ大ナル伽藍ト云。此寺僧都ノ居住ノ地ト云。蓋此僧都誕ハ備中ノ人ニシテ同国温泉寺ニシテ出家スト云。[24]

表題の「釈之玄賓僧都山居之沙汰幷護国山法寧寺之事」は、『伯耆民諺記』巻之六冒頭「目録」の「大山」の項末尾に記されたもので、本文では「玄賓僧都居住之沙汰」という表題になっている。内容はA部分が「玄賓僧都山居（居住）之沙汰」、B部分が「護国山法寧寺之事」となっている。

A部分では、大山の麓《ふもと》に玄賓僧都が居住し、桓武天皇から賜った物などがあるといわれていると記し、『元亨釈《げんこうしゃ》書《くしょ》』の玄賓伝を引用し（称徳帝に媚びる道鏡《どうきょう》を厭《いと》い伯耆の山に潜み、桓武帝の病で都に呼び戻され、帝の病が癒えた後に辞して山に帰った）、数百年の歳月が経っているため今はその居住跡を知る人もなく、僧都が大山の麓に住んでいたという口碑だけが伝わっていると述べている。

B部分では、会見郡に護国山保寧寺《ほうねいじ》という寺跡が有り、今はわずかに草堂に観音が安置されているが昔は大きな伽藍《がらん》があったということ、この寺は僧都が居住していた地といわれていること、この僧都は備中国で誕生した人で備中国温泉寺で出家したということなどが記されている（なお、保寧寺は、法寧寺、豊寧寺、豊念寺、宝念寺とも記される。資料によって違うので本章では統一しなかった）。

つまり、『伯耆民諺記』は、伯耆国の玄賓伝承には、大山麓居住説（A部分）と会見郡保寧寺居住説（B部分）の二説があると記していることがわかる。この二説で注目されるのは、大山麓居住説は、今は居住跡を知る人もいないとして現実味がない記述となっており、会見郡保寧寺居住説は、今はわずかな草堂だが昔は大きな伽藍があったらしいと具体的な記述となっている点である。しかも、大山麓居住説は、「当山ノ麓」「此山ノ麓」と大山ではなくあくまで大山の「麓」に居住したらしいと記されている点が興味深い。

伯耆国に玄賓が居住したと聞くと、居住地候補としては、今でもやはり第一に霊峰伯耆大山が思い浮かぶが、おそらくこれは数百年前でも同様であったと推定される。しかし、先に検討したように、伯耆大山には玄賓の伝承は伝えられていない。そのため、「伯耆国に住んだのならおそらく大山か、少なくとも大山の麓に居住したことがあるだろう（居住したに違いない）」という「推測」から、大山麓居住説のようなものが生じたものと推定される。

会見郡保寧寺居住説（B部分）に関しては、「会見郡」の保寧寺跡に玄賓が居住した大伽藍があったらしいという記述から、著者松岡布政は玄賓が「会見郡」に建立したとされる「阿弥陀寺」を想定しつつこのB部分を執筆したように思われる。

B部分の末尾波線部にある「蓋《けだし》 此僧都誕ハ備中ノ人ニシテ同国温泉寺ニシテ出家スト云」という記述は『伯耆民諺記』独自のものであるが、玄賓が備中国で誕生したという部分は備中国贄帯《ほそおじ》寺の玄賓生誕地伝説を踏まえたものとみられ[25]、備中国「温泉寺」（「おんせんじ」と呼称するか）で出家したという部分は、備中国「湯川寺」（土地では「ゆかわでら」ではなく「とうせんじ」と呼称する[26]）のことかと推定される（備中国には玄賓が出家したという温泉寺という寺もそういう伝承も存在しない）。『伯耆民諺記』を著した鳥取藩士松岡布政は備中国の玄賓生誕地伝説や湯《とう》川《せん》寺《じ》等に関する伝承を知る機会があったのであろう。

先に『伯耆民諺記』を第一原稿、『白亀民談』を第二原稿、『伯耆民談記』を第三原稿と呼ぶこともできそうだという荻原直正氏の説を紹介したが、玄賓に関するA・B部分に関して、第一原稿から第三原稿の間に気になる削除部分がある（以下、仮に、第一民諺記、第二白亀民談、第三民談記と略称する）。第一民諺記のA・B部分のうち、第二白亀民談はB部分の波線部を削除し、(27)第三民談記はB部分の傍線部と波線部を削除している。(28)第二白亀民談で削除された波線部は備中国に関する追記部分なので伯耆国の玄賓伝承部分の変化はないが、傍線部と波線部を削除された第三民談記では、傍線部（保寧寺に関する記述）が削除されたことによって〈大山の麓に玄賓が居住した大伽藍の寺がかつてあった〉と読めるようになってしまっている。後人の手によるこの削除が意図的になされたものか、単なるミスなのかは不明であるが、この改変が後代の「阿弥陀寺伯耆大山建立説」にいくらか影響を与えた可能性もあるのではないかと思われる。

Ⅲ　『伯耆志』の玄賓伝承

次に、鳥取藩命により編纂され幕末から明治維新期に成立した『伯耆志』の記述を検討してみることにする。編纂途中で廃藩となったため、『伯耆志』は会見郡と日野郡分しかない。『伯耆志』会見郡分は安政五年（一八五八）に景山粛《かげやましゆく》（立碩《りつせき》）が編纂したものなので、(29)『伯耆民諺記』より約百年後の伯耆国地誌ということになる。

『伯耆志』会見郡四の「加祥村」（なお、加祥の表記は、嘉祥、嘉荘、加正、賀祥とも記され、現在は「賀祥」と表記されている。以下、表記の統一はしない）の項には、玄賓僧都伝説に関係するものが「白山権現」「僧都玄賓墓」「秦氏（私称姓）」の三項目ある。以下、玄賓伝承に関係する部分を引用する。賀祥の玄賓伝説は、『伯耆志』以降、複数の村史や地域史等に記されているが、ほとんどが『伯耆志』の記述をもとにしているようである。

まず、「白山権現」の項を引用する（句読点と傍線・波線を付した。以下同じ）。

> 村の西山の半腹に在り。加賀国石川郡白山社を勧請すといへり。（中略）故に当社も伊弉冊（冉カ）尊、菊理媛命と称して本地を十一面観音とす。往古の神宮寺（下に説あり）の趾と云ひて社の下に阿弥陀堂あり。護国山豊寧寺と云ひしとなり（古の本尊ハ入蔵村聖福寺に遷して今の仏体は後に造れりといへり）。大門と呼ふ地もあり。後醍醐天皇の元応中、地頭藤原泰規（親カ）、社を修復す、住僧は道覚法印。又、後小松天皇の御時、山名氏の臣堅田安芸守義泰改造す。大永年間尼子経久の臣佐藤備後守秀信、又改造す。往古は若干の社領ありしを中村氏米子入城の後、悉く没収せられしと云へり(30)。

この項では、村の西山の半腹にあること、加賀国の白山社を勧請したとされ、同様に伊弉冉《いざなみ》尊、菊理媛《くくりひめ》命（白山《しらやま》比咩《ひめ》神）を祀り本地を十一面観音としていること、往古の神宮寺跡といって社の下に阿弥陀堂があり護国山豊寧寺といったこと、古い本尊は入蔵村聖福寺《しょうふくじ》に遷し今の仏体は後に造ったとされること、大門と呼ばれる地もあること、後醍醐天皇の時代に地頭藤原原泰規（親カ）が社を修復し、後小松天皇の時代に山名氏臣下堅田安芸守義泰が改造し、大永年間尼子《あまこ》経久《つねひさ》の臣下佐藤備後守秀信が改造したこと、往古は若干の社領があったが中村氏米子入城の後すべて没収されたと伝えられていることなどが記されている。これらの記述から、数百年にわたって地域の有力者が寄進して社殿の改築を行ってきた由緒正しい古社であったことを述べようとしていることがわかる。

白山権現は、現在の鳥取県西伯郡南部町《なんぶちょう》下中谷《しもなかたに》賀祥（賀祥ダムの北側）にあった護国山豊寧寺の神宮寺であったとされる。明治初年に白山神社と改称したが、大正四年十二月にこの白山神社（もと白山権現）・三嶋神社・大田神社・大川内神社・赤谷神社・早田神社・定常神社・篠畑神社・住吉神社の九神社が小谷神社（古くは客大明神）に合祀されて上長田神社と改称された[31]。そのため、現在、白山神社跡には拝殿だけが残っている。上長田神社は、旧西伯郡上長田村大字下中谷字ソリに鎮座していたが、昭和五十八年賀祥ダム建築に伴い、現在地の西伯郡南部町下中谷八二三番地（賀祥ダムの南側）に遷座した[32]。

この項で注目されるのは、白山権現の下に「阿弥陀堂」があり護国山豊寧寺といったことと（傍線部）、「大門」

賀祥の白山神社跡・豊寧寺跡

賀祥の玄賓墓と供養塔

賀祥の阿弥陀堂跡

と呼ばれる地名もあるという部分である（波線部）。「大門」という地名からは大寺院の大きな門がイメージされ、興味深い。

豊寧寺の記述の下に「（古の本尊ハ入蔵村聖福寺に遷して今の仏体は後に造れりといへり）」という部分があるが、これについては『伯耆志』会見郡四「入蔵村」の「徳寿山聖徳《福カ》寺」（徳は原書の誤植）の項にも「曹洞　御内谷村雲光寺末　本尊阿弥陀如来／開山は雲光寺六世喜庵是悦和尚なり。阿弥陀仏は加祥村白山権現の神宮寺たりし豊寧寺の本尊なりしを何の頃か当寺に遷せりといへり。其故を知らず」[33]という同様の記述がある。いつの時代か、廃寺となった豊寧寺本尊の「阿弥陀仏」が入蔵村聖福寺に遷されたという。聖福寺（鳥取県西伯郡南部町入蔵）の由緒によると、聖福寺は応仁元年（一四六七）三月八日、御内谷の雲光寺六世喜庵是悦和尚を開山として迎えて開創されたという。その当時、豊寧寺は甚だしく荒廃していたため、豊寧寺の本尊阿弥陀如来・脇侍不動明王《ふどうみようおう》・毘沙門天《びしやもんてん》の三体を遷し、しばらく本尊として拝したという伝承があるそうである[34]。豊寧寺は廃寺となり仮のお堂が残っているのみであるが、現在でも伯耆三十三札所第三番の寺として聖福寺所管となっている。第三番札所の記帳は入蔵の聖福寺、朱印押しは鍵持ちである秦家（下中谷賀祥）の役割となっているそうである。伯耆三十三札所は延享元年（一七四四）に会見郡石田村（現在の南部町田住）の五代吉持甚右衛門によって作られたという[35]。

なお、『伯耆志』にはこの「白山権現」の項と「僧都玄賓墓」の項の間に「経塚」の項があり、「社他其地総て三個あり」と記されている。

次に「僧都玄賓墓」の項を引用する。この項は、玄賓について記されている著名な文献からの引用が多く長文になっているため、それらの引用部分はできるだけ省略し、重要と思われる記述を中心に引用した。

社地の下、阿弥陀堂の上の林中に在り。文字を刻せず。高弐尺許にて尋常の塚なり。（中略）日本後紀に延暦二十四年三月壬辰二十三日遣使伯耆国請玄賓法師（桓武天皇不豫に因るなり）（中略）民諺記に玄賓大山の麓に住せし由口碑に伝ふれ共其跡を知らすと云。（中略）此地の豊寧寺は此僧の草創なるへく然れば境内の白山権現も彼か勧請なり。さて死せし処は備中なるへしと思はるれは実の墓は彼の国にあるにや。此墓は次に云ふ秦氏か建たるなるへし。此地に死し此地に葬るとせは当時さはかりの大徳たりし法師の蹟に似つかす。(36)

この項には、玄賓僧都の墓とされる塚が白山社下にある阿弥陀堂の上の林中にあること、その塚に文字は刻まれておらず高さ二尺（約六〇センチ）くらいの普通の塚であること、『日本後紀《にほんこうき》』延暦二十四年（八〇五）三月二十三日の条に（桓武天皇ご病気のため）伯耆国に使いを派遣して玄賓を招請されたとあること、『伯耆民諺記』に玄賓が大山の麓に住んでいたと口碑に伝えられているがその跡を知らないとあること、この地の豊寧寺は玄賓が草創し境内の白山権現も玄賓が勧請したとみられること、玄賓は備中で亡くなり墓も備中国にあると思われること、この墓は秦氏が建てたとみられること、当時高名だった玄賓の墓にふさわしくないとみられること、などが記されている。

引用文中で省略した部分では、『日本逸史《にほんいつし》』『日本後紀』『類聚国史《るいじゅこくし》』『元亨釈書』などから玄賓に関する記事を引用し、玄賓が桓武天皇や大同帝（平城天皇）など朝廷から帰依された徳の高い僧であったことを紹介している。

『伯耆志』はこの「僧都玄賓墓」の項で、『元亨釈書』に伯州（伯耆国）の山中へ潜入したとあるのは『日本後紀』延暦二十四年の文に合致しており（省略部の記述）、この地の豊寧寺と白山権現は玄賓が草創したものとみられ（波線部）、ここにある墓は玄賓のものではなく秦氏が建てた塚であろうと述べている。

前節でみたように、『伯耆民諺記』は、玄賓の大山麓居住説を今は居住跡を知る人もいないと現実味がない記述とし、会見郡保寧寺居住説を、今はわずかな草堂だが昔は大伽藍があったらしいなどと具体的に記していた。『伯耆志』は「民諺記に玄賓大山の麓に住せし由口碑に伝ふれ共其跡を知らすと云」（傍線部）と記していることから、

『伯耆民諺記』を参照し、その記述を踏まえてさらに現地調査したことがわかる。そして調査の結果、玄賓保寧寺居住説を発展させ、玄賓保寧寺建立説を主張するに至ったことがわかる。また、「白山権現」の項に「社の下に阿弥陀堂あり。護国山豊寧寺と云ひしとなり」（傍線部）と記していることから、阿弥陀堂のある豊寧寺跡は玄賓が建立した「阿弥陀寺」があった場所だと『伯耆志』編者景山粛が推定していたらしいことがわかる。

「僧都玄賓墓」の項の次に「秦氏（私称姓）」の項があるので引用する。

村中の一小民なり。所蔵の筆記あれとも妄誕のみにて弁するに足らず。按するに先祖彼の玄賓法師に従て此地に来り寺の執事なとせしか。後、寺廃して当家のみ存せるなるべし。然れは上国秦氏の族と見へたり。今も白山権現遷宮の時、当家一印判にて官に達すと云へり。(37)

この項には、秦氏は村の中の一庶民であること、所蔵された文献があるがでたらめで述べる必要のないものであること、秦氏の先祖が玄賓に従ってこの地に来て寺の執事などをしていたが、寺が後に廃されて秦家だけが残ったと推測されること、上国秦氏の一族と見受けられること、今も白山権現遷宮の時には秦家の一印判で官に達すといわれていること、などが記されている。

この記述から、景山粛は、豊寧寺跡と白山権現を実地調査し、さらに白山権現を管理していた秦家に行って伝わった文書類を閲覧したことがわかる。景山が「所蔵の筆記あれとも妄誕のみにて弁するに足らず」（傍線部）と述べた秦家文書はどのような内容のものだったのであろうか。

Ⅳ　秦家文書と賀祥建立説

『伯耆志』編者が加祥村の秦家で閲覧した文書と推定されるものに「嘉荘翁談記《かしょうおうだんき》」と称されている文書がある。嘉荘は地名の加祥（賀祥）で、ここに住んでいた翁の談話を記録したものという意味の文書とみられる。内容から、秦家の祖先が作成したものと推定される。現在の秦家には現物は伝わっていないということであったが、幸いなことに昭和初年に板祐生《いたゆうせい》（愈良《まさよし》）が謄写版（ガリ版）で記録したものが残っている。次に、全文を引用する（便宜的にA～H部分に分け、句読点・傍線を付し、丸括弧内に註記した）。

「嘉荘翁談記」（秦家文書）

A　抑々当社（白山社）は伝へ聞、往古人皇七代孝霊天皇五十二年壬戌の春、帝此所に御幸ならせ給ひ、北国加賀の白山権現を御勧請の宮にて、白山妙理大権現と奉崇者也。伊弉冊(冉カ)尊・天照太(大カ)神・大巳(己カ)貴命にて権現本地は十一面観世音菩薩、脇士は大聖不動明王、大毘沙門天の御垂迹とかや。

B　人皇十二世景行天皇三十四年甲辰の秋中間の地主等謀叛を企て大勢之蜂起朝敵と成る処に当社へ奉祈遣れば則平均に治りける。因茲諸民尊敬を奉成貴賤願望の参詣如市也。

C　人皇三十四代(三十三カ)推古天皇の御代に至りて神光益盛にて数多の宮殿神宮寺等御造立被為成しかば近里遠境の尊卑歩を運ぶ事繁多也。

D　就中人皇五十代桓武天皇御悩の時分、玄賓僧都当社へ参籠有て奉祈玉へば、御病忽に御平復被為遊けり、因茲嘉庄の郷を為御供料御寄附被為成也。去程に神宮寺の本尊は百済国より御将来の無量寿仏の御尊容等身の弥陀如来なり。衆生御利益の御方便は普く日本に顕然たり。護国山豊寧寺と号するとかや。玄賓沙門は暫此寺に住居在し也。堂社仏閣広大の伽藍にて猶更富光繁栄にて只阿弥陀寺と世人唱へける。

E　従夫再建修造滋々にして星霜を積事良久し。亦人皇九十五(九十六カ)代後醍醐天皇の御宇元応年中（一三一九～一三二一）、此地頭藤原泰親神宮寺院主道覚法印等荘厳修覆を奉加ける。

F　其後人皇百一(百カ)代後小松天皇の御宇足利将軍義詮(義満カ)公の御時、中国の大守山名清氏(氏清カ)の陪臣堅田安芸守義泰造立荘儀奉成、偖(さて)大永年中（一五二一～一五二八）に隣国の旗頭尼子伊予守経久の下知として佐藤備後守秀信造営を成奉る。

G　昔時当社の祠官秦将監国根或夜夢想を蒙れるは白髪たる老翁の白衣の御装束を着し給ひ、左の御手に鍵を御持、右の御手に高麗狗を為持られて汝に此の二色を預る也。随分大切に致すべく、我は当社権現なりと仰けると夢は其侭(そのまま)覚たりける。代々当社の神職を相続せり。

H　其後諸国兵乱して国司領家数輩代りて衆民悉及困窮、片時も安堵の思ひに不任。故に神社堂塔の伽藍戦場の伏途と成て令破却、彼の糧田も何廉被没収、数品の霊宝神財も闘争の為に紛失して神仏諸共に荒廃せしかば今唯阿弥陀寺と云名のみ残りて仏は菩提の岸に臨み衆生を救はせ給へば神は和光を峰に暉して氏子の繁昌を守らせ玉ふぞ阿里かだし(がたカ)。[38]

A部分では、当白山社は七代孝霊天皇五十二年壬戌の春に帝が御幸なさって加賀白山権現を御勧請された宮で、白山妙理大権現《はくさんみょうりだいごんげん》と崇められていること、祭神は伊弉冉尊・天照大神《あまてらすおおみかみ》・大己貴命《おおなむちのみこと》、本地は十一面観世音菩薩、脇士は大聖不動明王、大毘沙門天の御垂迹《すいじゃく》と伝え聞いていると述べている。

B部分では、十二代景行天皇三十四年甲辰に謀叛《むほん》の企てがあったが当社へ祈ると治まったので貴賤が多数参詣したと述べている。

C部分では、三十四（三十三の誤り）代推古天皇の御代に多くの宮殿、神宮寺が造立されたので遠近の貴賤が足繁く参詣したと述べている。A～C部分は縁起類によくみられる権威付けの部分とみられる。

D部分では、五十代桓武天皇がご病気になられた時に玄賓僧都が当社へ参籠《さんろう》されて祈られると御病がすぐに御平復なさったので、嘉庄（賀祥）の郷に御供料を御寄付なされたこと、神宮寺の本尊は百済国より将来された等身の阿弥陀如来で衆生《しゅじょう》御利益《ごりやく》の御方便は広く日本に明らかとなっていること、護国山豊寧寺と号すること、玄賓はしばらくこの寺に住んでいたこと、堂社仏閣は広大な伽藍で繁栄しており阿弥陀寺と世の人がとなえたこと、などが記されている。

このD部分は『日本後紀』巻十二・桓武天皇延暦二十四年（八〇五）三月二十三日の条に「遣使伯耆国。請玄賓法師」（『新訂増補国史大系』）とある史実をふまえた記述となっている。ただし、『日本後紀』にはこの時玄賓が伯耆国のどこにいたかは記されていないわけであるが、「嘉荘翁談記」D部分では、この時玄賓はこの地嘉荘（賀祥）にいたことになっており、白山社の神宮寺であった護国山豊寧寺は阿弥陀寺のことだと述べている。

E部分では、再建修造を重ね、九十五（九十六の誤り）代後醍醐天皇時代の元応年中に地頭藤原泰親・神宮寺院主道覚《どうかく》法印らが荘厳な修復を行ったことが記されている。このE部分は事実とみられる。この地方で鋳造されたものとみられている賀祥の鉄仏（聖観音像・十一面観音像）の光背銘に「元応二庚申」「大檀那　藤原泰親」とあるので、元応二年（一三二〇）の修復時に大檀那として藤原泰親が鉄仏を豊寧寺に奉納したらしいことがわかる。[39] 現在、この鉄仏は南部町にある「祐生出会いの館」に所蔵されている。

F部分では、百一（百の誤り）代後小松天皇時代で足利将軍義詮（義満カ）公の時に山名清氏（氏清カ）臣下堅田安芸守義泰が造営し、大永年中に尼子伊予守経久（一四五八〜一五四一）の命令で佐藤備後守秀信が造営したことが記されている。F部分前半に後小松天皇時代（在位一三八二〜一四一二）で足利将軍義詮公（在職一三五八〜一三六七）の時とあるが、前半の堅田安芸守義泰による造営については豊念寺本尊十一面観音台座銘が残っており、そこに「至徳四歳丁卯七月廿日始之／同歳八月改元／嘉慶十一月十四日彩色畢」「当社　祠宮　秦将監」「大檀那安芸守藤原義泰」とある(40)（至徳四年は一三八七年）。このことから、ここは足利将軍義満（在職一三六八〜一三九四）の誤りで、「山名清氏」は山名氏清（一三四四〜一三九一）の誤記とみられる。後半の佐藤備後守秀信による造営については、「白山神社棟札」が残っており、そこに「保寧寺住真高書記励志祈也、鍵取秦野将監、奉再興造立白山妙理権現宮殿于時太（大カ）永三年癸未三月一日敬具／目代佐藤備後守藤原秀信、大工藤原重正」とある(41)（大永三年は一五二三年）。この部分も事実とみられる。

G部分では、昔、当社の祠官秦将監国根の夢に、白衣を着て左手に鍵を持ち右手に高麗狗《こまいぬ》を持った白髪の老翁が現れ、お前にこの二つを預けるので大切にしなさい、我は当社権現であると仰られると、夢から覚めた。その後代々当社の神職を相続していると述べている。このG部分（傍線部）は『伯耆志』編者が「妄誕」と述べた部分とみられるが、代々白山社の神職を相続してきた秦家に伝わる夢告についての記述となっている。

H部分では、その後諸国兵乱して国司や領家が幾度も代わって、民衆はことごとく困窮してわずかの間も安心できず、神社堂塔の伽藍は戦いに巻き込まれて破却され、土地も没収され、霊宝や神財も争いのせいで紛失して神仏共に荒廃したので、今はただ阿弥陀寺という名だけが残って、仏は菩提の岸に臨んで衆生をお救いになり、神は和光を照らして氏子の繁昌をお守りになっておられることは有り難いことだと述べている。

『伯耆志』編者景山粛が閲覧したと推定されるもう一つの秦家文書に、「白山権現由来」（仮題）というものがある。これも現在の秦家には現物は伝わっていないそうであるが、板祐生謄写版が残っている。興味深い内容なので、便宜的にA～C部分に分けてあらすじを紹介する。

「白山権現由来」（仮題。秦家文書。梗概）

A　当社白山妙理大権現は、七代孝霊天皇がこの地に御幸なさって正源《しょうげん》という者の家に御逗留後、五穀山の麓みとろきという所の藤之森の庵にお移りになり、正源のひとり娘との間にみとろき皇子がお生まれになったので、天下泰平、国土安穏、五穀成就のために伊弉諾《いざなぎ》、伊弉冉尊《いざなみのみこと》を加賀国白山より御勧請になった。この子を世継ぎにと正源に下さり、娘にはだふれなさったということで秦という名字を下され、藤の森の元で出生なさったということで藤原氏秦正源藤原国元という名を下さった。しばらくして白山権現がお出でになり左手にこまいぬ、右手に鍵を持って正源に向かい、「この二つを預けるので大切にしなさい。我こそは当社権現である」と言って虚空へ上られた。その子孫今に至って秦治郎左衛門藤原啓長という。その後天皇様は日野郡宮内へお移りになって御崩御なさった。今さゝふく《（楽楽福）》大明神、東ノ宮、西宮と申しあげるのは、孝霊天皇様御夫婦をお祀りしているとかいうことだ。

B　その後玄賓僧都が参られ、五穀山に居られたところ、桓武天皇ご病気の時玄賓僧都に御祈念するように帝より勅使が派遣されたので、玄賓は白山へ祈られたところ御病が全快された。その御礼に白山へ社料百五十丁を御供田としてくださった。玄賓は寺を建てて七堂伽藍堂塔を多数造り、西三十三か国学問所になされ、五穀成就のために寺料千二百丁を付けられ、五穀山保寧寺と額をかかげられた。

C　その後、出雲国富田《とだ》城主尼子伊予守経久公は七か国の御祈願所にされ、みごとに繁盛した霊地となった。しかし富田は崩れて没落し、寺料も社料も御取り上げになり、白山に百七石五斗残して、後は残らず御取り上げになった。その後米子城主森伯耆守様も残さず御取り上げになり、今は少しもなく、寺も堂もみな壊れ、保寧寺の跡にわずかな辻堂を建て、七堂伽藍にあった御仏を集めて置いている。御仏の姿は今は有るのかないのかわからない。白山の御正体は行基《ぎようき》菩薩の御作とかいうことである。丈二尺余りの箔仏である。脇侍は不動、毘沙門天、仏像の高さ三尺七八寸ばかり、これらは皆損壊している。由来を文章では表現しきれないが、大まかに説明した。(42)

先にみた「嘉荘翁談記」G部分では白山権現を当社祠官秦将監国根が夢告で見たことになっているが、この「白山権現由来」A部分では孝霊天皇をお世話した正源（秦正源藤原国元）の前に白山権現が現れたことになっている。これらの混乱も含めて『伯耆志』編者にとっては「妄誕」とみえたのであろうが、文化史的には興味深い内容といえる。特に、孝霊天皇伝承の部分が注目される。孝霊天皇は伯耆国に来られていないが、伯耆国には御幸伝説が伝わっている。先にみた「大山寺縁起」のところでもふれたように、そこでも孝霊天皇御臨幸の記事がみえる。また、「白山権現由来」A部分末に日野郡宮内の楽楽福《ささふく》大明神に孝霊天皇御夫婦をお祀りしていることが記されているが、伯耆国には孝霊天皇鬼退治伝説が伝えられている。(43) 秦家文書「嘉荘翁談記」「白山権現由来」は伯耆国における孝霊天皇伝承の受容の一端を示すものとしても注目される。

この「白山権現由来」A部分では、正源の娘にはだふれなさったということで秦という名字を下さったと述べている。興味深いことに、現在の秦家は「秦」を「はた」ではなく「はだ」と呼称するということであるから、「白山権現由来」の内容が秦家に代々伝承されてきたことがうかがえる。また、秦家で聞き取りをしたところ、秦家は玄賓に付いてこの地に入ったと代々伝えられており、白山神社跡下にある塚は玄賓の墓ではないということであった。これは『伯耆志』「秦氏（私称姓）」の項に「按するに先祖彼の玄賓法師に従て此地に来り寺の執事なとせしか」、「僧都玄賓墓」の項に「死せし処は備中なるへしと思はるれは実の墓は彼の国にあるにや」とある記述と共通しているので、『伯耆志』編者も秦家で同様の話を聞いたものと推定される。いつからの伝承かは不詳であるが、興味深い。

現在、白山神社跡下にあるこの塚のすぐ横に、「玄賓僧都壹千百七拾年大遠忌供養塔」と表に彫った石碑が立っている（本書二四四頁写真参照）。この石碑の裏には「昭和六十三年四月建立」と彫ってあるが、昭和六十三年（一九八八）は、玄賓が亡くなった弘仁九年（八一八）からちょうど千百七十年にあたる。土地で聞いたところ、賀祥ダム工事（昭和六十三年竣工）のため賀祥集落が移転した際（水没戸数三十八）、移転費用の一部を使ってこの石碑を建立したらしいとのことであった。

「嘉荘翁談記」F部分の解説でみたように、豊念寺本尊十一面観音台座銘に「至徳四歳丁卯七月」「同歳八月改元」「嘉慶十一月十四日彩色畢」「当社　祠宮　秦将監」とあり、「白山神社棟札」に「保寧寺住真高書記励志祈也、鍵取秦野将監、奉再興造立白山妙理権現宮殿于時太（大ヵ）永三年癸未三月一日敬具」とあることから、秦家は代々、「鍵取」「将監」を名乗っていたようである。秦家について、『西伯町誌』は、豊念寺の本尊十一面観音台座の嘉慶元年修理銘に「秦将監」とある部分について「秦将監はハタノショウゲンとよぶべきである」とし、白山神社の大永三年棟札に「秦野将監」とある部分について「こゝでははっきりハタノと書いている。これは明らかに同一社寺に奉仕した一系の秦将監家があったことを意味する。嘉慶から大永までおよそ百三十六年間、代々将監という名乗りを継いだと思える。（中略）この秦野氏こそ伯耆波多野であろう」(44)と述べている。

秦家文書「嘉荘翁談記」「白山権現由来」の内容は、伯耆国の玄賓僧都伝承を検討するうえで、極めて興味深いものとなっている。特に保寧寺（豊念寺、豊寧寺）は阿弥陀寺だという点は注目される。白山権現や保寧寺がいつの時代から存在していたのかは不明であるが、賀祥の鉄仏の十一面観音像光背銘に元応二年（一三二〇）の年号が刻まれていることから、少なくとも十四世紀前半には確実に存在していたことがわかる。「嘉荘翁談記」E・F部分に記されているように、地域の有力者が修復してきたことも史実とみられ、白山権現や保寧寺はこの地を代表する有力寺社であったことは確実といえよう。『伯耆志』は「白山権現」の項で秦家で閲覧した「嘉荘翁談記」A・E・F部分を利用している。ただしAの孝霊天皇御勧請の部分を除外して利用し、Eの地頭の名を「藤原泰規」と誤記している（Eと鉄仏の光背銘には「藤原泰親」とある）。秦家がいつの時代から賀祥の白山権現や保寧寺（豊念寺）と関わっていたのかは不明であるが、本尊十一面観音台座銘に「至徳四歳丁卯七月」「当社　祠宮　秦将監」とあり、「白山神社棟札」に「保寧寺住真高書記励志祈也、鍵取秦野将監、奉再興造立白山妙理権現宮殿」「于時太永（大カ）三年癸未」とあることから、少なくとも至徳四年頃から白山権現の鍵取・将監として代々仕えてきたことがわかる。『伯耆志』会見《あいみ》郡分（安政五年〈一八五八〉成立）の編者景山粛が加祥村へ調査に来た江戸時代末期も同様であり、明治維新を経て現在においても、秦家は白山神社跡や豊寧寺跡の建物の管理をするとともに伯耆三十三札所第三番豊寧寺の朱印押しの役割を担っている。

先に、『伯耆志』「白山権現」項の次に「経塚」の項があり「社他其地総て三個あり」と記されている点にふれたが、この三基の経塚のうちの一基を戦後に調査すると、陶製経筒の中に平安時代初期の和鏡と直刀片が納められていたという(45)。また、この白山神社境内からは、奈良平安時代の伯耆諸廃寺と同様式の古瓦が採集されているという(46)。これら出土した遺物からは、平安時代初期頃この地に寺院があった可能性が読み取れる。さらに注目されるのが、白山神社跡の仮本殿内に神体として蔵されている秘仏十一面観音が平安時代末期作と推定されているらしいという点である(47)。つまり、この賀祥の地では平安時代を経て、鎌倉時代、室町時代、江戸時代と途絶えることなく仏教関係遺物・棟札類や仏像類の存在が確認でき、各時代の有力者が白山神社や豊寧寺を修復し続けてきたことがわかる。

土地で聞くと、白山神社跡の下方の広場にかつて阿弥陀堂があったということであった（本書二四四頁写真参照）。これは、十九世紀半ば頃成立した『伯耆志』が「白山権現」の項で「社の下に阿弥陀堂あり」と記していたお堂があった場所と推定される。また、十八世紀半ば頃成立の『伯耆民諺記』が「会見郡ニ護国山保寧寺ト云寺跡有テ今纔《わずか》ニ草堂ヲ結ヒ観音ヲ安置ス。古ヘハ大ナル伽藍ト云。此寺僧都ノ居住ノ地ト云」と記した「草堂」も、白山神社跡下方の同じ場所にあったお堂のことをいっているのであろう。

白山神社と豊寧寺（保寧寺）があった賀祥地内には「あみだいじ」という地名が残っているという（文政十年〈一八二七〉の井手図に「あみだいじ井手」とある）[48]。賀祥周辺で調査をしたところ、「あみだいじ」という地名が現在も伝えられていることを確認できた。また、玄賓僧都がこの地に来たらしいという伝承を採集することもできた。

これらのことから、玄賓が伯耆国会見郡に建立した阿弥陀寺の場所は、白山神社跡・豊寧寺跡のある伯耆賀祥（鳥取県南部町賀祥）であった可能性が極めて高いと判断しておきたい。

結語

以上で伯耆国の玄賓僧都伝説と阿弥陀寺に関する筆者なりの考察を終えることとする。玄賓が伯耆国会見郡に建立した阿弥陀寺の場所について、これまでに提示されてきた伯耆大山建立説と伯耆賀祥建立説について多角的に検討した結果、玄賓は伯耆賀祥に阿弥陀寺を建立した可能性が極めて高いという結論に至った。

玄賓の時代、伯耆国賀祥周辺は仏教文化が栄えた地域であったようである。「造東大寺司牒解、正倉院文書」に

「貢　優婆塞舎人事／賀茂部秋麻呂年廿　伯耆国会見郡賀茂郷戸主賀茂部馬戸口／神護景雲四年六月廿五日　持経師位法師恵雲／少鎮実忠　　七月九日」[49]という文書がある。『伯耆志』は会見郡四「鴨部村」の項で「東大寺古文書の中に左の一書あり」としてこの文書を引用し、「今の米子の地を古は鴨と云ひ（加茂社に因れるなり）、又他に加茂社を祭れる地あれとも賀茂部とあれは秋麿は恐らく此地の人なるべし。文義解し難たけれども優婆塞秋麿を献して薙髪せしめしか恵雲と改名せし趣に聞ゆ。称徳天皇の御時なり。村中に五輪塔あり。加茂氏の古墳といへり。由あるべけれど伝なし」[50]と記している。

『伯耆志』は、東大寺古文書の中に、神護景雲四年（七七〇）に二十歳の賀茂部秋麿が僧になったという文書があるが、賀茂部とあるので秋麿は恐らく会見郡鴨部村の人であろうと述べているわけである。会見郡の加祥村と鴨部村は二キロ前後しか離れていないことから、鴨部村の秋麿を出した一族と、玄賓が建立したと推定される賀祥の阿弥陀寺とは何らかの関係があった可能性もあり、注目される。玄賓が天平六年（七三四）の生まれだとすると、秋麿が二十歳であった神護景雲四年には玄賓は三十七歳ということになり、東大寺の秋麿と興福寺の玄賓が南都で知り合いとなった可能性も否定できないことになる。

また、この会見郡鴨部村には、平安時代初期に金石寺という立派な寺院があったらしい。現在、福岡県の西光寺（福岡市早良区内野）に所蔵されている国宝の鐘の銘に「承和六年鴨部立造、便伯耆国金石寺鐘」とあるそうで、この鐘は承和六年（八三九）に伯耆国金石寺のために鴨部一族が造立したものと推定されている。この鐘は、永正七年（一五一〇）に尼子経久によって出雲大社に奉納され、その後各地を転々とし、明治初期に福岡の西光寺が購入したという。[51]承和六年は、玄賓が亡くなって二十一年後の年号となる。伯耆国金石寺が会見郡鴨部村のどこにあったのかはわかっていないが、この鴨部一族は、神護景雲四年に秋麿を出した一族と関係がある可能性もあり、注目される。

註

(1) 興福寺本『僧綱補任』弘仁五年の項に、大僧都の玄賓が「遁去住二備中国湯川山寺一」(『大日本仏教全書』第一二三冊、七七頁)とある。

(2) 原文は「昔弘仁末。沙門玄賓於二伯耆国会見郡一。建二立阿弥陀寺一。至レ是。勅永免二寺田十二町九段四十歩租一。本国内百姓所二施入一也」(国史大系『日本三代実録　前篇』吉川弘文館)、一六二頁。

(3) 本書備中国編第一～八章に詳述した。

(4) 日本歴史地名大系32『鳥取県の地名』(平凡社、一九九二年)「会見郡」の項。

(5) 『鳥取県郷土史』(鳥取県、一九三二年。名著出版、復刻版一九七三年)、一八九～一九〇頁。

(6) 『鳥取県史　第1巻　原始古代』(鳥取県、一九七二年)、七五〇頁。

(7) 沼田頼輔『大山雑考』(稲葉書房、一九六一年。新日本海新聞社、復刻版一九七七年)、一五頁。

(8) 註(4)の『鳥取県の地名』、「阿弥陀堂」の項。

(9) 阿弥陀如来像に天承元年の胎内銘があることは明治三十五年に高村光雲等が確認したことを沼田頼輔氏が紹介してから広く知られるようになった。下村章雄氏は註(7)の『大山雑考』補註一〇で、「沼田氏はこれによつて天承元年に修理したと見られ、したがつて本尊の作られた年代を更に溯らせたようだ」が、「作の実際を見ても、定朝様式ではあるが時代は下ろう。よつて、いまの私は天承元年の造像と見ている」と述べている。

(10) 註(7)の『大山雑考』、六頁。

(11) 下村章雄『山陰の古寺』(山陰古美術研究会、一九五五年)に「大山寺の起源として沼田氏は大山縁起と、西行の撰集抄とにより、養老年間金蓮上人の地蔵信仰による開基説をとっているが、縁起はどことも史料価値は乏しく、撰集抄は今日では後人の西行仮託の書ということになって、これ又、史料価値は高くない。(中略)養老開基説はやゝ疑わしい」(一二三頁)とある。

(12) 註(7)の『大山雑考』の下村章雄による補註四。
(13) 註(7)の『大山雑考』の下村章雄による補註二。
(14) 洞明院本「大山寺縁起巻」本文は、近藤喜博・宮地崇邦編〔古典文庫第二九三冊〕『中世神仏説話〈続々〉』(古典文庫、一九七一年)によった。
(15) 安田孝子他校注『撰集抄　下』(現代思潮社、一九八七年)、一九二～一九四頁。
(16) 新日本古典文学大系『今昔物語集四』(岩波書店、一九九四年)、二六～二七頁。
(17) 小野勝年『入唐求法巡礼行記の研究　第四巻』鈴木学術財団、一九六九年)、三三一～三三二頁。杉本良巳「大山寺史覚書き」(『伯耆文化研究』7、二〇〇五年)。
(18) 『国史大辞典』(吉川弘文館)「汗入郡」の項(山中寿夫執筆)。
(19) 註(4)の『鳥取県の地名』「汗入郡」の項。
(20) 『新訂増補国史大系』第二六巻上(吉川弘文館、一九七二年)「延喜式」によった。
(21) 註(7)の『大山雑考』の下村章雄による補註四一。各説について下村章雄氏は「一番問題となるのは、大神山神社、大山神の性格とその奉祀の位置とであろう。小谷や佐々木、河合は、この二神を同一神として、旧大智明権現(現大神山神社奥宮)あたりに奈良時代から祀られていたものと見た。延喜式に大神山神社が会見郡に属して、汗入郡に属してないから、今日の大山寺域内でなかつたという論者に対して、古来境界の変動誤記はあり易いので、大局を達観することを忘れてはいけないと、やゝ、横車をおしている。／沼田博士は、僧徒が大山寺を経営せざる以前は、この地は荊棘の鎖すところで、大神山神社の鎮座など信じられぬとして、大神山神社は、大山と別個のもので、旧日野郡八郷村丸山にあつたものとしている。これによると、式の会見郡ということにも、やゝ、抵触することが少い。というのは、あの辺は会見郡であつたとも推定されるから。(中略)たゞ、大神山神社を式に会見郡にしているのには困るが、河合のいうように、境界変動や誤記はあり易いと軽くあしらうと、玄賓が阿弥陀堂を会見郡に建てたのも、大山であろうかと臆測するのにも便利であるが、しかし、そのように簡単にいくかどうかは問題である」と記している。
(22) 註(7)の『大山雑考』の下村章雄による補註四二。

(23) 荻原直正「伯耆民談記解題」(『因伯文庫　伯耆民談記』日本海新聞社、一九六〇年)。

(24) 鳥取県立博物館蔵『伯耆民諺記』写本写真によった(図録『企画展はじまりの物語――縁起絵巻に描かれた古のとっとり――』鳥取県立博物館、二〇〇八年、一一一頁所収)。翻刻に際し、『元亨釈書』よりの引用部分の訓点は省略した。米子市立図書館蔵(元本は鳥取県立博物館蔵本)『伯耆民諺記』写本の複写版(092.2/M1-3/2)は誤写が多く、本文も漢字平仮名交じりに変えられている。なお、『伯耆民諺記』巻之六「目録」は米子市立図書館蔵複写版(092.2/M1-3/2)を使用した。

(25) 本書備中国編第一章「備中国における玄賓生誕地伝説と臍帯寺」参照。

(26) 本書備中国編第二章「備中国湯川寺における玄賓僧都伝説」参照。『下学集』(版本、吉野屋権兵衛)は器財門第十三の「僧都」の項で「温川寺」と誤記している(早稲田大学図書館古典籍総合データベース、請求記号ホ02 00890、下学集巻之下、の画像データによった)。『伯耆民諺記』の「温泉寺」は『下学集』版本等のような誤記資料をもとに記された可能性が高い。

(27) 註(23)の荻原直正校註『因伯文庫　伯耆民談記』、七二～七三頁。『因伯文庫　伯耆民談記』の原典は鳥取大学蔵「白亀民談」。

(28) 佐伯元吉編『因伯叢書　伯耆民談記　巻上』(因伯叢書発行所、一九一四年。名著出版、覆刻版一九七二年)、一〇六頁。原文にはA部分の後半から「数百年を経し事なれば、今其跡をしる人もなく、只た僧都は麓に住せりとのみ、口碑に伝ふる計りなり、【削除】纔なる草庵を結び、観音を安置す、古へは大なる伽藍なりしと云ふ、此寺僧都の居住の地と言伝ふ【削除】」とある(※削除されている部分は原文に【削除】と付記した)。

(29) 註(4)の『鳥取県の地名』「文献解題」の「伯耆志」の項。

(30) 『伯耆志』(世界聖典刊行協会、覆刻一九七八年)、二二七～二二八頁。

(31) 『鳥取県神社誌』(鳥取県神職会、一九三四年)、西伯郡「上長田神社」の項、四八二頁。

(32) 『新修鳥取県神社誌　因伯のみやしろ』(鳥取県神社庁、二〇一二年)、西部支部「上長田神社」の項。

(33) 註(30)の『伯耆志』、二二六頁。

(34) 『西伯町誌』(西伯町役場、一九七五年)、五六三頁。

(35)『伯耆三十三札所　改訂』（立花書院、一九九六年）、二一二頁。

(36) 註(30)の『伯耆志』、二一八〜二一九頁。

(37) 註(30)の『伯耆志』、二一九頁。

(38) 南部町祐生出会いの館蔵「郷土史料　第弐号」（板愈良、一九三六年）コピー複写版により翻刻した。なお、註(34)の『西伯町誌』所収翻刻文は誤記が目立つので使用しなかった。

(39) 註(34)の『西伯町誌』、六九〜七一頁、六九八頁。この鉄仏光背銘に「大工　道覚」とあることについて、『西伯町誌』は「これは大工道覚が後に院主になったものではなく、道覚という法名をもった鋳物師がいたことが誤伝したものであろう」（七一頁）と述べている。

(40)(41) 註(34)の『西伯町誌』、六九八頁。

(42) 註(38)の「郷土史料　第弐号」コピー複写版により翻刻した。『西伯町誌』翻刻文は誤記が目立つので使用しなかった。翻刻全文は以下の通り（便宜的にA〜C部分に分け、句読点を付し、丸括弧内に註記した）。

「白山権現由来」（仮題。秦家文書）

A　抑々当社白山妙理大権現と申は、人王七代之帝孝霊天皇此所に御幸被為遊、正源と申者の所へ御宿被為成。暫く御逗留被為遊候えは正源も、たゝならぬ御人と見、随分懇仕候。やゝ有て被仰ける様は「我こそ孝霊天皇よ。様子有て此所へ参たり。頼む」と被仰ければ、正源とびすさつて頭を地に付け、「扨も々々初より只ならぬ御方と奉見申候。天皇様と存上は、われらごときのしづが家に中々もつておそれおふし」と。こゝに五穀山の麓にみとろきと申所存、藤之森の元にわすかのいほり懸け、天皇様を奉移、随分懇仕候えば、やゝ有て被仰けるは、正源がひとり娘持候へば、意かゝらせ給ひければ、正源も恐多く思ひしが、達て御しよもう（所望）有ければ御意に任せ申さんと、すなはち天皇様へそなへたてまつり候。年月重て二年になれば、若君一人おわします。御名をみとろきわうじ（皇子）と名付つゝ、御寵愛は限りなく、やゝ有て仰られる様は、「正源がなさけのほど、難忘。然る上は天下泰平、国土安穏、五穀成就、民安穏ため氏神を初め参せんと、伊弉諾、伊弉冊《(再カ)》尊を加賀国白山より御勧請、被為成おく也。窺は伊さなきの尊、伊さなみの尊は当社の白山妙理権現。然る上は此子を汝が世次参せん」と正源に被下候。此上は、い位名字なのりを遣はすべしと、娘にはだふれいたせしとて、秦と云名字を被下候。扨又ふち（藤）の森の元にて此子出生いたせしとて、藤原氏秦正源藤原の国元と申うちけけいす定位成と被下たり。やゝ有て白山権現あらわれ御出被為成、左の御手にこまいぬ御持、右の御手に鍵を御持、正源に御むかひ、「按に此二いろをあつけ申。すいぶんたいせつにつかまつれ。我こそは当社権現成り」と。白山も秦もあらんかきりはと、こくう（虚空）へ上らせ給へける。扨其子孫今にいたつて秦治郎左衛門藤原啓長と申也。扨てそれよりも天皇様は日野郡宮内へ御座被移成、こゝにて御ほうきよ（崩御）と成。今さゝふく（楽楽福）大明神、東ノ宮、西宮と申すは、こうれい天皇様御ふうふとかや。

B　其後けんひんそうす（玄賓僧都）参を給へ、五穀山にさんきよ（山居）していられければ、桓武天皇様御のうの時、玄賓僧都に御きねん（祈念）被為仰付、帝よりちよくしのたゝせ給ければ、やかてげんぴん白山へいろ々々御きせい（祈請）こめ給へば、天皇様御病次第々々に御ほんぶく（本復）被遊。其御礼に白山へ社料百五拾丁、御くうでん（供田）として御付被為成候とかや。玄賓には寺を立、七堂がらん（伽藍）どうとう（堂塔）あまた御立、西三十三ヶ国がくもん所に被為成、いよ々々五穀ぢやうじゆう（成就）のためならんと寺料千二百丁御付、五穀山保寧寺とがく（額）を御打被遊候。

C　其後出雲の国冨田の御城主あまこいよの守つねひさこう（経久公）は七ヶ国の御きくわん（祈願）所に被為成。あつぱれはんじやう（繁盛）のれいち（霊地）成。何とかしつらん、冨田くすれ（崩）らつけ（落家）いたし、寺料も社料も御取上け、白山に百七石五斗御のこし置、あとは不残御取上げ被為成候。其後米子の御城主森伯耆守様御地代々不残御取上げ被為成、今は少しも無御座候て、寺も堂もみなこはれ、保寧寺のあとにわすかの辻堂を立、七堂がらんの御仏をあつめ置申候。御仏の御すがた今は有やなし。白山御しやうたい（正体）は行儀（行基）菩薩の御作とかや。御たけ弐尺あまりのはく（箔）仏也。脇立はふどう（不動）、びしやもんでん（毘沙門天）、ふつさう（仏像）の御高さ三尺七八寸斗、皆是そこね申候。いわれを筆につくしがたし。あら々々と申候。

(43) 註(31)の『鳥取県神社誌』日野郡「楽楽福神社」の項（鳥取県神職会、一九三四年）。坂田友宏「《楽々福神社について》」（『日本の神々――神社と聖地　第七巻　山陰』白水社、一九八五年）。

(44) 註(34)の『西伯町誌』、八一頁。

(45)(46) 註(34)の『西伯町誌』、六六頁。

(47) 註(34)の『西伯町誌』、六七頁。
(48) 註(34)の『西伯町誌』、五五九〜五六〇頁。
(49) 『寧楽遺文　中巻』(東京堂出版、一九六二年)、四六三頁。
(50) 註(30)の『伯耆志』、二三〇〜二三一頁。
(51) 註(11)の『山陰の古寺』、二二五〜二二七頁。日本歴史地名大系『福岡県の地名』(平凡社)「内野村」の項。註(34)の『西伯町誌』、五九〜六一頁。

〔付1〕玄賓僧都伝説関係地図

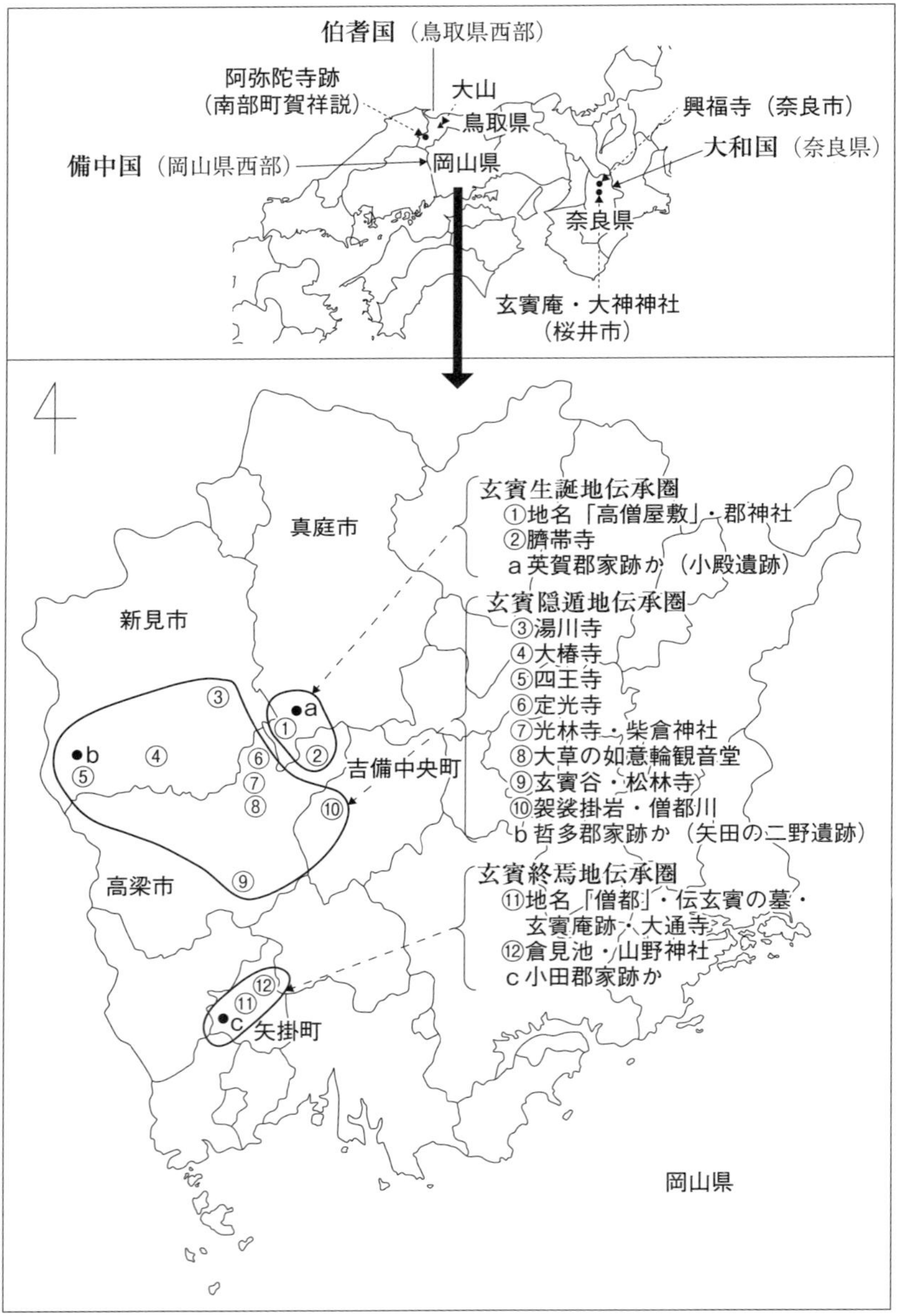

〔付2〕玄賓僧都関係年譜

西暦	年号	年齢	事歴
七三四	天平　六	一	**玄賓生誕**（僧綱補任より年齢逆算）、河内国生誕説（僧綱補任）・備中国生誕説（備中略史）あり。**後、出家して興福寺宣教に唯識を学ぶ**（元亨釈書）。俗姓弓削氏（僧綱補任）。
七四三	天平一五	一〇	（伝）東大寺承天、備中国大通寺開山（大通寺由来記録）。
七四九	天平勝宝　元	一六	行基入滅八〇歳（僧綱補任）。
七六六	天平神護　二	三三	道鏡法王となる。この頃、**玄賓伯耆国に潜入か**（元亨釈書）。
七六七	神護景雲　元	三四	最澄生誕。
七七〇	四	三七	称徳帝崩・光仁帝即位。伯耆国賀茂部秋麿二〇歳で東大寺へ（造東大寺司牒解）。
七七二	宝亀　三	三九	道鏡入滅（続日本紀）。
七七四	五	四一	空海生誕。
七八一	天応　元	四八	光仁帝譲・桓武帝即位。
七八二	延暦　元	四九	善珠六〇歳で僧正に任じられた時（僧綱補任）、興福寺での玄賓との説話あり（閑居友）。**善珠と玄賓は興福寺で隣接する房に住んでいた**（興福寺流記）。
七九七	一六	六四	善珠入滅七五歳（僧綱補任）。
八〇五	二四	七二	**伯耆在**。三月二三日桓武帝が**伯耆国に使いを遣わし玄賓を請ず**（日本後紀）。七月一五日玄賓伝灯大法師位を賜う（日本後紀）。
八〇六	大同　元	七三	**大僧都**（僧綱補任）。**備中・都兼在か**　三月桓武帝崩・五月平城帝即位。四月二三日**玄賓大僧都に任じられる**（日本後紀）。**備中州湯川寺に遁去か**（元亨釈書）。此年四月逃去（南都高僧伝）。空海唐より帰国。
八〇七	二	七四	**大僧都。備中・都兼在か**（大僧都の任期中、備中国と都との往還を許されていたか）。
八〇八	三	七五	**大僧都。備中・都兼在か。**

八〇九		四	七六	**大僧都。備中・都兼在か。**四月平城帝譲位・嵯峨帝即位。**嵯峨帝より四月二一日に書を賜り都に召還された玄賓は平城上皇の病平癒を祈る**（類聚国史）。
八一〇	弘仁	元	七七	**大僧都。備中・都兼在か。**
八一一		二	七八	**大僧都。備中・都兼在か。**嵯峨帝、五月一六日書と法服一具、一一月一三日書と綿百屯と布三十端を玄賓に贈る（類聚国史）。
八一二		三	七九	**大僧都。備中・都兼在か。**嵯峨帝、五月二〇日法服と布三十端、一二月四日書と綿布等を玄賓に贈る（類聚国史）。
八一三		四	八〇	**大僧都。備中・都兼在か。**嵯峨帝、五月一七日書と布を玄賓に贈る（類聚国史）。
八一四		五	八一	**大僧都。備中在。備中湯川山寺に隠遁**（僧綱補任）。**職を辞し本寺備中哲多山寺に籠居**（南都高僧伝）。嵯峨帝五月二三日御製詩と施物三十段を玄賓に贈る（類聚国史）。
八一五		六	八二	**備中・伯耆兼在か。**
八一六		七	八三	**備中・伯耆兼在か。**嵯峨帝、五月五日書、一〇月一二日綿百屯を玄賓に贈る（類聚国史）。嵯峨帝、八月二〇日**玄賓の住む備中国哲多郡の庸米を免ず**（類聚国史）。
八一七		八	八四	**備中・伯耆兼在か。**嵯峨帝、一〇月九日綿百屯を玄賓に贈る（類聚国史）。**弘仁末、玄賓、伯耆国会見郡に阿弥陀寺建立**（三代実録）。
八一八		九	八五	**備中在か。**六月一七日**玄賓入滅**（僧綱補任）。
八五九	貞観	元	滅後41年	二月七日、典薬頭出雲朝臣岑嗣、備中国で石鍾乳採集（三代実録）。
八六五		七	滅後47年	八月二四日、清和帝、**伯耆国会見郡阿弥陀寺の租を免ず**（三代実録）。

＊玄賓に関する重要事項（推定も含む）を太字にした。

＊法相六祖（神叡？～七三七、玄昉？～七四六、善珠七二三～七九七、行賀七二九～八〇三、玄賓七三四～八一八、常騰七四〇～八一五）

初出論文一覧

序　章　玄賓僧都伝説の魅力と意味（新稿）

備中国（岡山県）編

第一章　備中国における玄賓生誕地伝説と臍帯寺
　原題「備中国における玄賓生誕地伝説」（「立命館文学」五八三、二〇〇四年二月）
第二章　備中国湯川寺における玄賓僧都伝説
　原題「備中国湯川寺における玄賓伝説」（「新見女子短期大学紀要」一七、一九九六年十二月）
第三章　新見市の玄賓僧都伝説――湯川寺・大椿寺・四王寺――
　原題「岡山県新見市の玄賓僧都伝説」（「新見公立短期大学紀要」二八、二〇〇七年十二月）
第四章　「湯川寺縁起」と玄賓僧都伝説
　原題「湯川寺縁起と玄賓僧都伝説」（『唱導文学研究』第４集、三弥井書店、二〇〇四年十月）
第五章　玄賓僧都伝説と四王寺の文物
　原題「玄賓僧都伝説と四王寺の文物」（「やたべ」四〇、二〇〇九年三月）
第六章　高梁市中井町の玄賓僧都伝説――定光寺・光林寺・柴倉神社――
　原題「岡山県高梁市中井町の玄賓僧都伝説」（「岡山民俗」二二八・二二九、二〇〇九年三月）
第七章　備中国における玄賓僧都伝説の諸相――「哲多郡」の意味するもの――
　原題「岡山県における玄賓僧都伝説の研究」（両備檉園記念財団「文化、芸術、教育活動に関する研究論叢」一六、二〇〇三年八月）
　原題「備中国における玄賓僧都伝説の諸相――哲多郡の意味するもの――」（「新見公立大学紀要」三八―二、二〇一八年二月）

第八章　備中国における玄賓終焉地伝説――大通寺・山野神社――
　原題「備中国における玄賓終焉地伝説」（「論究日本文学」七九、二〇〇三年十二月）

大和国（奈良県）・伯耆国（鳥取県）編

第一章　大和国三輪の玄賓僧都伝説――大神神社・玄賓庵――
　原題「大和国三輪の玄賓僧都伝説」（「立命館文学」六三〇、二〇一三年三月）
第二章　伯耆国の玄賓僧都伝説と阿弥陀寺
　原題「伯耆国の玄賓僧都伝説と阿弥陀寺」（「新見公立大学紀要」三八、二〇一七年十二月）

〔付1〕玄賓僧都伝説関係地図（新稿）
〔付2〕玄賓僧都関係年譜（新稿）

＊本書をまとめるにあたり、初出論文の重複部分はできるだけ削除し、加筆・訂正は最小限に留めた。

あとがき

平成八年（一九九六）に玄賓僧都《げんぴんそうず》の調査を本格的に開始してから二十年を超えた。一番最初に湯川寺《とうせんじ》の論文を発表したのも平成八年である（本書備中国編第二章「備中国湯川寺における玄賓僧都伝説」）。研究を開始した当初は、玄賓開基伝承を有するいくつかの寺院周辺を調査する程度で終わるだろうと考えていたが、備《びっ》中国《ちゅうのくに》（岡山県）での玄賓伝承は予想外の広がりを見せ始め、ついには生誕地伝説から終焉地伝説までがそろった、実に濃密な伝承世界が姿を現してきた。いくら調査をしてもなかなか先が見えず、調査をすればするほど新しい伝承が現れてきて、とうとう二十年を超えてしまった。途中から、玄賓僧都の伝承調査を日本中に広げようと考え始め、大和国《やまとのくに》（奈良県）と伯耆国《ほうきのくに》（鳥取県）の調査も行った。

備中国の玄賓僧都伝説群は、「生誕地伝承圏」「隠遁地伝承圏」「終焉地伝承圏」の三つの伝承圏に大きく分類できることがわかった。備中国各地の玄賓僧都伝説は、湯川寺を中心とする隠遁地伝承圏を核として生誕地伝承圏や終焉地伝承圏が成立していったと推定される。各地の伝承と比較して、湯川寺周辺地の伝承状況は、別格の濃密さを持つものであった。

大和国編では、玄賓庵《げんぴあん》蔵「玄賓庵略記」の正確な全文を紹介することができた。これは、作者である正二位前権大納言藤原基衡《もとひら》（一七二一〜一七九四）の自筆本である可能性が高いと推定される。大神神社《おおみわじんじゃ》と玄賓僧都伝承との関係も興味深い。大神神社には謡曲「三輪《みわ》」で玄賓が三輪明神の化身の女に与えた衣が掛かっていたとされる「衣掛杉《ころもがけのすぎ》」の枯れた切株が境内に保存されている。この杉は安政四年（一八五七）に落雷によって折れたということであったが、巨大な切株から、枯れる前の杉の大きさがしのばれ、感慨深いものがあった。

伯耆国編では、伯耆国に玄賓僧都が建立したとされる阿弥陀寺はどこにあったのかという未解決の問題について検討した。これまでの学説としては、伯耆大山《だいせん》建立説と伯耆賀祥《かしよう》建立説の二説があり、いまだに決着していない状況であった。実際に伯耆大山と伯耆賀祥（南部町賀祥）に行って実地調査し、各種文献資料を検討した結果、阿弥陀寺は伯耆賀祥に建立された可能性が極めて高いという結論に達した。現在、伯耆賀祥には賀祥ダムが造られ、賀祥集落のほとんどがダムの底に沈んでいるが、幸いなことに、阿弥陀寺跡と比定される地（小字名「あみだいじ」）はダムのすぐ北側部分に残っている。伯耆大山と伯耆賀祥の実地調査も、変化に富んだ地で、なかなか面白い調査であった。

本書は現在の日本に伝承されている玄賓僧都伝説を網羅的にまとめることを目指した。備中国・大和国・伯耆国のほか、生誕地とされる河内国《かわちのくに》（大阪府）や、玄賓僧都説話の舞台となった伊賀国《いがのくに》（三重県）や越《こし》の国（北陸道）などでも調査をしてみたが、現時点で玄賓僧都伝承を確認することができなかった。伊賀国や越の国の隠遁説話は虚構のもので伝承が存在していない可能性が高いが、今後も追跡調査を継続するつもりである。

各地に行き、古老から直接伝説を聞き取る作業はなかなか過酷なものではあったが、玄賓僧都がもしかしたらここを歩かれたかもしれないと考えながら山中の道を歩くのは、とても楽しいことでもあった。予想もしていなかった珍しい話を聞くことができた時には、うれしくてどきどきした。時には歩く伝承図書館のような古老に出会えることもあり、その出会いも大きな喜びであった。しかし、聞き取った話を各種文献資料を参考にしながらまとめてゆく作業はなかなか大変で、聞き取り調査にかかる時間の何十倍もの手間がかかる。それらの過程を経てようやく一本の論文が完成するわけであるが、完成した時の喜びもまた大きい。やはり研究は面白いと思う。

鎌倉時代成立の説話集『宇治拾遺物語《うじしゅういものがたり》』の序文に、宇治大納言　源隆国《みなもとのたかくに》が平等院の前に寝そべって、道行く人々から種々の話を聞いて大きな草紙に書き取ったという真偽不明の有名な逸話があるが、もし本当に隆国が人々から聞き取りをしたなら、話そのものが好きな人物であったのだろう。筆者も珍しい話が大変好きなので、隆国のこの逸話に引かれるものがある。また、現代でも、人々からの聞き取り調査は有効な方法である。

玄賓の調査研究を継続してきたこの二十余年間に、各種の公開講座・講演会や学会等で玄賓僧都伝説について話す機会がけっこうあった。それらの中で忘れ難いのが、奈良の玄賓庵で講演させていただいた時の体験である。平成二十四年の秋、研究仲間の花園大学師茂樹先生から、おそらく日本で一番玄賓のことに詳しいのは筆者だと思うので、奈良の玄賓庵で玄賓の解説をお願いできないかという連絡が入った。東京大学大学院教授蓑輪顕量先生が主宰されている「21世紀の智と実践」フォーラムで、玄賓の専門家を探しているということであった。二日間にわたるフォーラムにも参加させていただけるとのことなので、快くお引き受けした。フォーラムの一日目となる十月十三日には、桜井市三輪の大神神社大禮記念館で「飛鳥の歴史と建邦の神々」のテーマのもと、考古学、古墳祭祀、神仏関係、飛鳥の歴史などの、それぞれの専門家による報告と討論が行われ、大変な勉強になった。二日目の十四日には、三輪山、山辺道、玄賓庵、檜原神社《ひばらじんじゃ》などの実地踏査が行われ、筆者は玄賓庵の本堂で、各分野の専門家の方々に対して玄賓僧都についての簡単な講演をさせていただいた。その際、以前調査でお世話になった玄賓庵の金澤延真住職とも再会することができた。蓑輪先生には二日間にわたり大変よくしていただき、忘れ難い貴重な経験となった。御世話になった皆様に感謝申し上げる。

玄賓僧都の調査にあたって、実に多くの伝承者の方々からお話をうかがった。寺院関係だけでも、岡山県臍帯寺《ほそおじ》三十七世大本一学住職、大椿寺《だいちんじ》二十五世鷲山恵祥住職・二十六世鷲山晃道住職、四王寺三十六世吉田宥正住職、定光寺照田豊子様・三十七世照田博之住職、光林寺清水真澄住職、深耕寺三十三世若林正憲住職、大通寺三十三世柴口成浩住職、奈良県玄賓庵金澤延真住職、鳥取県大山寺普明院藤谷実道住職、大山寺圓流院吉島潤承館長、聖福寺青砥徳直住職などの方々から貴重なお話をうかがうことができた。深く御礼申し上げる。伝承者の方々へのお返しは、一書にまとめて後世に貴重な伝承を伝える手助けをすることと考えている。

本書は法相唯識学の高僧玄賓僧都の伝説研究を目指したが、伝承文学については福田晃先生（現立命館大学名誉教授・文学博士）、法相唯識学については渡邊隆生先生（現龍谷大学名誉教授・文学博士・本願寺派勧学）のお導きで研究を深めることができた。また、種々の学会や研究会でお世話になっている先生方、現在の筆者の勤務校である新見公立大学の公文裕巳学長をはじめとする多くの先生方や、新居志郎元学長、難波正義前学長からは、常に刺激と学恩を受けている。お一人お一人のお名前をあげることは難しいが、深く感謝申し上げる。

平成三十年（二〇一八）は玄賓入滅後千二百年の年である。何としてもこの年に玄賓僧都の本を刊行しなければと考えて懸命に努力し、ようやく完成させることができた。

本書口絵（「玄賓坐像」、『僧綱補任』）の掲載にあたっては、興福寺、奈良文化財研究所、飛鳥園のご許可をいただいた。深甚なる謝意を表したい。

本書の出版を快く引き受けてくださった法藏館の西村明高社長とお世話になった社員の方々、特に編集を担当していただいて並々ならぬお世話になった戸城三千代編集長に感謝申し上げる。

なお、本書は平成二十九年度両備檉園記念財団の研究助成金および平成二十九年度新見公立大学学長配分研究費の交付を受けた。関係各位に深謝申し上げる。

索　引

き――

く――

け――

こ――

さ――

し――

せ――

ほ――

ま――

み――

む――

や――

ゆ――

よ――

り――

る――

わ――

原田　信之（はらだ　のぶゆき）

1959年、広島県に生まれる
1990年、立命館大学大学院文学研究科博士後期課程単位取得
現在、新見公立大学教授、博士（文学）
著書に、『今昔物語集南都成立と唯識学』（単著、勉誠出版）、『唱導文学研究　第１～11集』（共著、三弥井書店）、『日本の民話を学ぶ人のために』（共著、世界思想社）、『民話の原風景——南島の伝承世界——』（共著、世界思想社）、『日本説話伝説大事典』（共著、勉誠出版）、『天皇皇族歴史伝説大事典』（共著、勉誠出版）、『社寺縁起伝説辞典』（共著、戎光祥出版）他多数。

隠徳《いんとく》のひじり玄賓僧都《げんぴんそうず》の伝説

二〇一八年六月一七日　初版第一刷発行

著　者　原田信之
発行者　西村明高
発行所　株式会社法藏館
京都市下京区正面通烏丸東入
郵便番号　六〇〇―八一五三
電話　〇七五―三四三―〇〇三〇（編集）
〇七五―三四三―五六五六（営業）
装幀者　熊谷博人
印刷・製本　亜細亜印刷株式会社

ISBN978-4-8318-6249-5 C1015